JN077742

世界の言語シリーズ 14

インドネシア語

原 真由子

大阪大学出版会

インドネシア共和国
0
1,000km
主な都市と島，本書に登場する
地名の一部
南シナ海
太平洋
インド洋
バンダ・アチェ
Banda Aceh
メダン
Medan
クアラルンプール
Kuala Lumpur
マレーシア
ブルネイ
シンガポール
パレンバン
Palembang
スマトラ島
Pulau Sumatra
パダン
Padang
カリマンタン（ボルネオ）島
Pulau Kalimantan
サマリンダ
Samarinda
スラウェシ島
Pulau Sulawesi
ジャヤプラ
Jayapura
パプア
（ニューギニア）島
Pulau Papua
ディエン高原
Dataran Tinggi Dieng
スラカルタ（ソロ）
Surakarta（Solo）
マカッサル
Makassar
バリ島
Pulau Bali
アグン山
Gunung Agung
ジャカルタ
Jakarta
バンドン
Bandung
ヨグヤカルタ
（ジョグジャカルタ）
Yogyakarta
ジャワ島
Pulau Jawa
スラバヤ
Surabaya
ブロモ山
Gunung Bromo
デンパサール
Denpasar
ロンボク島
Pulau Lombok
東ティモール
ティモール島
Pulau Timor

はじめに

インドネシア語をなぜ勉強しようと思いましたか。旅行に行きたいから，外国語を何か学んでみたいから，あるいは出張や駐在のため，インドネシア人の友人がいるから，などいろいろな理由があると思います。理由は何であれ，インドネシアのことやインドネシアの人々を知るためにはインドネシア語の習得が欠かせません。日本でも土地の方言や文化がわかると，より現地への理解が深まるように，インドネシアでもインドネシア語がわかると，インドネシアの人々の生活や考え方など，いろんな事柄を知る可能性が広がります。また，ほんの少しでもインドネシア語を使うことで，インドネシアの人々との距離がグッと近くなります。さらに，何よりインドネシアでは，日本と同じように，英語は通じないので，インドネシア語を学習することがやはり必要です。

本書は，インドネシア語を全く知らない初学者がゼロから勉強し始め，基本的な文法項目と語彙が習得できるまで，おおよそ初級から中級レベルに到達することを想定して編集しています。特に，インドネシア語の文法で重要な部分を占める接辞法については，接辞ごとに詳しく学習できるようになっており，インドネシア語の基礎を固めることができます。それぞれの課では，まず簡単な会話のやりとりから学習する文法項目をおおよそつかみ，その後で詳しく文法を学習します。本書は，独習用の教科書としてはもちろん，大学の授業などの教材として使用することもできます。

インドネシア語を学ぶことは，インドネシアを知るための第一歩です。本書でインドネシア語の基礎をしっかり学ぶことによって，インドネシアの人々といろんなことを話したり，ニュースを聞いたり，新聞を読んだりしてみましょう。そして，様々な民族，言語，文化社会が見られるインドネシアについてさらに深く学んでみましょう。

末筆ながら，私がインドネシア語を学びはじめて以来，お世話になったすべての方々に感謝を申し上げます。

著者

この本の使い方

●インドネシア語の概要

第１課では，インドネシア語を学ぶ導入として，インドネシア語がどのような特徴をもつ言語なのか，どのように用いられているのかが書かれています。

●文字と発音

第２課では，インドネシア語の文字と発音を紹介します。用いられている語例や文例は以下のURLに音声が収録されているので，繰り返し聞き，発音しましょう。

●各課の構成

第３課以降は，課ごとに「**学習項目**」と「**目標**」が設定されており，課を通して学ぶことで，該当する文法項目が習得できるような構成になっています。それぞれの課の基本的な構成は次の通りです。見開き左ページに簡単な「**会話例**」と「**会話例の和訳**」を，右ページに第３課以降の新出の「**語句**」と「**慣用表現**」を載せています。その後に，「**学習項目**」に関係する文法の解説を行っています。最後に，学習内容を理解し，確認するための「**練習問題**」があります。解答は「**別冊解答**」にまとめてあります。

なお，会話例の太字は，その課で扱う学習項目であることを示します。☺は，その課で扱う学習項目に該当する新出単語や表現であることを示します。基は，その語が派生語である場合に示され，基語の情報が記されています。

●単語リスト

巻末に，本文で使われている単語をアルファベット順に並べてあります。確認のため，また語彙力を高めるために使ってください。

●音声教材

のついた箇所（第２課の語例，練習問題，第３課以降の会話，語句，慣用表現）は，ウェブブラウザ上またはダウンロードして音声を聞くことができます。繰り返し聞き，発音し，正しい発音を身に付け，聞き取りの力を高めましょう。アクセスするためのURLとQRコードは以下の通りです。

①ウェブブラウザ上で聞く
http://el.minoh.osaka-u.ac.jp/books/SekainogengoShiriizu14_Indoneshiago/

②ダウンロードして聞く
http://el.minoh.osaka-u.ac.jp/books/SekainogengoShiriizu14_Indoneshiago/sxvazwdkx8zg7cjz/

目　次

世界の言語シリーズ　14

インドネシア語

Pelajaran 1 インドネシア語の概要

1.1 インドネシア語の使用状況

インドネシア語（bahasa Indonesia）は，インドネシア共和国の国語である。唯一の公用語として行政，教育，マスメディアで用いられるとともに，多言語が話されているインドネシアにおける共通語としても用いられている。

インドネシア語はオーストロネシア語族西部インドネシア語派に属し，マラッカ海峡周辺のマレー半島やスマトラ島で話されていたムラユ語が元となっている。ムラユ語は交易などで現在のインドネシアやマレーシアを中心とする広い地域に広まり，共通語（リンガフランカ）として用いられていた。

現在のインドネシアは蘭領東インドとして長らくオランダ植民地下に置かれ，20世紀に入ると各地で民族主義運動が活発となっていった。1928年には『青年の誓い』において，すでに各地に広がっていたムラユ語を「インドネシア語」と呼び，将来「インドネシア」としてまとまるための統一言語とすることを宣言した。その後，日本軍政期を経て，1945年8月17日にインドネシア共和国の独立が宣言され，インドネシア語は国語として制定された。新しい国家の公用語として，標準インドネシア語が育成，整備され，学校教育によって全国的に普及がはかられた。さらに，マスメディアや情報ネットワークサービスの発達もあいまって，現在ではほとんどのインドネシア人がインドネシア語でコミュニケーションをとることが可能となっている。

インドネシアは，多言語社会であり，インドネシア語のほかに，ジャワ語，スンダ語，バリ語などの地方語（bahasa daerah）と呼ばれる，民族や地域によって異なる言語が数百も存在する。インドネシアの大多数の人は，その地方語を母語として日常的に話し，さらに学校教育で習得したインドネシア語を用いる二言語話者である。ただし，都市部の若者を中心にインドネシア語の単一言語話者が増えており，また地方語の会話にもインドネシア語の影響が多く見られるようになっている。

さらに言うと，インドネシア語には，公的な場面で用いる標準語と家族や友達などと話すときに用いる話し言葉（口語）がある。本書では，前者の標準インドネシア語を学習する。標準インドネシア語は，学校教育，行政，ビジネスを始めとするフォーマルな場で用いられ，新聞，雑誌，書籍などの出版物もほとんどそれで書かれる。標準インドネシア語を親しい人との会話で用いると，やや堅い印象をあたえるが，まず標準インドネシア語を学び，文法をきちんと理解し，基礎を固めることが大事である。

先に述べたように，インドネシア語はインドネシアの国語であると同時に異なる母語を話す人々の共通語でもある。そのため，同じインドネシア語と言っても，地方や民族によって，いわゆる方言やなまりが見られる。

なお，マレーシア，ブルネイなどで用いられているマレー語と言語構造はほぼ同じであり，相互に理解がある程度可能である。

1.2 インドネシア語の特徴

文字はローマ字を用い，発音も難しくない。また文法についても，性，数，格，時制などによる語形変化がなく，学びやすい言語であると言える。次の課から詳しく学んでいくが，理解しておくとよいインドネシア語の特徴をあげておく。

(1) 語構成法

インドネシア語は，それ以上意味的に分けることができない最小の単位である要素（基語）をもとにして，基語とは異なる意味の語や異なる働きをする語を作ることができる。それには2つの方法があり，基語を繰り返す**重複法**と，接辞と呼ばれる要素を基語に付ける**接辞法**である。この2つの方法を両方使うこともある。接辞は，それのみでは意味をなさず，基語に付加し，基語の意味に基づき語を派生するための要素である。接辞には，基語の前につく接頭辞と，後につく接尾辞，接頭辞と接尾辞がセットで同時につく共接辞がある。たとえばbaik（良い）を基語として，次のような派生語が見られる。

baik-baik	baik の重複	ちゃんと，しっかり
membaik	接頭辞 meN- ＋ baik	良くなる
perbaikan	共接辞 per--an ＋ baik	修理

接辞はそれぞれ異なる意味機能をもっており，重複も様々な意味機能をもつ。上の例を見ると，基語の baik（良い）に基づき，重複は形容詞を副詞にする機能をもち，接頭辞 meN- は動詞を作り，共接辞 per--an は名詞を作る機能をもつと

推測できる。インドネシア語を習得するためには，このような基語を中心とした派生語のネットワークを理解することがとても重要である。

なお，インドネシア語の辞書は，基語が見出し語になっており，その下に接辞が付加した派生語や重複を経た派生語が並んでいる。そのため，派生語の形だけでなく，どの接辞がどのような基語に付加しているのか，どのような重複がどのような基語に起こっているのか，つまり語の構成を知らなければ辞書をひくことができない。

⑵ 語形変化

インドネシア語には，性（女性形，男性形など），数（単数，複数など），格（主格，対格など），時制（過去形，現在形など）による語形変化はない。たとえば，Saya membeli buku.（私－買う－本）を見てみよう。

この文では，本を買ったのはいつなのかは明示されていない。「私は本を買った」かもしれないし，「私はこれから本を買う」かもしれない。たとえば kemarin（昨日）を加えれば「買った」となり，助動詞の akan（～する予定）を使えば「これから買う予定」となる。あるいは文脈で判断する。

また，買った buku（本）は 1 冊かもしれないし，多いかもしれない。sebuah buku（1 冊の本）や sepuluh buah buku（10 冊の本）と言うこともできるが，buku は buku のままである。

主語の saya（私）は，他の位置であっても saya のままである。たとえば buku saya（私の本）のように所有を表す場合でも saya である。基本的には語順によって格を表す。

⑶ 外来語

インドネシア語（ムラユ語）には，様々な言語の外来語が入っている。まず，古くはインドの文化がもたらされた影響で，bahasa（言葉）や kerja（仕事）のように，サンスクリット語から借用した語が多く見られる。さらに，イスラム教が伝わってきたことによって，アラビア語の語彙も多く入っている。イスラム教に関連する語だけでなく，kursi（椅子）や khawatir（心配な）などの一般的な語も多い。そして，オランダによる植民地支配の影響で，オランダ語の語彙も多く取り入れられたが，kantor（オフィス），kamar（部屋），politik（政治）など，近代的な概念や事物が多くを占めている。現在では，それに代わって，globalisasi（グローバリゼーション），terminal（ターミナル）など，英語の借用語が増えている。そのほかに，中国語やポルトガル語，日本語などの借用語もある（例：teh「お

茶」，jendela「窓」，tsunami「津波」）。

外国語からだけでなく，インドネシアの地方語から語が入ってくることもある。特に，地方語の中で話者数が最も多いジャワ語から入る例が多い（例：呼称・敬称の mbak「お姉さん」，mas「お兄さん」）。

1.3 品詞

この本では，文法の解説において，必要に応じて，名詞，動詞，形容詞などのいわゆる「品詞」の呼び方を用いる。しかし，インドネシア語では，各単語の品詞を認定するのは難しいことが多く，また複数の品詞にまたがっていると考えられる場合もある。

たとえば，tidur は「寝る」という動作を表し，動詞と言える。しかし，Tidur saya tidak nyenyak.（私の眠りは快適でなかった）の tidur saya（私の眠り）のように，同じ形で名詞としても使われる。また，makan も「食べる」という動作を表し，動詞と言えるが，rumah makan（食堂）のような例では，やはり同じ形態で，名詞の修飾語として現れる。

このように，品詞ごとの形態的な特徴が決まっているわけではなく，むしろ文における位置や他の語との組み合わせに注目して，どのような意味になるのかを理解することが大事である。

Pelajaran 2 文字と発音

2 2.1 文字

インドネシア語は，ローマ字（huruf Latin）で表記する。アクセント記号などの文字以外の記号はない。それぞれの文字（abjad）は次のように読む。発音記号の他に，カタカナでおおよその読み方を示す。

a [a] （アー）
b [be] （ベー）
c [tʃe] （チェー）
d [de] （デー）
e [e] （エー）
f [ef] （エフ）
g [ge] （ゲー）
h [ha] （ハー）
i [i] （イー）
j [dʒe] （ジェー）
k [ka] （カー）
l [el] （エル）
m [em] （エム）
n [en] （エヌ）
o [o] （オー）
p [pe] （ペー）
q [ki] （キー）
r [er] （エル）
s [es] （エス）
t [te] （テー）
u [u] （ウー）
v [fe] （フェー）
w [we] （ウェー）
x [eks] （エクス）
y [je] （イェー）
z [zet] （ゼット）

2.2 音と表記の対応関係

インドネシア語の母音は6種類，子音は22種類ある。いわゆるローマ字読みで読むことができる。‘e’ の文字を除き，どの単語に現れても，また単語内のどの位置に現れても，同じように発音される。

3 2.2.1 単母音

母音は，/i/, /e/, /ə/, /a/, /u/, /o/ の6つあり，それぞれ i, e, e, a, u, o と表記される。‘e’ は，/e/ と /ə/ の2つの音を表すことに注意。

/i/, /e/, /a/, /o/ は，日本語の「い」「え」「あ」「お」と同じように発音して問題ない。/ə/ と /u/ は後で述べるように，注意が必要である。

長母音と短母音の区別はない。舌の位置と開口度は，図に示した通りである。

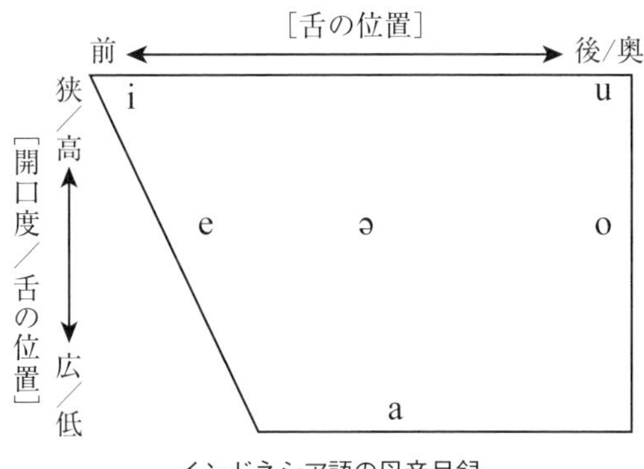

インドネシア語の母音目録

i /i/

ini　これ　　bisa　できる　　kaki　足

e（é）/e/

辞書や学習書では e /ə/ と区別するために é と表記することがあるが，正書法では e であり，一般の出版物では e と表記される。本書では é と表記する。

énak　おいしい　　bésok　明日　　soré　夕方

e /ə/

舌の位置が高くも低くもなく，前でも後ろでもない母音（中舌母音）。/i/ か /e/ を発音する口の構えをして，/u/ と発音してみると，/ə/ に近くなる。

オランダ語や英語の外来語由来の単語を除き，語末には現れない。

/e/ にくらべて，/ə/ の例が圧倒的に多い。接頭辞（ber-, meN-, ter-, ke- など）に含まれる e は全て /ə/ である。

enam　6　　besar　大きい　　sepéda　自転車
are　アール（広さの単位）

a /a/

api　火　　satu　1　　saya　私

u /u/

唇を丸めて発音する母音（円唇母音）。

utara　北　　buku　本　　itu　それ

o /o/

orang　人　　toko　店　　kosong　空っぽの

母音の発音で注意する点

e /ə/ と u /u/ は，日本語話者にとっては，どちらも「ウ」に聞こえる。日本語の「ウ」は，唇の丸め（円唇）のない e /ə/ に近い。u /u/ を発音するときは，ちゃんと唇を丸めること。

4 ## 2.2.2 二重母音

1つの音節内に母音が2つ連続して現れることがあり（音節については 2.3 節で後述），ai と au が該当する。語末（音節末）で現れる。口語では，ai は [e]（エ），[ej]（エイ），au は [o]（オ），[ow]（オウ）と発音されることが多い。

ai /ai/	pakai	使う
	pandai	賢い
	bagaimana	どんな
au /au/	kalau	もし～ならば
	atau	それとも
	saudara	きょうだい

5 ## 2.2.3 子音

子音は 22 あり，そのうち 4 つは外来語にのみ現れる。音の種類と調音（音を作り出す）の位置に基づくと，以下の表のように表すことができる。

なお，表では音声記号ではなく，対応する文字で示している。ほとんど 1 子音につき 1 文字で表記されるが，2 文字で示すものもある（ng, ny, sy, kh）。

インドネシア語の子音目録

	両唇音	唇歯音	歯音	歯茎音	後部歯茎音	硬口蓋音	軟口蓋音	声門音
破裂音	p b		t	d			k g	
鼻音	m			n		ny	ng	
ふるえ音				r				
摩擦音		f		s z	sy		kh	h
破擦音					c j			
接近音	w					y		
側面接近音				l				

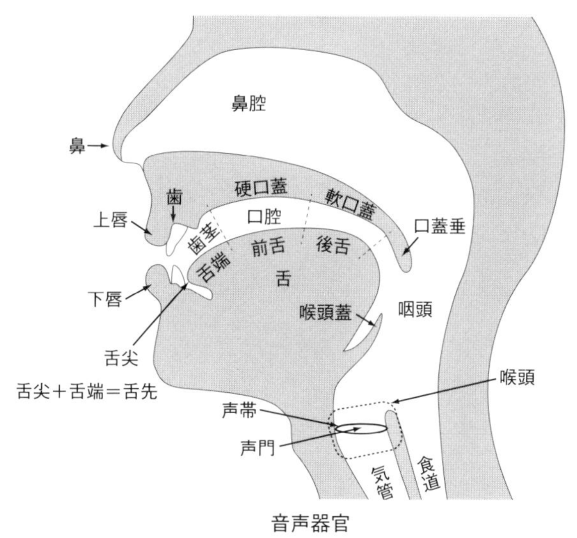

音声器官

調音の位置については，音声器官を示した図を参考にしてほしい。

[**破裂音**]（p, b, t, d, k, g）

パ行，バ行，タ行，ダ行，カ行，ガ行のように発音すればよい。ただし，ti（ティ），tu（トゥ），di（ディ），du（ドゥ）は「チ」「ツ」「ジ」「ズ」でないことに注意する。中舌母音が続く te（トゥ），de（ドゥ）も「ツ」「ズ」にならない。

語末（音節末）では，閉鎖を維持したまま終わり，破裂（開放）しない。語末（音節末）の破裂音は，日本語話者にとって，いずれも「○○ツ」と認識され，区別がやや難しい。唇，歯，歯茎，軟口蓋（上あごの奥の柔らかい部分）のどこに閉鎖が起こっているのか意識して発音すること。

p /p/

padi　稲	atap　屋根

b /b/

baca　読む	bab　章

t /t/

tapi　しかし　　pahit　苦い

d /d/

dan　そして　　murid　生徒

k /k/

語末（音節末）のkは，出身地や民族によっては，軟口蓋音ではなく，声門閉鎖音［ʔ］（「あっ！」と言ったとき，喉の奥が閉まった感じ）になることがある。

kita　私たち　　anak　子供

g /g/

gigi　歯　　pagi　朝

［鼻音］（m, n, ny, ng）

m, n, nyはマ行，ナ行，ニャ行のように発音すればよい。ngはいわゆる鼻濁音の「ンガ」と同じである。

語末（音節末）のm, n, ngは，日本語話者にとっていずれも「ン」と認識されがちである。特に，nとngを間違いやすい。日本語の「ン」はほぼngに相当するため，ngの場合はあまり意識しなくてもよいが，nの場合は意識的に発音した方がよい。舌先を上あごの歯茎あたりに置いたまま閉鎖を維持して終わる。

m /m/

muka　顔　　jam　時計

n /n/

nanti　あとで　　mana　どこ，どれ

ng /ŋ/

bunga　花　　hidung　鼻

ny /ɲ/

語末（音節末）には現れない。

nyamuk　蚊　　hanya　ほんの～，のみ

[破擦音]（c, j）

「チャ行」「ジャ行」のように発音すればよい。

c /tʃ/

語末（音節末）には現れない。

cari	探す	cukup	十分な

j /dʒ/

語末（音節末）には現れない。

jalan	道	juga	～も

[摩擦音]（s, h）

s はサ行音と同じと考えてよい。ただし si はたいてい「スィ」と発音する。

ha, hé, ho は日本語の「ハ」「へ」「ホ」と同じと考えてよいが，hi, hu は注意が必要である。日本語の「ヒ」「フ」とは異なり，喉の奥の声門で空気がこすれて出る音である。語末（音節末）の h は，疲れて「あーあ」と言うときに最後に喉の奥からもれる音に近い。

s /s/

situ	そこ	panas	熱い，暑い

h /h/

hari	日	buah	果物

[ふるえ音]（r）

いわゆる巻き舌の音で，舌先をふるわせる。語内の位置によって，舌先が上の歯茎を一回たたいて出す発音もある。

r /r/

rasa	味，感じ	kamar	部屋

[側面接近音]（l）

舌先を上あごの歯茎あたりにつけて，舌の両脇にできた隙間に空気を通して発音する。

l /l/

laki-laki	男	betul	正しい

［接近音］（w, y）

日本語のワ行，ヤ行と同じと考えてよい。

w /w/

語末（音節末）には現れない。

wanita　女性　　bawa　運ぶ

y /j/

語末（音節末）には現れない。

yén　（日本）円　　bayar　払う

以下の f, v, q, kh, z, sy は，外来語由来の単語のみに用いられる表記である。f と v は表記が異なるが，どちらも /f/ の音を表す。

f /f/

film　映画，フィルム

v /f/

語末（音節末）には現れない。

visa　ビザ　　Novémber　11 月

q /k/

k と表記は異なるが，同じ音を表す。

Qur'an　コーラン

kh /x/

後舌が軟口蓋に近づいてこすれる音。正確には，k, h とは異なる音であるが，どちらかで発音しても問題ない。

語末（音節末）には現れない。

khawatir　心配する　　akhir　終わり

z /z/

ザ行と同じと考えてよい。ただし，zi は「ジ」ではなく「ズィ」である。

語末（音節末）には現れない。

izin　許可

sy /ʃ/

シャ行と同じと考えてよい。語末（音節末）には現れない。

syarat　条件

また，これらの外来語にのみ見られる音は，kh の例のように，もともとインドネシア語にある近い音で発音されたり，綴られたりすることがある。

film, pilem　　Novémber, Nopémber　　Qur'an, Kur'an

izin, ijin

2.3 音節

6 

インドネシア語の単語は，音節という単位から成り立っている。最小で1音節から語が成り立つ。1音節は，単母音（あるいは二重母音）が必ず含まれる。基本的な音節構造のタイプは次の通りである。

音節タイプ	該当する音節が含まれる例
V	e-nam, du-a
KV	di, sa-tu, pan-dai
VK	em-pat, in-ti
KVK	tu-juh, kan-tor

（V：vokal 母音，K：konsonan 子音，ハイフン：音節の境界）

さらに，外来語由来の単語の場合には，次の音節構造なども認められる。

KKV	pro-vin-si
KKVK	kon-trak

インドネシア語の単語を発音する際，音節構造を意識することが重要であり，1音節を1拍として発音する。日本語話者の場合，特に「ン」を1拍と捉えがちであるため，注意が必要である。たとえば，enam は e と nam の2音節から成り，2拍で発音するのが正しい。「ウ・ナ・ム」のように，3つに分けるのではなく，「ウ・ナム」のように2拍で発音する。

また，音節をまたいで母音が連続する場合，単語や出身地，民族によって，その間に声門閉鎖音[ʔ]が入ることがある。たとえば，maaf（ma-af）[maʔaf]，keenam（ke-e-nam）[kəʔənam] などがある。

2.4 アクセント，イントネーション

2.4.1 語のアクセント

インドネシア語は，アクセントによって，語の意味の区別はない。原則として後ろから第２音節にアクセントがあり，/ə/ には来ない。ただし，語によって，また話者の出身地や母語によって原則と異なることがある。

7 2.4.2 文のイントネーション

インドネシア語において，イントネーションは文の構造や文の種類を表すために大事な手段である。たとえば，Itu buku saya. はイントネーションを変えることで,「それは，私の本です」と「それです，私の本は」という２つの構造の文を表すことができる。

「それは，私の本です」の場合は，主語「それは」の終わりで高く上がり，述語「私の本です」の終わり近くで高く上がった後文末で大きく下がる。

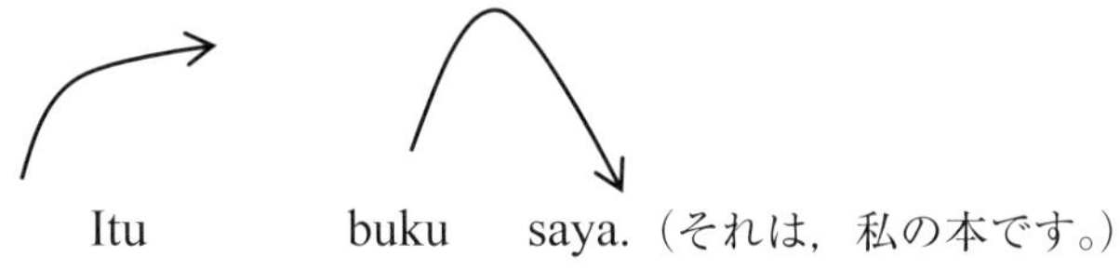
Itu buku saya.（それは，私の本です。）

それに対して，述語が先行する「それです，私の本は」の場合，述語「それです」の終わりで高く上がった後に下がり，主語「私の本は」は文末に向かって下がる。

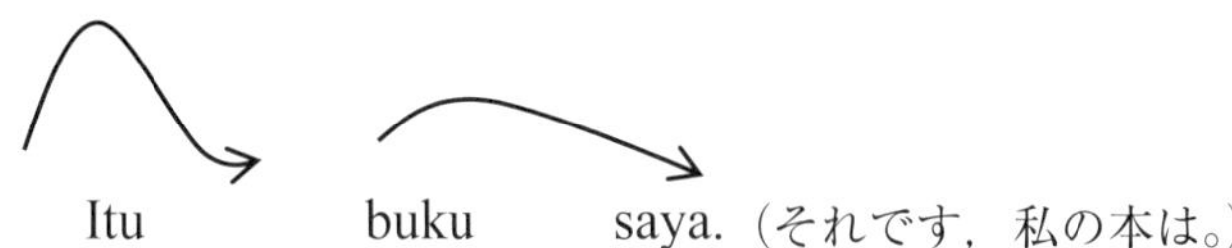
Itu buku saya.（それです，私の本は。）

疑問文では文末をあげる。

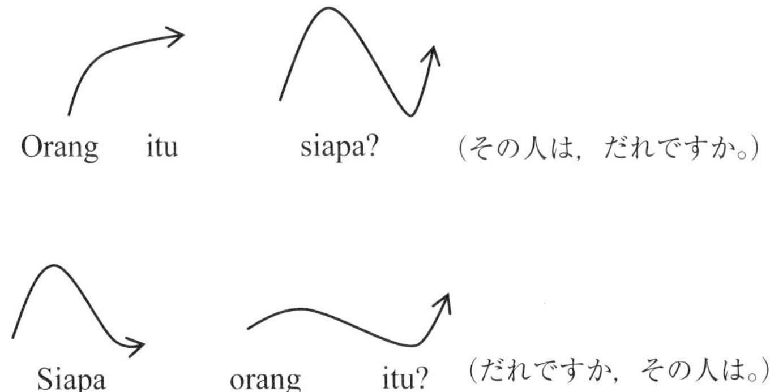

Orang itu siapa?
（その人は，だれですか。）
Siapa orang itu?
（だれですか，その人は。）

練　習　問　題

8 1．録音を聞き，単語を書き取りましょう。

⑴ 態度　⑵ 磨く
⑶ 兄・姉　⑷ 鯛
⑸ 預ける　⑹ ピリオド
⑺ カラス　⑻ 勇ましい
⑼ 若い　⑽ 簡単な
⑾ 運ぶ　⑿ 下

⒀ 墓　⒁ 食べる
⒂ 夜　⒃ マラン（地名）
⒄ 塩からい　⒅ 見慣れない

⒆ 与える　⒇ 買う
(21) 根っこ　(22) 知恵，工夫
(23) 道　(24) めったに～ない

(25) 貝　(26) 足りない
(27) 丸い　(28) 重い

9 2．例にしたがって，次の単語を音節で区切りましょう。

（例）orang（人）→ o-rang

⑴ bisa（できる）→　⑵ alam（自然）→
⑶ hilang（なくなる）→　⑷ nyamuk（蚊）→
⑸ khawatir（心配する）→　⑹ bayar（払う）→
⑺ hujan（雨）→　⑻ bunga（花）→
⑼ nanti（あとで）→　⑽ atap（屋根）→
⑾ buah（果物）→　⑿ atau（あるいは）→
⒀ sampai（着く）→　⒁ kamar（部屋）→
⒂ pahit（苦い）→　⒃ mengapa（なぜ）→

それは何の本ですか。

学習項目 名詞句，名詞文，指示代名詞，疑問詞（何，誰），挨拶

目　標 名詞が中心となる句，その句が述語となる文を覚える。

10 [会話例]

A： **Itu** buku apa?
B： **Ini novél Jepang**. Novél bahasa Jepang.
A： O begitu.

A： **Selamat siang**. Nama saya Agus. **Siapa** nama Anda?
B： Nama saya Maki. Saya orang Jepang.

A： **Apa kabar?**
B： **Baik-baik saja**.

[会話例の和訳]

A： それは何の本ですか。
B： これは日本の小説です。日本語の小説です。
A： あーそうですか。

A： こんにちは。私の名前はアグスです。あなたのお名前は何ですか。
B： 私の名前はマキです。私は日本人です。

A： お元気ですか。
B： 元気です。

語句

11

itu ☺	それ，あれ	siang	昼
buku	本	nama	名前
apa ☺	何	saya	私
ini ☺	これ	Agus	アグス（人名）
novél	小説	siapa ☺	誰
Jepang	日本	Anda	あなた
bahasa	言語	orang	人
o	あー（感嘆詞）	kabar	機嫌，便り
begitu	そのような，そのように	baik	良い，元気な
selamat	安寧な，無事な	saja	～だけ

慣用表現

11

o begitu	あーそうですか
selamat siang ☺	こんにちは
apa kabar? ☺	元気ですか
baik-baik saja ☺	元気です

3.1 名詞句

名詞が中心となる句（名詞句）は，「被修飾語＋修飾語」という語順である。この語順によって修飾関係が示される。修飾語は名詞や形容詞だけでなく，動詞などもある。

bahasa Jepang	日本語
novél bahasa Jepang	日本語の小説
nama saya	私の名前
nama Anda	あなたの名前
orang Jepang	日本人
Fakultas Ékonomi	経済学部
mahasiswa Fakultas Ékonomi	経済学部の学生

novél baru　　新しい小説
nasi goréng　　チャーハン

単語　fakultas 学部　ékonomi 経済　mahasiswa 大学生　baru 新しい　nasi ご飯　goréng 油で調理した

3.2 文の基本的構造，名詞文

インドネシア語の基本的な文の構造は，「主語＋述語」（〜は…である）である。主語は，名詞が中心となる句（名詞句）からなる。述語には，名詞句，形容詞が中心となる句（形容詞句），動詞が中心となる句（動詞句）などが現れる。

名詞句が述語に現れる文（名詞文）の場合，主語と述語いずれも名詞句からなる。

Ini	novél bahasa Jepang.	これは日本語の小説です。
Saya	orang Jepang.	私は日本人です。
［主語］	［　述語　］	
［名詞句］	［　名詞句　］	

「述語＋主語」という語順になることもある。

Novél bahasa Jepang, ini.

インドネシア語の名詞文は，主語と述語の間に繋辞や英語の be 動詞のような語はないが，adalah, ialah（すなわち，つまり）という語が入ることがある。主語か述語がやや長い場合に現れやすい。

Bahasa Indonésia adalah bahasa nasional Républik Indonésia.
インドネシア語は，インドネシア共和国の国語である。

単語　Indonésia インドネシア　nasional 国家の　républik 共和国

3.3 指示代名詞

インドネシア語の指示代名詞は ini（これ）と itu（それ，あれ）の２つである。比較的近いものが ini，遠いものが itu で表される。

Itu buku apa? それは何の本ですか。
Ini novél bahasa Jepang. これは日本語の小説です。

指示代名詞を修飾語として用いるときは，上述の名詞句の語順にしたがう。

buku ini この本
nasi goréng itu そのチャーハン

名詞句の修飾語が２つ以上あり，指示代名詞が含まれるときは，他の修飾語の後に現れる。

buku baru itu その新しい本
buku saya ini この私の本

3.4 疑問詞 apa（何）

もの・こと，あるいはそれらの名前を尋ねる疑問詞は apa（何）である。話者が尋ねたい事柄を表す語の位置に疑問詞 apa が入る。

Ini apa? / Apa ini? これは何ですか。
–Ini novél bahasa Indonésia. ―これはインドネシア語の小説です。

Itu buku apa? それは何の本ですか。
–Ini novél Jepang. ―これは日本の小説です。

3.5　疑問詞 siapa（誰）

人を尋ねる疑問詞は siapa（誰）である。人の名前を尋ねるときも siapa を用いる（apa「何」を使わないことに注意）。話者が尋ねたい事柄を表す語の位置に疑問詞 siapa が入る。

Siapa nama Anda?　　あなたの名前は何ですか。
–Nama saya Maki.　　—私の名前はマキです。

Ini siapa? / Siapa ini?　　こちらは誰ですか。
–Ini kakak saya.　　—これは私の兄です。

単語　kakak 兄・姉

3.6　挨拶

selamat は「無事な，安寧な」という意味の形容詞であり，pagi（朝），siang（昼），soré（夕方），malam（夜）をつけることによって，それぞれの時間帯の挨拶となる。別れるときの「さようなら」としても用いられる。

Selamat pagi.　　おはようございます。
Selamat siang.　　こんにちは。
Selamat soré.　　こんにちは。
Selamat malam.　　こんばんは。

また，selamat は「おめでとう」という祝福の挨拶となる。それに tahun baru（新年），hari ulang tahun（誕生日）などを続けることによって，「○○おめでとう」という意味になる。

Selamat!　　おめでとう。
Selamat tahun baru.　　新年おめでとう。
Selamat hari ulang tahun.　　お誕生日おめでとう。
Selamat datang.　　ようこそいらっしゃいました。

相当長い別れになると思われる場合，旅立つ人と見送る（つまり残る）人の間でなされる別れの挨拶がある。selamat の後に，旅立つ人には jalan（歩く，道）を続け，見送る人には tinggal（住む，残る）を続ける。

Selamat jalan.	さようなら（道中お気をつけて）。
Selamat tinggal.	さようなら（達者でお暮らしください）。

「お元気ですか」の挨拶はいくつかの表現がある。慣用表現としてそのまま覚える。

Apa kabar?	お元気ですか（ご機嫌いかがですか）。
–Baik-baik saja.	―元気です。

Bagaimana kabarnya?	お元気ですか（ご機嫌いかがですか）。
–Biasa-biasa saja.	―相変わらずです。

単語　datang 来る　bagaimana どのような　biasa 普通の

練 習 問 題

1．次の名詞句を作りましょう。

(1) 日本の大学	(7) 日本語の辞書	(13) 私のもの
(2) 日本人	(8) 英語	(14) 大きな部屋
(3) その大きな家	(9) 誰のカバン	(15) そのカバン
(4) 新しい大学	(10) この大学の名前	(16) 小さな家
(5) イギリス人	(11) あなたの子供	(17) あの新しい小説
(6) 何の辞書	(12) 焼きそば	(18) その本屋

単語　大学 univérsitas　家 rumah　大きい besar　イギリス Inggris
辞書 kamus　カバン tas　子供 anak　麺 mi, mie
(誰かの)もの，所有物 punya　部屋 kamar　小さい kecil　店 toko

2．次の文を日本語にしましょう。

(1) Saya mahasiswa univérsitas ini.
(2) Anda mahasiswa univérsitas apa?
(3) –Saya mahasiswa Univérsitas Indonésia.
(4) RI adalah singkatan dari Républik Indonésia.
(5) Ini teman saya dari Inggris.
(6) Kamus besar itu punya siapa?
(7) –Itu punya saya.

単語　singkatan 略語（基 singkat）　teman 友人　dari ～から

3．次の名詞文を作りましょう。

(1) あなたのお兄さんの名前は何ですか。
(2) ―私の兄の名前はアグスです。
(3) この幼い（小さい）子供は誰の子供ですか。
(4) ―こちらはアグスの子供です。
(5) その辞書は誰の辞書ですか。
(6) ―それはアグスのものです。
(7) あの新しい家は誰のものですか。
(8) ―あの家はスシ（Susi）の家です。
(9) その大きな人は誰ですか。
(10) ―あの人は私の友達です。
(11) その背の高い人は誰ですか。
(12) ―彼はインドネシア語の教師です。
(13) それは何の学校ですか。
(14) ―それは幼稚園（小学校，中学校，高校，大学）です。

単語　高い tinggi　彼・彼女 dia　教師 guru　学校 sekolah
幼稚園 TK(taman kanak-kanak)　小学校 SD(sekolah dasar)
中学校 SMP(sekolah menengah pertama)
高校 SMA(sekolah menengah atas)

私はアグスではありません。

学習項目 複合語，否定詞 bukan，諾否疑問文，挨拶（感謝，謝罪）

目 標 名詞を否定する表現，「はい／いいえ」で答える疑問文とその答え方を覚える。

12 [会話例]

A： Permisi, **apakah rumah sakit** ini Rumah Sakit Sejahtera?
B： **Ya**, betul. Ini Rumah Sakit Sejahtera.
A： **Terima kasih**.
B： **Sama-sama**.

A： Maaf, Anda Agus?
B： **Bukan**. Saya **bukan** Agus. Saya Bambang.
A： **Mohon maaf**.
B： Tidak apa-apa.

[会話例の和訳]

A： すみません，この病院はスジャトラ病院ですか。
B： はい，その通りです。これはスジャトラ病院です。
A： ありがとうございます。
B： どういたしまして。

A： すみません，あなたはアグスですか。
B： いいえ。私はアグスではありません。私はバンバンです。
A： ごめんなさい。
B： 構いませんよ。

語句 13

permisi	すみません；失礼する	kasih	気持ち
apakah ☺	～ですか？	sama	同じ
sakit	痛い，病気の	maaf ☺	ごめんなさい；許し
rumah sakit ☺	病院	bukan ☺	～(名詞)でない;いいえ
ya ☺	はい	Bambang	バンバン（人名）
betul	正しい	mohon	要請する，乞う
terima	受け取る	tidak	～（非名詞）でない

慣用表現 13

permisi, ～	すみませんが，～	maaf, ～	すみませんが，～
betul	その通り	mohon maaf ☺	ごめんなさい
terima kasih ☺	ありがとう	tidak apa-apa	何でもない
sama-sama ☺	どういたしまして		

4.1 複合語

複合語は，「被修飾語＋修飾語」という名詞句の構造をなす。複数の語からなるが，一般にその個々の語とは異なる意味をもち，ひとつの語としてみなす。たとえば，orang tua は普通の修飾関係であれば，「老人」であるが，複合語では「両親」の意味をもつ。

rumah sakit	病院
rumah makan	食堂
méja makan	食卓
jam tangan	腕時計
surat kabar	新聞
orang tua	親，両親（「老人」の意味もある）
kamar kecil	便所（「小さい部屋」の意味もある）

単語　makan 食べる　méja 机　jam 時計　tangan 手　surat 手紙　tua 老いた

4.2 名詞を否定する語 bukan

名詞を否定する場合に用いられる語は bukan である。名詞句の前に置かれる。

Ini bukan kamus.	これは辞書ではない。
Saya bukan Agus.	私はアグスではない。
Rumah ini bukan rumah Susi.	この家はスシの家ではない。
Saya bukan orang Indonésia.	私はインドネシア人ではない。

「○○ではなく，△△である」という場合は，bukan ○○, tetapi △△ となる（tetapi は「しかし」を意味する接続詞）。

Rumah makan ini bukan rumah makan masakan Jepang, tetapi rumah makan masakan Cina.
この食堂は日本料理の食堂ではなく，中国料理の食堂である。

Saya bukan orang Jepang, tetapi orang Koréa.
私は日本人ではなく，韓国（朝鮮）人だ。

単語 masakan 料理（基 masak） Cina 中国 Koréa 韓国，朝鮮

4.3 名詞文の諾否疑問文――はい／いいえで答える疑問文

「はい」か「いいえ」で答える疑問文は，平叙文の文末のイントネーションを上げることで作られる。フォーマルな場合は，文頭に apakah をつける（時に apa となることもある）。名詞文の諾否疑問文に対して，「はい」は ya,「いいえ」は名詞を否定する語の bukan である。

Permisi, apakah rumah sakit ini Rumah Sakit Sejahtera?
すみません，この病院はスジャトラ病院ですか。

–Ya, betul. Ini Rumah Sakit Sejahtera.
—はい，その通りです。これはスジャトラ病院です。

Maaf, Anda Agus?
　すみません，あなたはアグスですか。
–Bukan. Saya bukan Agus. Saya Bambang.
　—いいえ。私はアグスではありません。私はバンバンです。

4.4 感謝，謝罪の挨拶

「ありがとう」「ごめんなさい」はそれぞれいくつかの表現がある。terima kasih は，直訳すれば，「気持ちを受けとる」，saya mohon maaf，saya minta maaf は，「私は許しを乞う」という意味である。

Terima kasih.	ありがとう。
Terima kasih banyak.	大変ありがとう。
–Sama-sama.	—どういたしまして（お互い様です）。
–Terima kasih kembali.	—どういたしまして。
–Kembali.	—どういたしまして。

Saya mohon maaf.	ごめんなさい。
Saya minta maaf.	ごめんなさい。
Mohon maaf.	ごめんなさい。
Minta maaf.	ごめんなさい。
Maaf.	ごめんなさい。

単語　banyak 多い，多く　kembali 戻る，再び　minta 乞う，もらう

4.5 別れの挨拶

3.6 節で述べたように，selamat pagi などの挨拶は別れるときにも使われる。別れの挨拶には次のものもある。

Sampai bertemu lagi.　　また会いましょう。
Sampai jumpa lagi.　　また会いましょう。
Sampai bésok.　　また明日。

別れる際の「それでは」に相当する表現には mari, ayo がある。
Sampai minggu depan. Mari.　　また来週。それでは。

単語　sampai ～まで　bertemu 会う（基 temu）　jumpa 会う　lagi また　bésok 明日　minggu depan 来週

練 習 問 題

1．次の語句を日本語にしましょう。

(1) pintu masuk
(2) pintu keluar
(3) sepéda motor
(4) méja belajar
(5) lemari és
(6) lemari buku

単語　pintu 戸，ドア　masuk 入る　keluar 出る　sepéda 自転車
motor モーター　belajar 勉強する（基 ajar）　棚 lemari　氷 és

2．次の文を日本語にしましょう。

(1) Itu pepaya?
–Ya, ini buah pepaya.
–Bukan, ini bukan pepaya. Ini mangga.
(2) Permisi, jalan ini Jalan Mawar?
–Ya, betul.
–Bukan, jalan ini Jalan Sakura.
(3) Apakah ini rumah Susi?
–Ya. Rumah ini rumah Susi.
–Bukan. Rumah ini bukan rumah Susi.
(4) Rumah sakit ini bukan Rumah Sakit Sejahtera, tetapi Rumah Sakit Bahagia.

単語　pepaya パパイヤ　buah 果物　mangga マンゴー

3．次の文をインドネシア語にしましょう。

(1) あの建物は病院ですか。
(2) —はい，あれは病院です。
(3) —いいえ，あれは病院ではありません。あの建物は郵便局です。
(4) あなたは高校生ですか。
(5) —はい，私はさくら高校の生徒です。

⑹ —いいえ，私は高校生ではなく，大学生です。
⑺ これは私の新聞ではない。
⑻ それはあなたの腕時計ですか。
⑼ —いいえ，それは私のものではありません。それは私の姉のものです。
⑽ すみません，それはインドネシア料理ですか。
⑾ —はい，これは揚げバナナです。

単語 建物 gedung, bangunan（基 bangun） 事務所，役所 kantor
郵便 pos 生徒 siswa バナナ pisang

あなたの名前は何ですか。

学習項目 人称代名詞，親族名称，敬称，呼称

目　標 人を表す代名詞を覚える。親族名称に基づいた人称詞，敬称，呼称を覚える。

14 [会話例]

A：Mari **kita** istirahat sebentar.
B：Baik, **Bu**.

A：Nama **Ibu** siapa?
B：Nama **saya** Déwi.

A：**Bapak** Bambang punya cucu?
B：Ya. Nama cucu**nya** Tuti.

[会話例の和訳]

A：ちょっと休憩しましょう。
B：わかりました。

A：お名前は何ですか。
B：私の名前はデウィです。

A：バンバンさんは孫がいるのですか。
B：はい。孫の名前はトゥティです。

語句 15

mari	〜しましょう，さあ	Déwi	デウィ（人名）
kita ☺	私たち(聞き手を含む)	Bapak ☺	目上の男性への敬称・呼称
istirahat	休憩する	punya	持つ
sebentar	しばし	cucu ☺	孫
Bu ☺	目上の女性への敬称・呼称	-nya ☺	彼・彼女の
Ibu ☺	あなた（目上の女性）	Tuti	トゥティ（人名）

慣用表現 15

mari kita 〜	〜しましょう	baik	了解しました

5.1 人称代名詞

インドネシア語の話し手（一人称），聞き手（二人称），それ以外の第三者（三人称）を表す人称代名詞は，人称の種類，単数・複数のほかに，親密さや敬意の有無によって，1) 親密さを示すもの，2) 敬意を示すもの，3) そのどちらでもなく比較的丁寧で一般的に用いられるものの 3 つに分けられる。

単数

	親密	丁寧・一般的	敬意
一人称	aku	saya	
二人称	kamu engkau	Anda	*
三人称	dia, ia		beliau

複数

	親密	丁寧・一般的	敬意
一人称	kami kita		
二人称	kalian	Anda sekalian	＊＊
三人称	meréka		

一人称代名詞の単数 saya（私）は，会話の状況や聞き手が目上か目下かを問わず，用いられる。aku（俺，あたし）は親しい間柄で用いられる。複数形「私たち」には２つあり，kita が聞き手を含み，kami が聞き手を含まない。

Nama saya Déwi.　　私の名前はデウィです。
Saya orang Jepang.　　私は日本人です。
Mari kita istirahat sebentar.　　私たちはちょっと休憩しましょう。
Rumah kami dekat dari rumah Anda.
　私たちの家はあなたの家から近い。

二人称代名詞の単数 Anda（あなた）は，使用する相手は限られており，同世代で，初対面などのあまり知らない聞き手に対して用いられる。不特定多数の相手（読者・視聴者など）にも使用される。表記は，文中であっても Anda と大文字で始める。親しい相手に対しては kamu, engkau（お前，君）が用いられる。

Siapa nama Anda?　　あなたの名前は何ですか。
Ini HP kamu?　　これはお前の携帯電話？
Aku mau hidup dengan engkau.　　俺は君と生活したい。

Anda に「すべての」を表す sekalian をつけると，Anda sekalian（あなた達）となる。同等・目下の聞き手に対して用いる複数の二人称代名詞として kalian（お前たち）がある。このように，単数・複数とも敬意を示す聞き手を表す代名詞がなく，その代わりに親族名称（後述）を用いる（表の「＊」「＊＊」の部分）。

Saya senang dapat bertemu dengan Anda sekalian.
　私はあなた達と会えて嬉しい。
Kalian mahasiswa baru, ya?
　お前たちは新入生だね？

三人称代名詞の単数 dia, ia（彼・彼女）は同じ意味を表すが，dia がより頻繁に用いられる。また，ia は主語のみに用いられ，他の語に後続しない。目上に対しては，beliau（あの方）を用いる。三人称代名詞の複数は meréka（彼ら・彼女ら）の１つのみである。

Itu sepéda motor dia. それは彼のバイクだ。
Ia bukan pegawai negeri. 彼女は公務員ではない。
Saya murid beliau. 私はあの方の生徒です。
Meréka mahasiswa Fakultas Ékonomi. 彼らは経済学部の学生だ。

単語 dekat 近い HP 携帯電話（handphoneをもとにした略語） mau ～したい hidup 生きる dengan ～と senang 楽しい dapat ～できる ya ～ね（確認） pegawai 職員 negeri 国の murid 生徒，弟子

このように，人称代名詞は格などによる変化がなく，文のどの位置でもほぼ形態は変わらない。ただし，一部の人称代名詞は，接辞のように他の要素に付加して用いられる形式（接頭形，接尾形）をもつ。

	接尾形	接頭形
一人称	-ku	ku-
二人称	-mu	kau-
三人称	-nya	–

接尾形 -ku，-mu，-nya は，名詞の後につき，所有を表す。

Jam tanganku hilang.（=Jam tangan aku hilang.）
あたしの腕時計がなくなった。
Ini tasmu?（=Ini tas kamu?）
これはお前のカバン？
Rumahnya besar.（=Rumah dia besar.）
彼の家は大きい。
Bapak Bambang punya cucu. Nama cucunya Tuti.
バンバンさんは孫がいる。彼の孫の名前はトゥティだ。

-nya は「彼・彼女」だけでなく，「彼ら・彼女ら」も表し得る。

Suami istri itu pergi dengan keluarganya.
その夫婦は彼ら（自分たち）の家族と行った。

-nya は三人称を表すだけでなく,「その」と訳されるような,すでに言及されていたり,文脈から話し手と聞き手の間で了解されているもの・ことを示す機能をもつ(第 30 課で詳述)。

Saya menginap di Hotél Wahid. Kamarnya bagus.
私はホテル・ワヒドに泊った。(そのホテル・ワヒドの)部屋は良かった。

また,接尾形は前置詞の後にも現れる。

Aku cinta padamu.(= Aku cinta pada kamu.)
僕は君が好きだ。
Kami pergi dengannya.
私たちは彼(その人)と行った。

接頭形 ku-, kau- や接尾形の他の用法は第 14 課,15 課,30 課で扱う。

単語 hilang なくなる　suami 夫　istri 妻　pergi 行く　keluarga 家族
menginap 泊まる(基 inap)　hotél ホテル　bagus 素晴らしい
cinta 好きである　pada ～に,を

5.2 親族名称の二人称への転用

父,母などの親族名称が聞き手を表す語として用いられる(5.1 節の表における＊)。親族名称が表す世代・年齢に相当する相手に対して使用する。Anda と同様に,二人称として用いる場合は,文中でも語頭を大文字で表記する。

bapak「父」 → Bapak
ibu「母」 → Ibu
kakak「兄,姉」 → Kakak
adik「弟,妹」 → Adik
kakék「祖父」 → Kakék
nénék「祖母」 → Nénék
paman「おじ」 → Paman

om「おじ」	→	Om
bibi「おば」	→	Bibi
tante「おば」	→	Tante
saudara「兄弟」	→	Saudara, Saudari（ややフォーマルな場で，同等・目下に用いられる。Saudari は女性のみ）
anak「子供」	→	Anak
tuan「ご主人様」	→	Tuan
nyonya「奥様」	→	Nyonya
nona「お嬢様」	→	Nona

特に，bapak（父），ibu（母）を意味する親族名称が，それぞれ男性と女性の年長・目上を表す二人称としてよく用いられる。

Nama Ibu siapa?	あなた（女性）のお名前は何ですか。
Ibu ada waktu sebentar?	あなた（女性）はちょっとお時間ありますか。
Bapak orang Jepang?	あなた（男性）は日本人ですか。
Ini sepéda motor Bapak?	これはあなた（男性）のバイクですか。

親族名称は一人称としても使われることもある。

Ibu mau keluar, ya.
私（先生，お母さん）は出かけるからね。

親族名称の重複，あるいは「親族名称 + sekalian」で二人称の複数を表す（5.1 節の表における＊＊）。

Bapak-bapak	Bapak sekalian
Ibu-ibu	Ibu sekalian
Saudara-saudara（Saudara-saudari）	Saudara sekalian

Saudara sekalian wajib belajar bahasa Jepang di SMA ini.
皆さんはこの高校では日本語を学ぶことが必須となっています。

単語 ada ある waktu 時間 wajib 義務である di ～で，に

5.3 親族名称の敬称，呼称としての使用

親族名称は敬称，呼称としても使われる。親族名称によっては，短縮した形式も使われる（/ の右が短縮した形式）。よく使われるのは，二人称と同じく Bapak/Pak, Ibu / Bu である。

Bapak / Pak	Bibi / Bi
Ibu / Bu	Kakak / Kak
Kakék / Kék	Adik / Dik
Nénék / Nék	Anak / Nak
Paman / Man	

敬称の場合，後に名前を続けて「～さん」「～先生」のように用いる。

Bapak Agus / Pak Agus　アグスさん，アグス先生
Ibu Tini / Bu Tini　ティニさん，ティニ先生
Pak Rudi dosén Fakultas Hukum.　ルディ先生は法学部の先生です。
Saudara Ali tidak hadir pada rapat.
　アリさんは会議に出席しなかった。

呼びかけるときに発話の始めに用いたり，文末に使用することによって，相手への敬意や相手との関係を示す。

Baik, Bu.　わかりました。（目上の女性に対して）
Selamat pagi, Pak.　おはようございます。（目上の男性に対して）
Apa kabar, Pak Édi?　お元気ですか，エディさん。
Sampai bertemu lagi, Ibu.
　またお会いしましょう。（目上の女性に対して）
Bu Dévi, saya permisi dulu.　デフィさん，失礼します。
Ini rumah siapa, Dik?　これは誰の家？（子供に対して）
Baik, Tuan.　かしこまりました，ご主人様。

Bapak-bapak dan Ibu-ibu, mohon perhatian!
皆様，ご注目ください。

若い店員などには，ジャワ語から入ったMas（お兄さん），Mbak（お姉さん）がよく使われる。

Mas, minta air putih.	お兄さん，水をください。
Di mana kamar mandi, Mbak?	バスルームはどこですか，お姉さん。

このように，インドネシア語には敬語体系がないが，親族名称，特にBapak, Ibuを二人称に用いたり，呼称・敬称に用いたりすることによって聞き手や言及する対象への敬意を示したり，文・発話を丁寧なスタイルにすることができる。

また，人称詞，特に二人称を表す語の代わりに，個人名を使用することも多い。

Tuti tinggal di mana?
トゥティ（二人称として）はどこに住んでいるの。
–Saya tinggal di Jalan Sudirman.
私はスディルマン通りに住んでいます。

単語 dosén 大学教員　hukum 法　hadir 出席する　rapat 会議
dulu 先に　dan そして　perhatian 注意，関心（基 hati）
air putih 一度沸かした水，湯冷まし　mana どこ　mandi 水浴びをする

練習問題

1. 次の文を日本語にしましょう。

(1) Anak Pak Rudi mahasiswa Fakultas Hukum.
(2) Ini rumahmu?
(3) –Bukan, ini bukan rumahku. Ini rumah adikku.
(4) Apakah Bapak orang tua Rudi?
(5) –Ya, saya bapaknya.
(6) Dia saudara sepupu saya. Istrinya orang Jérman.
(7) Kemarin adik-adik saya datang dari kampung halaman. Meréka istirahat di rumah saya.
(8) Ibu Tuti itu bibi saya. Dia adik ayah saya.

単語 saudara sepupu いとこ　Jérman ドイツ　kemarin 昨日
kampung halaman 故郷　ayah 父

2. 次の文をインドネシア語にしましょう。

(1) 私たち（聞き手を含まない）はこの大学の学生です。
(2) あなた（目上の男性）のお名前は何ですか。
(3) 彼はトゥティさん（目上の女性）の弟ですか。
(4) ―はい，彼の名前はアグスです。
(5) 今出発しましょう。―わかりました。（目上の男性に対して）
(6) すみません，これは誰の携帯電話ですか。（目上の女性に対して）
(7) ―それはバンバンさん（目上の男性）のものです。
(8) その大きな建物は彼らの事務所ではない。
(9) 君たちは高校生ですか。
(10) ―いいえ。私たちは中学生です。

単語 今 sekarang　出発する berangkat（基 angkat）

Pelajaran 6 寮に住んでいるの？

学習項目 非名詞文，否定詞 tidak，諾否疑問文，基語動詞，場所の前置詞

目 標 名詞以外を否定する表現，「はい／いいえ」で答える疑問文とその答え方を覚える。接辞のついていない動詞を覚える。

16

[会話例]

A：Maki, **tinggal di** asrama?
B：**Tidak**, saya tinggal di kos.
A：Kos itu dekat **dari** kampus?
B：Ya, dekat sekali. Saya **tidak** perlu **bangun** pagi-pagi.

A：Bésok saya mau **pergi ke** Bandung.
B：Asal saya **dari** Bandung, Maki.
A：O begitu. Agus orang Sunda, ya.
B：Silakan **mampir di** rumah orang tua saya.

[会話例の和訳]

A：マキ，寮に住んでいるの？
B：いいえ，私は下宿に住んでいる。
A：その下宿はキャンパスから近い？
B：ええ，とても近いわ。朝早く起きなくてもいいのよ。

A：明日，私はバンドゥンに行くの。
B：私の出身はバンドゥンだよ，マキ。
A：あー，そうなの。アグスはスンダ人なのね。
B：私の両親の家に寄ってね。

語句 17

asrama	寮	pagi-pagi	朝早く（基 pagi）
tidak ☺	いいえ；～（非名詞）でない	ke ☺	～へ，に
kos	下宿	Bandung	バンドゥン（西ジャワの都市名）
kampus	キャンパス	asal	出身，源
sekali	とても ～	Sunda	スンダ（西ジャワの地域・民族名）
perlu	必要である	silakan	どうぞ
bangun ☺	起きる	mampir ☺	立ち寄る

6.1 非名詞文

述語が名詞句である名詞文のほかに，述語が動詞句，形容詞句，前置詞句から構成される文がある。

Meréka	keluar.	彼らは出かけた。
Rumah saya	besar.	私の家は大きい。
Dia	dari Jakarta.	彼はジャカルタの出身である。
[主語]	[述語]	

単語 Jakarta ジャカルタ（インドネシアの首都名）

6.2 非名詞文の否定詞 tidak

名詞句以外の句からなる述語を否定する場合，tidak が用いられる。

Kos saya tidak jauh dari kampus.
　私の下宿はキャンパスから遠くない。
Dia tidak belajar bahasa asing.　　彼は外国語を勉強していない。
Ibu Mégawati tidak pergi ke Bali.　　メガワティさんはバリに行かなかった。

「○○ではなく，△△である」は，接続詞 tetapi（しかし）を使って，tidak ○

○，tetapi △△と表現する（第 4 課で見たように，「○○」が名詞のときは bukan を使う）。

Saya tidak tinggal di kos, tetapi tinggal dengan orang tua.
私は下宿に住まず，両親と住んでいる。

単語 jauh 遠い asing 見慣れない，外国の Bali バリ

6.3 非名詞文の諾否疑問文—はい／いいえで答える疑問文

名詞文と同様に，「はい」か「いいえ」で答えることができる疑問文は，平叙文の文末のイントネーションを上げることで作られる。フォーマルな場合は，文頭に apakah をつける（時に apa となることもある）。非名詞文の諾否疑問文に対して，「はい」は ya，「いいえ」は名詞以外の語句を否定する tidak である。

Maki, tinggal di asrama?	マキ，寮に住んでいるの。
–Tidak, saya tinggal di kos.	—いいえ，私は下宿に住んでいる。
Apakah Bapak Agus séhat?	アグスさんは元気ですか。
–Ya, Bapak Agus séhat.	—はい，アグスさんは元気です。
–Tidak, beliau sakit.	—いいえ，あの方は病気です。

単語 séhat 健康な

6.4 動詞の分類と基語動詞

インドネシア語の動作・行為を表す語（動詞）は，接辞の点から見ると次の 3 つに大別される。

- 接頭辞 ber- がつく動詞
- 接頭辞 meN- がつく動詞
- 接辞が付加しない動詞（基語動詞）

ここでは「基語動詞」を学ぶ。基語動詞は自動詞として機能するものが多い。

基語動詞

makan	食べる	minum	飲む
bangun	起きる	tidur	寝る
pergi	行く	datang	来る
maju	進む	mundur	後退する，下がる
tinggal	住む，残る	pindah	移る
masuk	入る	keluar	出る
naik	乗る，上がる	turun	降りる，下がる
duduk	座る	jatuh	落ちる，転ぶ
hidup	生きる	mati	死ぬ
lahir	生まれる	mandi	水浴びをする
ingat	思い出す	lupa	忘れる
pulang	帰る	kembali	戻る
suka	好きである	cinta	好きである，愛する
singgah	立ち寄る	mampir	立ち寄る
sampai	着く	tiba	着く
léwat	過ぎる，通る	bélok	曲がる
ada	ある，いる	punya	持つ
menang	勝つ	kalah	負ける
habis	なくなる，尽きる	hilang	なくなる，消える
kawin	結婚する	terbang	飛ぶ
mulai	始まる	selesai	終わる
hadir	出席する	ikut	ついていく，参加する
tahu	知る（[tau]と発音する）		

基語動詞が用いられる文は，基本的に「動作主＋基語動詞」という語順である。動詞によっては，基語動詞の後に，動作の対象が述べられる。その際，前置詞が用いられることがある。

Saya tidak perlu bangun pagi-pagi.	私は朝早く起きる必要はない。
Kemarin cucu saya lahir.	昨日，私の孫が生まれた。
Lampu kamar ini tidak hidup.	この部屋の灯りがつかない。

Orang Indonésia mandi pagi dan soré.
　インドネシア人は朝と夕方に水浴びをする。

Harga bawang putih turun.　ニンニクの値段が下がった。

Kakak saya kawin dengan temannya waktu SMP.
　私の姉は中学時代の友達と結婚した。

Dia suka minum téh hijau.
　彼女は緑茶を飲むのが好きだ（よく飲む）。

Meréka tidak tahu alamat Pak Joko.
　彼らはジョコさんの住所を知らない。

Pak Bambang cinta pada anak dan istrinya.
　バンバンさんは子供と妻を愛している。

Ia lupa akan janji penting itu.　彼はその大事な約束を忘れた。

単語　lampu 灯り　harga 値段　bawang putih ニンニク　téh お茶　hijau 緑　alamat 住所　akan ～を，について　janji 約束　penting 大事な

6.5 場所にかかわる前置詞

場所にかかわる基本的な前置詞は di（位置を表す），ke（方向を表す），dari（起点，出自を表す）の３つである。前置詞の後に場所を表す語が続く。

di sekolah　学校で
ke kantor　オフィスへ
dari negara itu　その国から

Maki, tinggal di asrama?　マキ，寮に住んでいるの？

Bésok saya mau pergi ke Bandung.
　明日，私はバンドゥンへ行きます。

Silakan mampir di rumah orang tua saya.
　私の両親の家に寄ってください。

Pesawat terbang Garuda tiba di Bandara Narita.
　ガルーダ機は成田空港に到着した。

Kami masuk ke gedung itu. 私たちはその建物に入った。
Beliau kembali dari Jakarta. あの方はジャカルタから戻った。
Keluarga itu pindah（rumah）ke kota. その家族は町へ引っ越した。
Biasanya saya naik sepéda motor ke kantor.
普段，私はバイクに乗ってオフィスに行く。
Kos itu dekat dari kampus? その下宿はキャンパスから近い？

前置詞句で述語を成すことができる。動詞がなくても，おおよそ，di であれば「～にいる，ある」，ke であれば「～へ行く」，dari であれば「～から来た，～の出身である」という意味を表す。

Dia di sekolah. 彼は学校にいる。
Kami tidak ke rumah sakit itu. 私たちはその病院に行かなかった。
Saya dari Tokyo. 私は東京の出身である。

単語 negara 国 pesawat terbang 飛行機 bandara 空港（=bandar udara）
pindah rumah 引っ越す biasanya 普通は（基 biasa）

練習問題

1．次の文を日本語にしましょう。

(1) Saya naik keréta ke bandara.
(2) Binatang itu hidup di air.
(3) Orang asing itu turun dari bus.
(4) Mobil saya mati karena bénsinnya habis.
(5) Beliau hadir pada rapat darurat itu.
(6) Saya tidak ingat akan janji itu.
(7) Dia makan dan tidur saja.
(8) Pak Bambang tidak suka padanya.
(9) Apakah Anda singgah di pasar?
(10) –Tidak. Saya langsung pulang ke rumah.
(11) Meréka ikut ujian bahasa Inggris.

単語 keréta 汽車　binatang 動物　air 水　bus バス　mobil 車
karena ～なので　bénsin ガソリン　darurat 緊急の　pasar 市場
langsung そのまま，直接　ujian 試験（基 uji）

2．次の文をインドネシア語にしましょう。

(1) この家の電灯が消えた。
(2) ガソリンの値段が上がった。
(3) 私はお金を持っていない。
(4) その白い鳥は北の方角に飛んでいった。
(5) その学生は朝早く私の家に来た。
(6) 私の財布がなくなった。
(7) 彼の妹は道で転んだ。
(8) 彼らは村で生活することが好きである。
(9) 私の父の車が駐車場から出てきた。
(10) 昨日新学期が始まった。

単語 電気 listrik　お金 uang　白い putih　鳥 burung　北 utara　方角，方向
arah　財布 dompét　村 désa　駐車場 tempat parkir　学期 seméster

Pelajaran 7 そのスーパーはどこにありますか。

学習項目 場所代名詞，場所の表現，疑問詞（どこ），存在の動詞 ada

目　標 場所にかかわる表現を覚え，場所を尋ねることができる。

18 

[会話例]

A：Ibu Susi, di **sekitar sini ada** toko swalayan?
B：Ya, ada. Di jalan raya ada supermarkét besar.
A：Supermarkét itu **ada** di **mana**, Bu?
B：Di **belakang** kantor pos.

A：Di ruang tamu **ada** siapa, Bu?
B：Ada teman Tuti di **situ**. Katanya ada urusan penting dengan Tuti.
A：Tuti ke **mana**, Bu?
B：Ke bank. Sebentar lagi dia akan kembali dari **sana**.

[会話例の和訳]

A：スシさん，この辺りにスーパーはありますか。
B：ええ，あるわよ。大通りに大きなスーパーがある。
A：そのスーパーはどこにあるのですか。
B：郵便局の裏よ。

A：客間に誰がいるのですか。
B：そこにはトゥティの友達がいるのよ。トゥティに大事な用事があるんですって。
A：トゥティはどこに行ったのですか。
B：銀行よ。もう少しでそこから戻ってくる。

語句

19

Susi	スシ（人名）	ruang	部屋
sekitar☺	辺り（基 kitar）	tamu	客
sini☺	ここ	situ☺	そこ
swalayan	セルフサービス	katanya	～らしい（聞いたところ）（基 kata）
toko swalayan	スーパー		
raya	偉大な，大きな	urusan	用事（基 urus）
jalan raya	大通り	bank	銀行
supermarkét	スーパー	akan	～する予定
belakang☺	後ろ	sana☺	あそこ

7

7.1 場所を表す代名詞

場所を表す代名詞は，次の3つがある。

sini　ここ
situ　そこ
sana　あそこ

di, ke, dari などの場所にかかわる前置詞（第6課参照）とともに用いられる。比較的近いところが sini，やや離れたところが situ，かなり離れたところが sana で表される。

Ibu Susi, di sekitar sini ada toko swalayan?
　スシさん，この辺りにスーパーはありますか。
Ada teman Tuti di situ.　そこにはトゥティの友達がいる。
Sebentar lagi dia akan kembali dari sana.
　もう少ししたら彼女はそこから戻ってくる。
Mari kita makan di sini.　ここで食事しましょう。
Meréka duduk di situ.　彼らはそこに座っている。
Saya mau ke sana bésok.　明日私はあそこに行きたい。

「ここへ」は，ke sini のほかに，kemari という表現がある。

Dia datang kemari.　　彼はこちらにやってきた。

7.2　場所・位置を表す語

前置詞 di, ke, dari とともによく用いられる場所や位置を表す語は次の通りである。

atas	上	bawah	下	dalam	中	luar	外
depan	前	belakang	後ろ	samping	横	sebelah	横，側
kiri	左	kanan	右	dekat	近く	jauh	遠く
antara	間	tengah	（真ん）中	sekitar	辺り		

Di belakang kantor pos.　　郵便局の裏です。
Kakék saya turun ke bawah.　　祖父は下に降りた。
Meréka menunggu di dalam rumah.　　彼らは家の中で待っている。
Kita pergi ke luar negeri.　　私たちは海外へ行った。
Nénék tidur di samping saya.　　祖母は私の隣で寝た。
Adik berdiri di sebelah kiri saya.　　弟（妹）は私の左側に立った。
Bapak Ali duduk di antara Ibu Maria dan Mas Bambang.
　アリさんはマリアさんとバンバンさんの間に座った。
Awas! Ada lubang di tengah jalan.
　気をつけて！ 道の（真ん）中に穴がある。

belakang（後ろ）は婉曲的な意味ももつ。

Saya mau ke belakang.　　お手洗いに行ってきます。

atas, dalam は前置詞としても使われる（詳細は第 29 課を参照）。

Dalam majalah ini ada iklan réstoran baru itu.
　この雑誌（の中）にその新しいレストランの広告が出ている。

Atas nama siapa? –Atas nama Suzuki.
　［予約の際など］お名前は（誰の名義で）?　―鈴木です。
Wartawan itu menulis berita dalam bahasa Inggris.
　その記者は英語でニュースを書いた。

単語　menunggu 待つ（基 tunggu）　berdiri 立つ（基 diri）　awas 気をつけて
lubang 穴　majalah 雑誌　iklan 広告　réstoran レストラン
wartawan 記者　menulis 書く（基 tulis）　berita ニュース

7.3 疑問詞 mana（どこ）

mana は「どれ，どの」という意味をもつ疑問詞である（第 19 課で後述）。di, ke, dari などの前置詞の後に置かれることで，場所を尋ねる意味をもつ。

Tas saya mana?	私のカバンはどれ。
Tas saya di mana?	私のカバンはどこ。
Supermarkét itu ada di mana, Bu?	そのスーパーはどこにありますか。
Tuti ke mana, Bu?	トゥティはどこに行ったのですか。
Di mana toko buku itu?	その本屋はどこですか。
Asal Ali dari mana?	アリの出身はどこですか。
Dia singgah di mana?	彼はどこに寄りましたか。

7.4 存在を表す動詞 ada

存在を表す ada（ある，いる）が用いられる文には 2 種類の構文がある。

(1) ada －[名詞]

特定されていない何かが存在することを述べるときに用いられる。場所を表す前置詞句（di ＋場所）を前か後ろにともなうことが多い。日本語における「(～に) …がある／いる」に近い。

Di jalan raya ada supermarkét besar.　大通りに大きなスーパーがある。

Di ruang tamu ada siapa, Bu?　客間に誰がいるのですか。
-Ada teman Tuti di situ. Katanya ada urusan penting dengan Tuti.
—そこにトゥティの友達がいる。トゥティに大事な用事があるそうだ。
Di depan kantor ada réstoran.　オフィスの前にレストランがある。
Di désa ini tidak ada klinik.　この村には診療所がない。

⑵ [名詞] − ada −（di ＋ 場所）

特定された何かが存在することを述べるときに用いられ，たいてい場所を表す前置詞句（di＋場所）が続く。日本語における「…は（〜に）ある／いる」に近い。

Supermarkét itu ada di mana, Bu?　そのスーパーはどこにありますか。
Toko buku itu ada di belakang pasar.　その本屋は市場の裏にある。
Kos saya ada di depan kantor pos.　私の下宿は郵便局の前にある。
Apoték itu ada di dekat stasiun.　その薬局は駅の近くにある。

単語　klinik 診療所　apoték 薬局　stasiun 駅

7

練習問題

1．次の文を日本語にしましょう。

(1) Ada siapa di dalam kamar ini sekarang?
(2) –Di dalamnya ada saudara saya dari désa.
(3) Permisi, kantor polisi ada di mana?
(4) –Kantor polisi ada di Jalan Gatot Subroto.
(5) Gadis itu léwat di depan pasar.
(6) Anak laki-laki itu tinggal di sebelah rumah saya.
(7) Uang saya ada di mana, ya?
(8) –Di situ. Di atas méja.
(9) Murid itu maju ke depan kelas dan membaca puisi.
(10) Bapak Muhamad mundur dari jabatan gubernur.
(11) Anak perempuan itu naik ke atas atap.

単語 saudara 兄弟，親戚　polisi 警察　gadis 少女　laki-laki 男
ya ～かしら？　kelas 教室　membaca 読む（基 baca）　puisi 詩
jabatan 役職（基 jabat）　gubernur 州知事　perempuan 女
atap 屋根

2．次の文をインドネシア語にしましょう。

(1) インドネシアの大統領は，アメリカの大統領と中国の国家主席の間に立った。
(2) 地下には何がありますか。
(3) 一地下には駐車場がある。
(4) あなたはトゥティとどこで会ったの。
(5) 一私たちはデパートの中で会った。
(6) 私の兄は国内で働いている。
(7) ホテルの裏にバス停がある。
(8) 父は母の隣で雑誌を読んだ。
(9) その老人は交差点で右に曲がった。
(10) 彼らは道の左側を歩いた。
(11) 私は遠くから彼の名前を呼んだ。

⑿ その学生は日本語で手紙を書いた。
⒀ 大通りに大きな病院がある。
⒁ もう少ししたら，その先生は海外へ出発する予定だ。

単語 大統領，国家主席 présidén　土地 tanah
デパート toserba（=toko serba ada）　働く bekerja（基 kerja）
停留所 halte　交差点 perempatan（基 empat）
歩く berjalan（基 jalan）　呼ぶ memanggil（基 panggil）

とてもおいしいけど，辛すぎる。

学習項目 形容詞句，疑問詞（どのような），二重主語文（～は…が—である）

目 標 性質や様態を表す語（形容詞）とその程度を示す副詞を覚える。

［会話例］

A：Saya makan nasi goréng di kantin.
B：**Bagaimana** rasanya, Maki?
A：Rasanya **énak sekali**, tetapi **terlalu pedas** bagi saya. Cabainya **agak banyak**.
B：Mungkin bagi orang Indonésia nasi goréng di kantin **sama sekali tidak** pedas.

A：Santi, **bagaimana** Budi sekarang?
B：Dia **sangat sibuk** setiap hari karena ikut klub sépak bola.
A：Tetapi **Budi nilainya cukup bagus**, ya. Dia **rajin** belajar juga.

［会話例の和訳］

A：学食でチャーハンを食べたの。
B：味はどうだった，マキ。
A：味はとてもおいしかったけど，私には辛すぎたわ。唐辛子がやや多かった。
B：多分インドネシア人にとっては学食のチャーハンは全然辛くない。

A：サンティ，ブディは今どうしてるの。
B：彼はサッカーのクラブに参加しているから，とても忙しくしている。
A：でもブディは成績が十分いいよね。彼は勉強も真面目にやっている。

語句 21

kantin	学食，社食	sangat ☺	とても～
rasa	味	sibuk ☺	忙しい
énak ☺	おいしい	setiap	毎～（基 tiap）
terlalu ☺	～すぎる（基 lalu）	hari	日
pedas ☺	辛い	klub	クラブ
bagi	～にとって	sépak bola	サッカー
cabai	唐辛子	nilai	成績，値
agak ☺	やや～	cukup ☺	十分に，十分な
mungkin	多分	rajin ☺	勤勉な，勤勉に
Santi	サンティ（人名）	juga	～もまた
Budi	ブディ（人名）		

慣用表現 21

sama sekali tidak ☺　　全く～でない

8.1 形容詞

人やもの・ことの性質や様態を表す語（形容詞）の主要な例を以下にあげる。

muda	若い	tua	年老いた
baru	新しい	lama	古い,（時間が）長い
panjang	長い	péndék	短い，背が低い
besar	大きい	kecil	小さい
luas	広い	sempit	狭い
tinggi	高い	rendah	低い
kuat	強い	lemah	弱い
dekat	近い	jauh	遠い
banyak	多い	sedikit	少ない
ramai	賑やかな	sepi	ひとけがない
bersih	清潔な	kotor	汚い

halus	なめらかな, 丁寧な	kasar	粗い, 粗野な
panas	熱い, 暑い	dingin	冷たい, 寒い
cukup	十分な	kurang	足りない
cepat	はやい	lambat	遅い
mahal	高価な	murah	安い
sulit, sukar, susah	難しい	mudah	簡単な
benar, betul	本当の	salah	間違った
énak	おいしい	asam	酸っぱい
manis	甘い	pahit	苦い
pedas	辛い	asin	塩辛い
baik	良い, 親切な	bagus	良い, 素晴らしい
jelék	悪い	buruk	悪い
cantik	美人の	indah	美しい
rajin	勤勉な	malas	怠惰な
pintar, pandai	賢い	bodoh	愚かな
sombong	生意気な	nakal	聞かん坊の, 不良の
kaya	裕福な, 豊かな	miskin	貧しい
gemuk	太った	kurus	痩せた
séhat	健康な	sakit	病気の, 痛い
capai	疲れた	sibuk	忙しい
senang	楽しい, 嬉しい	bahagia	幸せな
sedih	悲しい	khawatir	心配な

第 6 課で見たように, 形容詞は述語の中心的要素になることができる。形容詞を否定する場合は tidak を用いる。

Kami bahagia.	私たちは幸福である。
Anak saya kecil dan kurus.	私の子供は小さくて, 痩せている。
Mesin cuci ini tidak mahal.	この洗濯機は高くない。

単語 mesin cuci 洗濯機

8.2 形容詞の程度を表す副詞

形容詞の程度を表す表現は，多くは形容詞の前に置かれる。副詞専用のものもあるが，そうでないものもある。tidak begitu は「そのようではない」という意味をもち，形容詞が続くと「それほど～ではない」という程度を表す。kurang, cukup は，それぞれ「足りない」「十分な」という形容詞であるが，「あまり～でない」「十分に～だ」という副詞の働きもある。

8

sekali	とても～
sangat	とても～
terlalu	～すぎる
agak	やや～
tidak begitu	それほど～ない
kurang	あまり～ない
cukup	十分～
tidak ～ sama sekali, sama sekali tidak ～	全く～ない

Dia capai sekali.　　彼はとても疲れている。

Dia sangat sibuk setiap hari.　　彼は毎日とても忙しい。

Nasi goréng itu terlalu pedas bagi saya.
　そのチャーハンは私には辛すぎる。

Celana baru ini agak panjang.　　この新しいズボンはやや長い。

Daérah itu tidak begitu jauh dari sini.
　その地方はここからそれほど遠くない。

Kopi ini kurang manis.　　このコーヒーはあまり甘くない。

Tanah ini cukup luas.　　この土地は十分広い。

Nasi goréng di kantin sama sekali tidak pedas bagi orang Indonésia.
　学食のチャーハンはインドネシア人には全然辛くない。

Keluarga Bapak Budi tidak miskin sama sekali.
　ブディさんの家族は全く貧しくない。

単語　celana ズボン　daérah 地方　kopi コーヒー

8.3 修飾語としての形容詞

形容詞は，これまでの例からもわかるように，名詞の後に現れ，修飾語として用いられる。

mahasiswa baru	新入生
rumah besar	大きな家
orang tua	老人
anak kecil	幼い子供

その際，名詞と形容詞の間に関係詞 yang が入り得る。特に，他のものと対比するときや，修飾語（形容詞）あるいは被修飾語が長い時は関係詞 yang を用いる（19.2 節で後述）。

rumah（yang）besar	大きい（方の）家
rumah sakit yang dekat itu	その近い病院
rumah yang besar itu	その大きい家
rumah yang besar dan baru	大きく，新しい家
mahasiswa baru yang pandai	賢い新入生
rumah saya yang besar	大きい私の家

形容詞以外に人称代名詞，指示代名詞の修飾語がある場合，「名詞＋形容詞＋人称代名詞＋指示代名詞」という語順となる（3.3 節参照）。

baju baru saya	私の新しい服
baju baru itu	その新しい服
baju baru saya itu	その私の新しい服

名詞句の語順は，基本的には「被修飾語＋修飾語」であるが，修飾語が数量を表す場合は逆になる。数量を表す形容詞は，被修飾語である名詞の前にくる。

banyak orang	たくさんの人
sedikit pohon	少しの木
semua orang	全ての人

beberapa hari　　数日

単語　baju 服，上着　pohon 木　semua 全ての
beberapa いくつかの（基 berapa）

8.4 疑問詞 bagaimana（どのような）

人，もの・ことの性質，様態を尋ねる疑問詞は bagaimana（どのような）である。

Santi, bagaimana Budi sekarang?
　サンティ，ブディは今どうしているの。
Dia orang（yang）bagaimana?　　彼はどのような人ですか。
–Dia orang yang sombong dan nakal.　　一彼は生意気で，素行の悪い人だ。

8.5 二重主語文（～は…が一である）

一見，主語が2つあるように見える文がある。「～は…が一である」という構造をもち，ある話題について，それに属するものを説明する。大抵，話題が主語として文頭に置かれ（「～は」），その属するものの説明が述語として続く（「…が一である」）。「…が」の部分には，主語に属することを表す代名詞 -nya が付加する。

Budi	nilainya　　bagus.	ブディは，成績が良い。
［話題］	［　　説明　　］	
［主語］	［　　述語　　］	
［ブディ］	［成績 + -nya］－［良い］	

説明（述語）の部分「…が一である」は，「一である，…が」という語順となることもある。

Budi bagus nilainya.

二重主語文は，「～の…は一である」という構造で言い換えることができる。つ

まり，「ブディは成績が良い」は，「ブディの成績は良い」と言うことも可能である。

Nilai Budi　bagus.
［　主語　］［述語］

話題である主語は，文脈からわかる場合，述べられないことがある。会話例の Rasanya énak sekali.（味はとてもおいしい）では，話題である主語，すなわち学食の nasi goréng は話し手と聞き手にとってすでにわかっている情報なので，述べられていない。rasanya の -nya はその話題である nasi goréng のことを指している。

（Nasi goréng itu）Rasanya énak sekali.
（そのチャーハンは）味がおいしい。
（Nasi goréng itu）Cabainya agak banyak.
（そのチャーハンは）唐辛子がやや多い。
（Anda）Bagaimana gejalanya?　（あなたは）症状はどのようですか。
（Saya）Perutnya sakit sekali.　（私は）お腹がとても痛い。

以下の例では，-nya は三人称を示している可能性もあるが，会話では一般的には聞き手のことを尋ねている。つまり，話題である主語「あなた」が省略されていると解釈できる。

（Anda）Bagaimana kabarnya?
（あなたは）お元気ですか（ご機嫌はいかがですか）。
（Anda）Siapa namanya?　（あなたは）お名前は何ですか。
（Anda）Asalnya dari mana?　（あなたは）出身はどこですか。
（Anda）Tinggalnya di mana?　（あなたは）住まいはどこですか。

単語　gejala 症状　perut 腹

8.6 副詞として用いられる形容詞

形容詞の中には，動詞を修飾する副詞として使われるものがある。以下の3つのやり方がある。

(1) そのままの形態で動詞の前あるいは後に置く

rajin　勤勉な→勤勉に
　Dia rajin belajar juga.　彼はまた真面目に勉強する。

pandai　上手な→上手に
　Murid-murid itu pandai bernyanyi.　その生徒たちは上手に歌った。

keras　かたい→必死に，懸命に
　Karyawan itu bekerja keras.　その従業員は懸命に働いた。

(2) 前置詞 dengan とともに用いる

cepat　早い→早く，急いで
　Orang asing itu kembali ke negaranya dengan cepat.
　　その外国人は急いで国に戻った。

(3) 重複させる（重複については第27課を参照）

baik　良い→よく，しっかり
　Dengar baik-baik!　ちゃんと聞きなさい！

単語　bernyanyi 歌う（基 nyanyi）　karyawan 従業員　dengar 聞く

練 習 問 題

1．次の文を日本語にしましょう。

(1) Kota itu bersih dan sejuk.
(2) Udara di sini dingin bagi saya.
(3) Rasa makanan ini bagaimana?
(4) –Rasanya agak pahit.
(5) Uang seribu yén cukup untuk makan siang.
(6) Karyawan itu rambutnya panjang.
(7) Pemain bulu tangkis itu kuat sekali, tetapi kalah di sémifinal.
(8) Karena mulai hujan dan gelap, kami cepat pulang.

単語 kota 町　sejuk 涼しい　udara 空気　seribu 1,000（基 ribu）
yén 円（通貨）　untuk ～するのに　rambut 髪の毛
pemain 選手（基 main）　bulu tangkis バドミントン
sémifinal 準決勝　hujan 雨（が降る）　gelap 暗い

2．次の文を二重主語文（～は…が一である）に言い換え，日本語にしましょう。

(1) Asal dia dari Sumatra.
(2) Anak Ibu Diah tiga orang.
(3) Badan Pak Budi sangat besar.
(4) Harga mesin cuci itu berapa?
(5) Rasa masakan itu bagaimana?

単語 Sumatra スマトラ　tiga 3（数詞）　orang ～人（助数詞）　badan 身体

3．次の文をインドネシア語にしましょう。

(1) この真珠の指輪は大変美しい。
(2) そのニュースは全く正しくない。
(3) ここの中華料理店はそれほど安くないが，賑わっている。
(4) その広い土地はだれのものですか。
(5) 一その土地は村のものです。
(6) たくさんの人々が本屋から出てきた。

(7) その小学生は頑固で，聞かん坊だ。

(8) その老人は楽しいのだろうか，それとも悲しいのだろうか。

(9) トゥティさんは体が弱く，そのためしばしば病気になる。

(10) 彼らは懸命に働いたが，給与は上がらなかった。

単語　真珠 mutiara　指輪 cincin　頑固な keras kepala　あるいは atau
だから，そのため jadi　しばしば sering　給与 gaji

友達と会います。

学習項目 接頭辞 ber-，共接辞 ber--an，共接辞 ber--kan

目　標 動詞を作る接頭辞 ber- の意味機能を理解する。

22 [会話例]

A：Hari ini saya mau **bertemu** dengan teman-teman akrab waktu SMA.
B：Pantas. Agus **berpakaian** baru.
A：Kami mau **berkumpul** di kafé di dekat stasiun.
B：O bangunan yang **bertingkat** itu, ya.

A：Maki **berkenalan** dengan Tuti di kampus?
B：Ya. Awalnya saya **bertanya** kepada Tuti di mana gedung administrasi. Sejak itu kami **berteman**. Hari Minggu lalu kami **bermain** ténis **bersama-sama**.

[会話例の和訳]

A：今日，高校時代の仲のいい友達と会うんだ。
B：道理で。アグスは新しい服を着ている。
A：僕らは駅の近くにあるカフェで集まるんだ。
B：あー，あの 2 階建ての建物ね。

A：マキはトゥティとキャンパスで知り合ったの。
B：そう。最初はトゥティに事務棟がどこにあるか尋ねたの。それ以来，私たちは友達になって。日曜日には一緒にテニスをしたのよ。

語句 23

akrab	親しい	kepada	～（人）へ
pantas	ふさわしい	administrasi	事務
berpakaian ☺	服を身につけている（基 pakai）	sejak	～以来
berkumpul ☺	集まる（基 kumpul）	berteman ☺	友達づきあいをする（基 teman）
kafé	カフェ	Minggu	日曜
bertingkat ☺	2階建ての（基 tingkat）	lalu	過ぎた
berkenalan ☺	知り合う（基 kenal）	bermain ☺	プレーする（基 main）
awalnya	はじめは（基 awal）	ténis	テニス
bertanya ☺	尋ねる（基 tanya）	bersama-sama ☺	一緒に（基 sama）

9

慣用表現 23

pantas　道理で

9.1 接辞法

1.2節で述べた通り，インドネシア語には語を形成する接辞法がある。語を作る最も基本的な要素を「**基語**」という。また，接辞が付加する要素を「**語幹**」という。語幹（基語）の前につくのは「**接頭辞**」，後につくのは「**接尾辞**」，前と後ろの両方に同時につくのは「**共接辞**」という。語幹は，たいてい基語と一致するが，基語に接辞が付加した派生語のこともある。たとえば，berpakaian（衣類を着ている）は pakaian（衣類）という語幹に接頭辞 ber- がついている。語幹の pakaian はすでに別の接尾辞 -an がついており，berpakaian の基語は pakai である。このように，語幹と基語が同じでないこともある。

語幹（基語）は独立した語としてそのまま使うことができるものと接辞がつくことで初めて語として使われるものがある。たとえば，beristri（妻帯している）の語幹（基語でもある）istri は「妻」という意味で独立した語としても使われる。一方，bertemu（会う）の語幹（基語でもある）temu は独立した語としては使われない。

9.2 接頭辞 ber- の形態

接頭辞 ber- は，ほとんどの語幹（たいてい基語と一致する）にはそのまま付加し，音韻変化はない。

ber- + kunjung → berkunjung（訪ねる）
ber- + suami → bersuami（夫がいる）

ただし，語幹の最初の音節が Cer［Cər］（C は子音を表す）である場合，語幹が r で始まる場合は，ber- の r が落ちる。

ber- + kerja → bekerja（働く）
ber- + renang → berenang（泳ぐ）

また，語幹 ajar のみ ber- が bel- となる。

ber- + ajar → belajar（学ぶ）

接頭辞 ber- が付加する語幹は，もっとも基本的な要素である基語とは限らない。別の接辞（接尾辞 -an，共接辞 peN--an など）が付加した派生語が語幹のこともある。

ber- + pakaian → berpakaian（衣類を着ている，基 pakai）
ber- + pengalaman → berpengalaman（経験がある，基 alam）

接頭辞 ber- の語幹は複合語や名詞句のこともある。

ber- + rumah tangga → berumah tangga（家庭を営む）
ber- + bahasa Indonésia → berbahasa Indonésia
（インドネシア語を話す）

接頭辞 ber- が付加する場合，重複がともなうことがある。

ber- ＋ jalan → berjalan-jalan（散歩する，旅行する）

9.3 接頭辞 ber- の意味機能

9

接頭辞 ber- が付加してできた派生語（ber- 派生語）は，動作・行為のプロセスを表す自動詞として機能する。派生語の後に補語が現れることがある。主に述語をなす動詞句の動詞となるが，修飾語や副詞として使われることもある。

接頭辞 ber- が付加してできた派生語は，大きく次の５つに分けられる。以下，順に解説する。

(1) 語幹にかかわる動作・行為をする
(2) 語幹が表すもの・ことをもつ，備えている
(3) 語幹が表すものを身につける，使う
(4) 語幹が表すものを生み出す
(5) 語幹が表す数や単位でまとまる，たくさんある

(1) 語幹にかかわる動作・行為をする

この分類の ber- 派生語の基本的な意味は「その語幹がもつ意味にかかわる動作・行為をする」というものである。

この分類の派生語の中で，語幹が仕事やスポーツなどの動作・行為を表す名詞やそれに関連する意味をもつ語群がある。これらは，その語幹が表す仕事や活動を行う，生業として行う，またはスポーツなどを行うという意味となる。

表では，語幹が単独の語として用いられるものは意味を付してある。

ber- 派生語	意味	語幹
bertanya	尋ねる	tanya
bertemu	会う	temu
berbicara	話す	bicara
belajar	勉強する	ajar
berbelanja	買い物をする	belanja
berkumpul	集まる	kumpul
berhenti	止まる，やめる	henti
berenang	泳ぐ	renang

ber- 派生語	意味	語幹	
berkunjung	訪ねる	kunjung	
berangkat	出発する	angkat	
bertambah	増える	tambah	
berpikir	考える	pikir	
bercukur	髭を剃る	cukur	
bertani	農業を営む	tani	
beternak	畜産を営む	ternak	
berlari	走る	lari	
beristirahat	休憩する	istirahat	
bermain	遊ぶ，プレーする	main	
berolahraga	スポーツをする	olahraga	スポーツ
bertinju	ボクシングをする	tinju	ボクシング
berbahasa	～語を話す	bahasa	言語
berjalan	歩く，動く・進む	jalan	道
berdiri	立つ	diri	自身
berusaha	努力する	usaha	努力
berhasil	成功する	hasil	成果
bersama (-sama)	一緒にいる，一緒に～する	sama	同じ
berobat	治療をする（受ける）	obat	薬
bekerja	働く	kerja	仕事
berdagang	商売をする	dagang	商い
bersekolah	就学する	sekolah	学校
berjanji	約束する	janji	約束
berencana	計画する	rencana	計画
berteman	友達づきあいをする	teman	友達
berjalan-jalan	あちこち行く，散歩する	jalan	道
berhati-hati	気をつける	hati	心
berumah tangga	家庭を営む	rumah tangga	家庭

Awalnya saya bertanya kepada Tuti di mana gedung administrasi.
最初はトゥティに事務棟がどこにあるか尋ねたの。

Hari ini saya mau bertemu dengan teman-teman akrab waktu SMA.
今日私は高校時代の仲の良い友達に会うつもりだ。

Dia berbicara dengan suaminya.　彼女は夫と話した。
Kita belajar bahasa Inggris di sekolah.　私たちは学校で英語を学んだ。
Kami berjanji untuk berbelanja di mal.
私たちはモールで買い物をする約束をした。
Kami mau berkumpul di kafé di dekat stasiun.
私たちは駅の近くにあるカフェで集まるつもりだ。
Hari Minggu lalu kami bermain ténis bersama-sama.
この前の日曜日に私たちは一緒にテニスをした。
Kami berenang di pantai Sanur.
私たちはサヌールの海岸で泳いだ。
Keluarga itu berangkat ke luar negeri.　その家族は海外へ出発した。
Anak Pak Budi bekerja di kantor pos.
ブディさんの子供は郵便局で働いている。
Bapak saya beternak ayam.　私の父は養鶏を営む。
Sejak itu kami berteman.　それ以来私たちは友達になった。
Saya pergi ke Jepang bersama dengan teman kantor.
私は会社の友人と一緒に日本に行った。

単語　mal モール　pantai 海岸　Sanur サヌール（バリの地名）　ayam 鶏

(2) 語幹が表すものをもっている，備えている

この語群は，「語幹が表すもの・ことをもっている，備えている」という基本的な意味をもつ。語幹は，身体部分や何かの一部分をなす要素，属性，身につけるものなどを表す名詞である。つまり，主語が，主語の一部分である語幹が表すもの・性質をもつ，あるいは備えていることを表す。この機能では，動作というよりも，「もっている，備えている」という状態を表すことがある。

ber- 派生語	意味	語幹	
berkeluarga	家庭をもつ，結婚する	keluarga	家族
beranak	子をもつ	anak	子供
beristri	妻をもつ	istri	妻
berarti	意味をもつ，～という意味である	arti	意味
berguna	役に立つ	guna	用途

ber- 派生語	意味	語幹	
berharga	価値がある	harga	価値
berasal	～の出身である	asal	出身
berisi	中身がある	isi	中身
berbuah	実がなる	buah	実
beragama	宗教をもつ，～教を信仰する	agama	宗教
berwarna	色がついている，～色である	warna	色
bertingkat	～階建てである	tingkat	階，レベル
berumur	～歳である	umur	年齢
bermotor	モーターがついている	motor	モーター
bergambar	絵がついている	gambar	絵
berbintang	星付きである(ホテルなどの格付け)	bintang	星
beroda	車輪がついている	roda	車輪
berpengalaman	経験がある	pengalaman	経験（基 alam）

Ali baru berkeluarga.　アリは家族をもったばかりだ。
Meréka beranak dua.　彼らは２人の子供がいる。
Ibu saya berasal dari Padang.　私の母はパダンの出身である。
Térmos ini berisi air panas.　この魔法瓶はお湯が入っている。
Orang India itu beragama Hindu.
　そのインド人はヒンドゥー教を信仰している。
Seragam karyawan hotél ini berwarna hitam.
　このホテルの従業員の制服は黒色である。
Gedung itu bertingkat delapan.　その建物は８階建てである。
Méga berumur sepuluh tahun.　メガは10歳である。
Bajaj beroda tiga.　バジャイは三輪である。

ber- 派生語が名詞の修飾語として用いられる場合がある。

rumah bertingkat　２階建て（以上の）家
kartu pos bergambar　絵葉書
hotél berbintang lima　５つ星ホテル

単語　baru ～したばかり　dua 2（数詞）　Padang パダン（西スマトラの都市名）
térmos 魔法瓶　India インド　Hindu ヒンドゥー　seragam 制服（基 ragam）
hitam 黒い　delapan 8（数詞）　sepuluh 10（数詞）（基 puluh）
bajaj バジャイ（三輪自動車タクシー）　kartu カード　lima 5（数詞）

9

(3) 語幹が表すものを身につける，使う

語幹が衣類や化粧品・装飾品，道具や乗り物を意味し，主語がそれを身につける，使用することを表す。

ber- 派生語	意味	語幹	
berkacamata	メガネをかけている	kacamata	めがね
bercelana	ズボンを履いている	celana	ズボン
berpakaian	服を着ている	pakaian	服（基 pakai）
bersepéda	自転車に乗る	sepéda	自転車

Pria itu bercelana panjang dan berkacamata.
その男性は長ズボンをはき，メガネをかけている。
Agus berpakaian baru.　アグスは新しい服を着ている。

単語　pria 男性

(4) 語幹が表すものを生み出す

語幹が，体から出るもの，たとえば汗や血などを意味し，主語がそれを生み出すことを表す。

ber- 派生語	意味	語幹	
berkata	言う	kata	ことば，語
berkeringat	汗をかく	keringat	汗
beranak	子を産む	anak	子
berbunyi	音がする	bunyi	音

Beliau berkata begitu.　あの方はそのように言った。
Kucing itu beranak lima ékor.　その猫は5匹の仔を産んだ。
Meréka berolahraga dari tadi, jadi berkeringat banyak.
彼らはさっきから運動をしているので，たくさん汗をかいている。

単語　kucing 猫　ékor ～匹，しっぽ　tadi さっき

(5) 語幹（数詞，助数詞）の数でまとまる，その単位がたくさんある

数詞や助数詞である語幹に接頭辞ber-が付加し，「その数でまとまる」という意味となる。また重複がともない，「その単位がたくさんある」という意味を表す。

ber-派生語	意味	語幹	
bersatu	統一している，まとまる	satu	1
berdua	2人で	dua	2
berpuluh-puluh	何十もの	puluh	～十
beribu-ribu	何千もの	ribu	～千
berjam-jam	何時間も	jam	時間
berkilo-kilo	何キロも	kilo	キロ
berbotol-botol	何ビン（何本）も	botol	瓶
bermacam-macam	様々な	macam	種類

Apakah negara Indonésia bersatu?
インドネシアは統一しているだろうか。
Berpuluh-puluh orang berkumpul di depan kantor bupati.
何十人もの人が県庁の前に集まった。
Jumlah démonstran sudah berpuluh-puluh.
デモ参加者の数はすでに何十にもなっている。

これらの例は，述語の中心的要素として機能する以外に，名詞句における修飾語や動詞を修飾する副詞として使われる。

Kami berdua datang ke daérah ini.　私たちは2人でこの地域へ来た。
Meréka berdiri di situ berjam-jam.　彼らは何時間もそこで立っている。

単語 bupati 県知事　jumlah 数　démonstran デモ参加者
sudah すでに～である

9.4 接尾辞をともなう ber- 派生語

共接辞 ber--an, ber--kan, つまり接頭辞 ber- と接尾辞 -an, あるいは接頭辞 ber- と接尾辞 -kan がともに付加される派生語がある。音韻変化についての規則は，接頭辞 ber- が付加する際と同じである。事例は少ない。

9

(1) 共接辞 ber--an

語幹の行為や状態を相互に行う，多方向に行う，という意味をもつ。

ber--an 派生語	意味	語幹	
berdatangan	次々にやってくる	datang	来る
beterbangan	飛び交う	terbang	飛ぶ
berkenalan	知り合いである	kenal	見知っている
bersalaman	挨拶し合う	salam	挨拶（する）
berdekatan	互いに近い位置にいる	dekat	近い
berlainan	相異なる	lain	他の

Banyak tamu berdatangan dari pagi.
たくさんの客が朝から次から次へとやって来た。

Maki berkenalan dengan Tuti di kampus?
マキはトゥティとキャンパスで知り合ったの？

Maksud meréka sangat berlainan.
彼らの意図はとても相異なる。

共接辞 ber--an の派生語に見えるが，接尾辞 -an がついた語幹に ber- が付加した派生語がある。どちらの解釈も成り立つ例もある。

berpakaian（服を身につけている）　ber- + pakaian
berhubungan（関係がある）　ber- + hubungan / ber-hubung-an

⑵ 共接辞 ber--kan

共接辞 ber--kan が付加した派生語の後は，必ず補語が現れる。「語幹が表すもの・ことを補語とする」という意味をもつ。

ber--kan 派生語	意味	語幹	
berdasarkan	～に基づいている	dasar	基礎
beratapkan	～を屋根にする	atap	屋根

Keputusan itu berdasarkan hasil diskusi meréka.
その決定は彼らの議論の結果に基づく。

Rumah ini beratapkan séng.　この家はトタン屋根である。

単語　maksud 意図　keputusan 決定（基 putus）　diskusi 議論　séng トタン

練 習 問 題

1. 次の語句の意味を答えましょう。

(1) bersepatu
(2) bertopi
(3) berékor
(4) berempat
(5) kendaraan bermotor
(6) berdarah
(7) bernama
(8) berbunga
(9) beratus-ratus orang
(10) berbotol-botol bir
(11) bermacam-macam buah
(12) berabad-abad
(13) bertahun-tahun
(14) berhari-hari

単語 sepatu 靴　topi 帽子　empat 4（数詞）　kendaraan 乗り物（基 kendara）
darah 血　bunga 花　ratus ～百　bir ビール　abad 世紀

2. 次の文を日本語にしましょう。

(1) Sopir itu berkacamata hitam.
(2) Dia berpakaian adat hari ini.
(3) Meréka berusaha untuk lulus ujian.
(4) Perjalanan ke Indonésia berharga sekali bagi saya.
(5) Apakah negara itu berhasil untuk menjadi negara démokratis?
(6) Dia berkata tidak bisa berbahasa Viétnam.
(7) Kami berdua berkunjung ke kota itu.
(8) Masyarakat memilih présiden berdasarkan Undang-Undang Dasar.
(9) Anak itu tidak bersekolah karena keluarganya tidak mampu.
(10) Adik saya berjalan kaki ke pasar setiap pagi.

単語 sopir 運転手　adat 慣習，伝統　untuk ～するために　lulus 通過する
perjalanan 旅（基 jalan）　menjadi ～になる（基 jadi）
démokratis 民主的な　bisa ～できる　Viétnam ベトナム
masyarakat 民衆　memilih 選ぶ（基 pilih）　Undang-Undang Dasar 憲法
mampu（経済的）能力がある　kaki 足

3．次の文をインドネシア語にしましょう。

(1) この問題は宗教と関係がある。
(2) この学校は何階建てですか。
(3) その地震の犠牲者はますます増えている。
(4) 私たちは３人でカリマンタンに出発した。
(5) 東南アジアの国々はASEANとして１つにまとまっている。
(6) 私は学校の友達と一緒にスラバヤへ行った。
(7) そのマレーシア人はイスラム教徒である。
(8) その印は「停まれ！」という意味だ。
(9) その女性は散歩するのが好きだ。
(10) 私のおじはエビの商売をしている。

単語　問題 masalah　地震 gempa bumi　犠牲者 korban　ますます makin ～
カリマンタン Kalimantan　東南，南東 tenggara　アジア Asia
～として sebagai（基 bagai）　スラバヤ Surabaya（東ジャワの都市名）
マレーシア Malaysia　イスラム Islam　印 tanda　女性 wanita
エビ udang

もうお昼ご飯は食べたの？

学習項目 助動詞

目　標 時間の変化を表す助動詞と話者の態度を表す助動詞を覚える。

24 [会話例]

A：Maki, **sudah** makan siang?
B：**Belum**. Saya **sudah** lapar dari tadi.
A：Bagaimana kalau kita makan saté kambing?
B：**Boléh**. Saya **belum pernah** mencoba saté kambing. Saya **ingin** tahu bagaimana rasanya.

A：Saya **harus** membuat skripsi sesudah kembali ke Jepang.
B：Judulnya apa?
A：**Belum** pasti. Saya **masih** berpikir tentang téma dan judul.
B：**Tidak usah** khawatir. Maki **akan** mendapat idé yang bagus berdasarkan pengalaman di Indonésia.

[会話例の和訳]

A：マキ，もうお昼ご飯は食べたの。
B：いいえ，まだ。さっきからもう空腹。
A：ヤギの串焼きを食べるのはどう。
B：いいわよ。まだヤギの串焼きを試したことがないの。どんな味なのか知りたい。

A：日本に戻ったら，卒業論文を書かないといけない。
B：タイトルは何。
A：まだ決まっていない。テーマとタイトルはまだ考えていて。
B：心配する必要はないよ。マキはインドネシアでの経験に基づいて良いアイディアが得られるよ。

語句

25

belum ☺	まだ〜でない；いいえ	skripsi	卒業論文
lapar	空腹な	sesudah	〜した後に（基 sudah）
kalau	もし〜ならば	judul	題名
saté	串焼き	pasti	決まった，確実な
kambing	ヤギ	masih ☺	まだ〜である
boléh ☺	〜してよい	tentang	〜について
pernah ☺	〜したことがある	téma	テーマ
mencoba	試す（基 coba）	tidak usah ☺	〜する必要ない
ingin ☺	〜したい	mendapat	得る（基 dapat）
harus ☺	〜しなければならない	idé	アイディア
membuat	作る（基 buat）		

10

慣用表現

25

bagaimana kalau 〜　　〜はいかがですか

10.1 助動詞

助動詞は，述語の中心要素（主として動詞）の前に現れ，その要素の意味を補足する。助動詞は「完了」や「進行」などの「アスペクトを表す助動詞」と，「意志」や「可能」などの「モダリティを表す助動詞」の2つに大別される。

「助動詞」と呼ぶが，インドネシア語では述語は必ずしも動詞であるとは限らず，形容詞，前置詞句などを補足する要素としても用いられる。

10.1.1 時間の変化（アスペクト）を表す助動詞

「アスペクト」は，動きや状態の時間的な変化の捉え方，あるいはそれに関する表現であり，「完了」「未然・未完了」「継続」「進行」「開始」などがある。アスペクトを表す主な助動詞には以下の語がある。

sudah, telah（完了）

sudah, telah は「すでに〜している」という完了を表す助動詞である。telah はフォーマルな文で用いられる。

Saya sudah lapar dari tadi.　　私はもうさっきから空腹だ。
Meréka sudah berkumpul di kantor.
彼らはオフィスにもう集合している。
Negara itu telah menjadi anggota PBB tiga tahun yang lalu.
その国は3年前にすでに国連の加盟国になっている。

時の表現とともに使われることが多い。他のアスペクトを表す助動詞（belum, pernah など）も同様である。

Saya sudah tiga tahun tinggal di Indonésia.
私はインドネシアにもう3年住んでいる。

単語　anggota メンバー　PBB 国連（=Perserikatan Bangsa-Bangsa）

belum（未然・未完了）

belum は「まだ～していない」という未然・未完了を表す助動詞である。

Belum pasti.　　まだ決まっていない。
Kakak saya belum tidur.　　私の姉はまだ寝ていない。

sudah, belum は，それぞれ完了したかどうかを尋ねる諾否疑問文に対する「はい」「いいえ」にも用いられる。つまり，sudah を否定するには belum を使う（tidak sudah にはならないことに注意）。この用法では telah は使うことができない。

Maki, sudah makan siang?　　マキ，もうお昼ご飯は食べた？
–Belum.　　―いいえ，まだ。
Kamu sudah berbicara dengan meréka?　　彼らともう話した？
–Sudah. Saya sudah berbicara dengan meréka.
–Belum. Saya belum berbicara dengan meréka.
―はい。もう彼らと話しました。
―いいえ。まだ彼らと話していません。

masih（継続）

masih は「まだ〜している」という継続を表す助動詞である。

Saya masih berpikir tentang téma dan judul.
私はテーマとタイトルをまだ考えている。

Adik saya masih berbelanja di pasar.
私の弟はまだ市場で買い物をしている。

sedang（進行）

sedang は「〜している最中である」という進行を表す助動詞である。なお，sedang は「中くらいの」という意味の形容詞でもある。

Dia sedang mandi.　彼は水浴びをしているところだ。

Bapak Ahmad sedang tidak ada.
アフマドさんはいません（席を外しています）。

baru（直後・開始）

baru は「〜したばかり」「やっと〜した」という直後・開始を表す助動詞である。すでに出てきているように，baru は「新しい」という意味の形容詞でもある。

Siswa itu baru berangkat ke sekolah.
その生徒は学校に出かけたばかりだ。

Tamu itu baru tadi sampai di sini.
その客はついさっきここに着いたばかりだ。

akan（未来）

akan は「〜する予定である」「〜になるだろう」という未来を表す助動詞である。tidak をともなう場合，単純に「〜する予定ではない」という場合と，「今後一切〜することはない」という可能性を否定する強い意思を表す場合がある。

Maki akan mendapat idé yang bagus berdasarkan pengalaman di Indonésia.
マキはインドネシアでの経験に基づいて，いいアイディアを得るだろう。

Ayah saya akan kembali dari Inggris pada hari Minggu.
私の父は日曜日にイギリスから戻る予定だ。

Kondisi ékonomi akan menjadi baik. 経済状態は良くなるだろう。

Saya tidak akan bertemu dengan dia. 私は彼とはもう会わない。

単語 kondisi 状態

pernah（経験）

pernah は「～したことがある」という経験を表す助動詞である。完了の sudah と未然の belum とともに使われることが多い。

Pak Ito pernah ke Indonésia pada tahun 2000（dua ribu).
伊藤さんは 2000 年にインドネシアへ行ったことがある。

Saya sudah pernah dua kali bertemu dengannya.
私はもう 2 回彼に会ったことがある。

Saya belum pernah mencoba saté kambing.
私はヤギの串焼きを試したことがない。

Bapak sudah pernah tinggal di Bandung?
あなたはバンドゥンに住んだことがありますか。

–Ya, pernah. Saya sudah pernah tinggal di kota itu.
–Belum. Saya belum pernah tinggal di sana.
―はい，あります。私はその町に住んだことがあります。
―いいえ。私はそこに住んだことはありません。

pernah を tidak で否定した場合は，「～したためしがない」「絶対に～することはない」という意味になる。

Warung itu tidak pernah sepi. その屋台は，すいていることがない。

Dia tidak pernah minum minuman alkohol.
彼はアルコール飲料を飲んだことがない。

アスペクトは「時制」(現在時制，過去時制，未来時制）とは概念が異なることに注意が必要である。特に「完了」は時制としての「過去」とは別の概念である。

また，時の基準は必ずしも「現在」（発話の瞬間）ではなく，文脈などによって相対的に判断する必要がある。「完了」は，現時点で動作が完了していることを表す場合もあれば，過去のある時点で完了していたり，未来のある時点で完了するであろうことを表す場合もある。

Ketika dia masih belajar di SD, ayahnya sudah meninggal dunia.
彼がまだ小学校で学んでいたとき，父親はすでに亡くなっていた。

Bésok laporan ini sudah siap.
明日この報告書はすでに用意できているだろう。

10

単語 warung 屋台　minuman 飲み物（基 minum）　alkohol アルコール
ketika ～する時　meninggal（基 tinggal）亡くなる　dunia 世
laporan 報告書（基 lapor）　siap 用意されている

(10.1.2) 話者の態度（モダリティ）を表す助動詞

「モダリティ」は事柄に対する話し手の捉え方や伝え方といった態度に関する表現であり，「意志」「可能」「許可」「義務」などがある。モダリティを表す主な助動詞には以下の語がある。

mau（意志，意志未来，希望）

mau は，「～する（つもり）」「～するところだ」「～したい」という意思，意思未来，希望を表す助動詞である。mau は，akan と次に述べる ingin（希望）の両方の意味に重なっている。tidak で否定すると，「～したくない」という意味になる。

Sekarang saya mau pergi ke sekolah.
今，私は学校に行くところだ（行くつもりだ）。

Dia mau belajar di luar negeri.　　彼女は海外で勉強したい。

Meréka tidak mau naik sepéda motor.　　彼らはバイクに乗りたくない。

口語では，mau の後に名詞が続き，「～がほしい」「～を望む」という意味で使われることがある。

Saya mau sepatu itu.　　私はその靴が欲しい。

ingin（意志・希望）

ingin は「〜したい，望む」という意思，希望を表す助動詞である。

Saya ingin tahu bagaimana rasanya.　私はどんな味なのか知りたい。
Kami ingin berbicara dengan Pak Joko.
　私たちはジョコさんと話したい。
Kalau sudah besar, saya ingin menjadi dokter.
　大きくなったら，私は医者になりたい。

単語　dokter 医者

bisa, dapat（可能）

bisa, dapat は「〜できる」という可能を表す助動詞である。フォーマルな文では dapat がより用いられる。

Mungkin bésok saya bisa keluar.　多分，明日私は外出できる。
Kami dapat berkenalan dengan beliau.
　私たちはあの方と知り合うことができた。
Saya tidak bisa berbahasa Arab.　私はアラビア語を話すことができない。

口語では，bisa の後に名詞を続け，「〜ができる」という意味で使われることがある。

Saya bisa bahasa Inggris.　私は英語ができる。
（cf. Saya bisa berbicara bahasa Inggris.）

bisa, dapat には「あり得る，可能性がある」という意味もある。

Bencana alam bisa terjadi di mana-mana.　自然災害はどこでも起き得る。

単語　Arab アラビア，アラブ　bencana 災害　alam 自然
terjadi 起こる（基 jadi）　di mana-mana どこでも

harus（義務）

harus は「〜しなければならない」という義務を表す助動詞である。harus を否定すると「必ずしも〜する必要はない」という意味になる。

Saya harus membuat skripsi sesudah kembali ke Jepang.
私は日本に戻ったら，卒論を書かなければいけない。

Bapak Joko harus naik pesawat terbang ke negara itu.
ジョコさんは飛行機に乗ってその国に行かなければならない。

Anda tidak harus berdasi.　あなたは必ずしもネクタイをしなくてもよい。

10

単語　berdasi ネクタイをしている（基 dasi）

perlu（義務）

perlu は「〜する必要がある」という義務を表す助動詞である。否定詞をともなった tidak perlu「〜する必要がない」は，同じ意味の表現に tidak usah もある（ただし，perlu のように usah 単独で使うことはない）。

Ibu perlu berbicara dengan suami.　あなたは夫と話す必要がある。
Anda tidak usah berkata begitu.　あなたはそのように言う必要はない。
Tidak usah khawatir.　心配する必要はない。

perlu の後に名詞を続けて「〜が要る」という意味でも使われる。

Saya perlu biaya sekolah.　私は学費が要る。

単語　biaya 費用

boléh（許可）

boléh は「〜してもよい」という許可を表す助動詞である。boléh を否定すると，「〜してはいけない」という禁止を表す。

Kamu boléh pulang sekarang.　お前は今帰ってもよい。

Tidak boléh merokok di sini.　　ここではタバコを吸ってはいけない。

「～してもよいか」と許可を求める場合は，boléh が文頭に来ることが多い。

Boléh saya masuk?　　入ってもよろしいですか。
–Ya, boléh. Silakan masuk. —はい，いいです。どうぞ入ってください。
–Tidak. Maaf, tidak boléh masuk.
—いいえ。すみませんが，入ってはいけません。

提案や勧誘に対して，同意・賛成（構わない，それでもよい）の意味で boléh と答えることがある。

Bagaimana kalau kita makan saté kambing? –Boléh.
ヤギの串焼きを食べるのはどうですか。—いいですよ。

単語　merokok タバコを吸う（基 rokok）

(10.1.3) 助動詞の連続

sudah pernah, belum pernah のほかにも，以下の例のように助動詞が複数連続して用いられる。

Anda akan bisa berbicara bahasa Hindi.
あなたはヒンディー語を話すことができるようになるだろう。
Joko sudah bisa naik sepéda motor.
ジョコはすでにバイクに乗ることができる。
Pasién itu sudah boléh makan makanan yang lunak.
その患者は柔らかい食べ物をもう食べてもよい。
Saya masih perlu berobat.　　私はまだ治療する必要がある。

単語　Hindi ヒンディー　pasién 患者　lunak 柔らかい

練 習 問 題

1．次の文を日本語にしましょう。

(1) Ketika saya sampai di rumah, adik saya sedang bermain piano.
(2) Mata kuliah ilmu sejarah Jepang baru selesai.
(3) Anda harus bisa berenang kalau mau menjadi nelayan.
(4) Pak Joko tidak bisa berhenti merokok.
(5) Saya pernah melihat pohon kelapa sawit.
(6) Anak-anak di bawah umur lima belas tahun tidak boléh menonton film ini.
(7) Ujian bahasa Hindi baru mulai.
(8) Dia sudah lama tinggal di Indonésia, tetapi belum pernah makan saté ayam.
(9) Boléh saya minta alamat dan nomor télépon Bapak?
(10) −Ya, boléh. Ini kartu nama saya.

単語 piano ピアノ　mata kuliah 講義，授業　ilmu 学問　sejarah 歴史
nelayan 漁師　melihat 見る（基 lihat）　kelapa sawit アブラヤシ
lima belas 15（数詞）　menonton 観る（基 tonton）　film 映画
nomor 番号　télépon 電話

2．次の文をインドネシア語にしましょう。

(1) この木はまだ実がついていない。
(2) その車の保険はもう一般的になっている。
(3) あなたはもう吉田さんに尋ねましたか。
(4) ―いいえ，私はまだ彼に尋ねていません。
(5) 私の父はすでに何十年もの間その家族と良い関係である。
(6) その観光客は船に乗ってロンボック島に行く予定だ。
(7) 私たちはその儀礼で必ずしも民族衣装を着なくてもよい。
(8) サッカーワールドカップはもう終わった？
(9) ―いいえ，まだです。昨日始まったばかりです。
(10) その新しい職員は会議に出席する必要はない。
(11) 私の友人と外出してもいいですか。

⑿ —いいえ。外出してはいけません。もう夜です。

⒀ 彼はまだ外で休んでいる。

⒁ その食堂は賑わっていることがない。

単語 保険 asuransi　一般的な umum　観光客 wisatawan　船 kapal
ロンボック Lombok　島 pulau　儀礼 upacara
ワールドカップ Piala Dunia

下宿には何人いるの。

学習項目　数詞，小数，分数，助数詞，疑問詞（いくつ）

目　標　数詞とものを数えるための表現を覚える。

26 [会話例]

A：Ada **berapa orang** di kos Maki?
B：Di kos saya ada **sepuluh orang** sekarang. **Setengah**nya perempuan.
A：**Berapa** séwa kamar?
B：**Dua juta rupiah** satu bulan termasuk air dan listrik.

A：Di muséum ini ada **berapa buah karya seni**?
B：Kira-kira **seribu buah**.
A：Jumlah lukisan **berapa persén**?
B：Sekitar **tujuh puluh persén**. Karya seni patung sekitar dua puluh persén. Keramik sedikit, hanya **1,5 persén** saja.

[会話例の和訳]

A：マキの下宿には何人いるの。
B：私の下宿には今 10 人いる。半分が女子。
A：部屋代はいくら。
B：水と電気を入れて一か月 200 万ルピアよ。

A：この美術館にはいくつの芸術作品がありますか。
B：だいたい 1000 点です。
A：絵画は何パーセントですか。
B：およそ 70 パーセントです。彫刻作品はだいたい 20 パーセントです。陶磁器は少なくて，ほんの 1.5 パーセントです。

語句 27

berapa ☺	いくつ，いくら	kira-kira	だいたい（基 kira）
setengah ☺	半分（基 tengah）	lukisan	絵画（基 lukis）
séwa	借り賃	persén ☺	パーセント
juta ☺	～百万	tujuh ☺	7
rupiah ☺	ルピア（インドネシアの通貨）	patung	彫刻，像
termasuk	含めて（基 masuk）	keramik	陶磁器
muséum	美術館，博物館	hanya	ほんの～
buah ☺	～個；実	1,5 ☺ (satu koma lima)	1.5
karya	作品		
seni	芸術		

慣用表現 27

hanya ～ saja　　ほんの～だけ

11.1 数詞と疑問詞 berapa（いくつ）

0～9の数は以下の通りである。

0	nol	5	lima
1	satu	6	enam
2	dua	7	tujuh
3	tiga	8	delapan
4	empat	9	sembilan

10以降は，1～9の数詞とそれぞれの位を表す単位を組み合わせて表現する。xには1～9が入る。

x belas	11～19
x puluh	10 × x（十の位）
x ratus	100 × x（百の位）

x ribu	1.000 × x（千の位）
x juta	1.000.000 × x（百万の位）
x miliar（milyar）	1.000.000.000 × x（十億の位）
x triliun（trilyun）	1.000.000.000.000 × x（一兆の位）

10	sepuluh	100	seratus
11	sebelas	200	dua ratus
12	dua belas	736	tujuh ratus tiga puluh enam
13	tiga belas	814	delapan ratus empat belas
20	dua puluh	1.000	seribu
21	dua puluh satu	4.000	empat ribu

10.000	sepuluh ribu
17.000	tujuh belas ribu
100.000	seratus ribu
180.000	seratus delapan puluh ribu

1.000.000	satu juta, sejuta（100 万）
10.000.000	sepuluh juta（1 千万）
100.000.000	seratus juta（1 億）
1.000.000.000	satu miliar（10 億）
1.000.000.000.000	satu triliun（1 兆）

sepuluh（10），sebelas（11），seratus（100），seribu（1.000）は，「1」を表す接頭辞 se- が付加されている。100 万は，sejuta のほかに satu juta も用いられる。10 億と 1 兆は，接頭辞 se- は用いず，それぞれ satu miliar, satu triliun と表現する。

万，十万の位は，ribu（千）を使って表す。1 万（sepuluh ribu）は「ribu が 10（sepuluh）ある」，10 万は「ribu が 100（seratus）ある」と考える。同じ要領で，千万，億の位は juta（百万）を使って表し，1 千万（sepuluh juta）は「juta が 10（sepuluh）ある」，1 億（seratus juta）は「juta が 100（seratus）ある」と考える。

表記する際は，3 桁ごとに点（titik）を入れる（コンマでないことに注意）。

数を尋ねる場合は，疑問詞 berapa を用いる。

11.2 小数

小数を表現する場合は，1の位の数字の後にkoma（ , ）と述べ，小数点以下は1つずつ数字を読む。表記する際は，小数点ではなくコンマであることに注意。

0,1　nol koma satu
1,54　satu koma lima empat
36,7　tiga puluh enam koma tujuh

11.3 分数

分数は，原則として「分子 per- 分母」という構造で表す。per- は，表記上は接辞のように扱い，分母に付加する。分子が「1」の場合は，接頭辞 se- を用いる。

1/2（2分の1）　setengah（半分）
1/4（4分の1）　seperempat
2/3（3分の2）　dua pertiga
5･3/4（5と4分の3）　lima tiga-perempat

Di kos saya ada 10 orang sekarang. Setengahnya perempuan.
私の下宿には今10人いる。半分が女子だ。

11.4 数量の表現

数量を表す場合，数詞が名詞の前に置かれる。基本的な名詞句の語順とは逆であることに注意する必要がある。数詞以外の数量の程度を表す語が名詞を修飾する場合も，修飾語が名詞の前に現れる（8.3参照）ことと同じ原則である。

数量は，度量衡や通貨，助数詞といった，ものを数える単位をともなって述べられる。「～の量の…」と言う場合，「数詞＋単位（＋名詞）」という語順の句を作る。

通貨，度量衡	意味	例	意味
yén	円	tiga ribu yén（¥3.000）	3,000 円
dolar	ドル	10 dolar Amérika Serikat / 10 dolar AS（US $10）	10 米ドル
rupiah	ルピア	sepuluh ribu rupiah（Rp 10.000）	10,000 ルピア
séntiméter	センチメートル	5 séntiméter（5 cm）	5 センチメートル
méter	メートル	empat méter（4 m）	4 メートル
kilogram	キログラム	200 kilogram beras（200kg beras）	200 キログラムの米
kilométer	キロメートル	lima kilométer（5 km）	5 キロメートル
persegi	平方	100 méter persegi（100 m^2）	100 平方メートル
are	アール	15 are（15 r）	15 アール
persén	パーセント	10 persén（10％）	10 パーセント
		banyak mahasiswa	たくさんの大学生
		berapa rupiah?	何ルピア？

Dua juta rupiah satu bulan termasuk air dan listrik.
水と電気を入れて一か月 200 万ルピアよ。

Jumlah lukisan berapa persén?　絵画は何パーセントですか。

–Sekitar 70 persén. Karya seni patung sekitar 20 persén. Keramik sedikit, hanya 1,5 persén saja.
―およそ 70 パーセントです。彫刻作品はだいたい 20 パーセントです。陶磁器は少なくて，ほんの 1.5 パーセントです。

単語　Amérika Serikat アメリカ合衆国（=AS）　beras 米

11.5 助数詞

上述の通り，名詞が表すものの数量を修飾語として述べるとき，「数詞＋単位＋名詞」という語順となる。度量衡や通貨以外に，ものの形状や機能に応じた単位である助数詞も用いられる。たとえば，人，もの（例：orang「人」，ékor「しっぽ」）や容器（例：piring「皿」，gelas「コップ」）を表す名詞，動作を表す動詞（例：tusuk「刺す」，potong「切る」）などがある。

数量が「1」の場合は，接頭辞 se- のほかに satu を用いることもできる。

代表的なものを以下にあげるが，特に orang（～人），buah（～個）はよく用いられる。

助数詞	意味	例	意味
orang	～人	seorang pria	一人の男性
buah	～個，軒，台	tiga buah rumah	3 軒の家
		sebuah mobil	一台の車
ékor	～頭，匹	dua ékor kambing	2 匹のヤギ
batang	～本	empat batang rokok	4 本のタバコ
helai, lembar, carik	～枚	lima helai kain	5 枚の布
tusuk	～串，本	tiga tusuk saté ayam	3 本の焼き鳥
butir, biji	～個，粒	sepuluh butir telur	10 個の卵
tangkai	～輪	setangkai bunga	一輪の花
pucuk	～通，丁	sepucuk surat	一通の手紙
jilid	～巻	lima jilid buku	5 巻の本
gelas	～杯，グラス	segelas air	一杯の水
cangkir	～杯，カップ	dua cangkir kopi	2 杯のコーヒー
botol	～ビン，本	tiga botol bir	3 本のビール
piring	～皿	empat piring mi goréng	4 皿の焼きそば
kaléng	～缶	lima kaléng jus	5 缶のジュース
séndok	～杯，さじ	dua séndok gula	2 杯の砂糖
potong	～切れ	sepotong roti	一切れのパン
bungkus	～包み	enam bungkus nasi	6 包みのご飯
jenis, macam	～種類	dua jenis ikan	2 種類の魚
belah	～側，方	dua belah tangan	両手
pasang	～組，足	sepasang sepatu	一足の靴

単語 rokok タバコ　kain 布，生地　telur 卵　jus ジュース　gula 砂糖
roti パン　ikan 魚

Ada berapa orang di kos Maki?　マキの下宿には何人いるの。
–Di kos saya ada sepuluh orang sekarang.
—私の下宿には今 10 人いる。

Di muséum ini ada berapa buah karya seni?
　この美術館にはいくつの芸術作品がありますか。
–Kira-kira 1.000 buah.　　—だいたい1000点です。

「2杯のコーヒーを飲む」は「コーヒーを2杯飲む」と言うこともできる。2杯のコーヒー（dua cangkir kopi）は1つの句をなしているが，コーヒーを2杯（kopi dua cangkir）はkopiとdua cangkirが別々の句を構成している。

Saya minum dua cangkir kopi.　　私は2杯のコーヒーを飲んだ。
Saya minum kopi dua cangkir.　　私はコーヒーを2杯飲んだ。

練 習 問 題

1．次の数字をインドネシア語で言ってみましょう。

(1) 816
(2) 7.400
(3) 10.013
(4) 91.205
(5) 300.180
(6) 22.000.000
(7) 125.000.000
(8) 6.700.000.000
(9) 0,15
(10) 14,3
(11) 1/3（3分の1）
(12) 2・3/5（2と5分の3）

2．次の数字を日本語にしましょう。

(1) seribu tujuh puluh lima
(2) sebelas ribu tiga ratus
(3) empat ratus enam puluh ribu
(4) dua juta delapan ratus lima puluh ribu
(5) tiga belas miliar
(6) enam triliun dua ratus miliar

3．次の語句や文を日本語にしましょう。

(1) dua lembar kartu pos
(2) sebatang pohon
(3) sebelah tangan
(4) dua belah mata
(5) sepuluh ékor ikan hiu
(6) tiga pucuk bedil
(7) sepasang suami istri
(8) Di Indonésia hidup banyak macam serangga.

(9) Luas wilayah ini berapa kilométer persegi?
(10) –Wilayah ini luasnya sekitar empat ratus kilométer persegi.
(11) Biji itu bukan permén, tetapi obat.
(12) Piring dan cangkir di sini adalah barang lama.
(13) Perlu berapa buah séndok dan garpu?

単語 mata 目　hiu サメ　bedil 銃　serangga 虫　wilayah 地域　biji 粒　permén 飴　garpu フォーク

4．次の語句や文をインドネシア語にしましょう。
(1) 3000 人の外国人
(2) 数人
(3) たくさんのお金
(4) 100 万米ドル
(5) 1000 枚の紙
(6) 15 台の日本車
(7) 20 匹のウミガメ
(8) 6 杯の紅茶
(9) 半さじの塩
(10) 1 匹のヘビがその子供の前を通った。
(11) 1 円は何ルピアですか。
(12) ―今 1 円はおおよそ 120 ルピアです。
(13) 教室には何人の学生がいますか。
(14) ―そこには 10 人います。
(15) その金持ちはたくさんの家と車をもっている。
(16) あなたはこの薬を食後 2 錠飲む必要がある。

単語 紙 kertas　ウミガメ penyu　塩 garam　ヘビ ular

Pelajaran 12 何日に出発するの。

学習項目 時間表現（曜日，月，日付，時刻など），疑問詞（いつ）

目 標 曜日・月の名前，時刻・日付の表現の仕方を覚える。

28 [会話例]

A：Sari berangkat ke Singapura **tanggal berapa**?
B：**Tanggal 10 Fébruari**. **Hari Sabtu**.
A：**Jam berapa** pesawatnya tinggal landas?
B：**Jam 10.30 pagi**. Berarti saya harus di bandara pada **jam setengah 9**.

A：**Kapan** bunga Sakura mekar di Jepang?
B：Musim semi. Di Osaka biasanya mulai akhir **Maret** sampai awal **April**.
A：Kalau buah kesemek atau *Kaki*, panénnya **bulan apa**?
B：Sekitar **bulan Oktober** dan **Novémber**. Kesemek salah satu buah musim gugur.

[会話例の和訳]

A：サリは何日にシンガポールに出発するの。
B：2月10日よ。土曜日。
A：飛行機は何時に離陸するの。
B：午前10時30分。つまり私は8時半に空港にいないといけない。

A：日本ではいつ桜の花が咲くの。
B：春よ。大阪では普通は3月の終わりから4月の初めまで。
A：柿の場合，収穫は何月なの。
B：10月，11月くらい。柿は秋の果物の一つね。

語句 29

Sari	サリ（人名）	mulai	～から，始まる
Singapura	シンガポール	akhir	終わり
tanggal☺	～日（日付）	Maret☺	3月
Fébruari☺	2月	awal	初め
Sabtu☺	土曜	April☺	4月
jam☺	～時（時刻）	kesemek	柿
landas	基盤	atau	つまり，すなわち
kapan☺	いつ	panén	収穫
Sakura	サクラ	Oktober☺	10月
mekar	咲く	Novémber☺	11月
musim	季節	gugur	枯れ落ちる
semi	芽，蕾	musim gugur	秋
musim semi	春		

慣用表現 29

tinggal landas	離陸する	salah satu	～のひとつ
berarti	つまり，ということは（基 arti）		

12.1 曜日，月

曜日は，hari（日）の後に曜日の名前を続けで表現する。月は，bulan（月）の後に月の名前を続ける。曜日，月を尋ねるときは疑問詞 apa を用いる。

hari Senin	月曜日	hari Jumat	金曜日
hari Selasa	火曜日	hari Sabtu	土曜日
hari Rabu	水曜日	hari Minggu	日曜日
hari Kamis	木曜日	hari apa?	何曜日？

Hari Minggu saya berolahraga di lapangan.
　日曜日，私は競技場で運動する。

bulan Januari	1月	bulan Agustus	8月
bulan Fébruari	2月	bulan Séptémber	9月
bulan Maret	3月	bulan Oktober	10月
bulan April	4月	bulan Novémber	11月
bulan Méi	5月	bulan Désémber	12月
bulan Juni	6月	bulan apa?	何月？
bulan Juli	7月		

Kalau buah kesemek atau *Kaki*, panénnya bulan apa?
柿の場合，収穫は何月。
–Sekitar bulan Oktober dan Novémber. —10月，11月くらい。

単語 lapangan グラウンド（基 lapang）

12.2 日付

日付は，tanggal の後に日にちを続けて表現する。日付を尋ねるときは疑問詞 berapa を用いる（数字を尋ねるので，apa ではなく，berapa であることに注意）。

年月日を述べるときは，日，月，年の順に言う。曜日が入る場合は，日付の前に置かれる。曜日，月など，単位が述べられないこともある。

“Tanggal berapa?” に対しては，「〜月〜日」と答えることが多い。

Sari berangkat ke Singapura tanggal berapa?
サリは何日にシンガポールに出発するの。
–Tanggal 10 Fébruari. —2月10日です。
tanggal dua belas bulan Januari tahun 2014 2014年1月12日
tanggal 12 Januari, 2014 2014年1月12日
Kamis, 12 Januari, 2014 2014年1月12日木曜日
Hari ini tanggal berapa? 今日は何日ですか。
–Tanggal 30 bulan April. —4月30日です。

12.3 時刻

「～時」は jam の後に数詞を続ける。「～分」は「～分過ぎる」と表現し，“jam ＋数詞”の後に，“léwat（過ぎる）～ menit（分）”を続ける。フォーマルな文体では jam の代わりに，pukul が用いられる（pukul は「叩く」の意味）。

「～分前」は「～分足りない」と表現し，“kurang ～ menit”と述べる。

「～時半」は，“jam setengah + 1 つ先の時刻”と表現する。たとえば，7 時半であれば，“jam setengah delapan”となる（「8 時までの 1 時間のうち半分まで来た」と考える）。

「15 分」は，“lima belas menit”のほかに，seperempat と分数で言うことも多い。

léwat と menit は述べないこともある。

アラビア数字を用いて表記する場合は，～時と～分の間に“.”を入れる。

7.00	jam tujuh, pukul tujuh
7.05	jam tujuh léwat lima menit
7.15	jam tujuh léwat lima belas menit
	jam tujuh léwat seperempat
7.30	jam tujuh léwat tiga puluh menit
	jam setengah delapan
7.50	jam tujuh iéwat lima puluh menit
	jam delapan kurang sepuluh menit

インドネシア語では，「午前」「午後」ではなく，pagi, siang, soré, malam のうちどの時間帯に当たるのかを時刻の後につける。

jam delapan pagi
jam sebelas malam

時間を尋ねるときは疑問詞 berapa を用いる。

Jam berapa sekarang?　　今何時ですか。
Jam berapa pesawatnya tinggal landas?
　何時に飛行機は離陸しますか。

–Jam 10.30 pagi. Berarti saya harus di bandara pada jam setengah 9.
—午前10時30分です。つまり，私は8時半に空港にいないといけない。

Pukul berapa acara itu akan selesai?　その催しは何時に終わりますか。

インドネシアは国内に時差があるため，どの地域の時刻かを示すこともある。

WIB（Waktu Indonésia Barat）　西部インドネシア時間
WITA（Waktu Indonésia Tengah）　中部インドネシア時間
WIT（Waktu Indonésia Timur）　東部インドネシア時間

pukul 16.30 WIB　西部インドネシア時間16時30分

単語　acara イベント，行事　barat 西　timur 東

12.4 前置詞 pada

曜日，時刻，日付，月，年を述べるときは，前置詞 pada を用いる。必須ではないが，フォーマルな文体では用いることが多い。

Raja Thailand akan berangkat ke luar negeri pada tanggal lima bulan Méi.
タイの王様は5月5日に海外に出発する予定である。

単語　raja 王　Thailand タイ

12.5 疑問詞 kapan（いつ）

時を尋ねる場合，tanggal berapa, bulan apa というように単位を指定して尋ねるほかに，漠然と「いつ」と尋ねることもできる。その場合は疑問詞 kapan を用いる。

Kapan bunga Sakura mekar di Jepang?
日本ではいつ桜の花が咲くの。

–Musim semi. Biasanya mulai akhir Maret sampai awal April.
一春よ。普通は3月末から4月初めまで。

Kapan dia akan berangkat ke Jepang?
いつ彼女は日本に発つ予定ですか。

–Bésok. Tanggal 15 April.　一明日です。4月15日です。

12.6 今日，明日，昨晩，今朝

比較的近い時間幅でそれぞれよく使われる時間表現をあげる。

kemarin dulu 一昨日→ kemarin 昨日→ hari ini 今日→ bésok 明日→ lusa 明後日
tadi さっき→ sekarang 今→ nanti あとで
pagi 朝→ siang 昼→ soré 夕方→ malam 夜

tadi, nanti と pagi, siang, soré, malam とを組み合わせて，今朝（さっきの朝），今晩（あとの夜）などと表現することができる。その場合，一般的な名詞句の語順とは逆であることが多い（つまり，修飾語＋被修飾語）。

また，指示代名詞 ini は，時の表現においては，「まさにその時の」という意味となる。たとえば，pagi ini「今朝」は，そう述べた時点が朝であることを表す（ただし，「今日の朝」という意味で用いることもある）。一方 tadi pagi「今朝」は，朝が過去となっていることを表す。

tadi pagi	今朝（昼以降から見て）	（cf. pagi ini）
tadi siang	今日の昼（夕方以降から見て）	（cf. siang ini）
tadi soré	今日の夕方（夜から見て）	（cf. soré ini）
tadi malam	昨晩	
nanti siang	今日の昼（朝から見て）	
nanti soré	今日の夕方（昼以前から見て）	
nanti malam	今晩（夕方以前から見て）	（cf. malam ini）

kemarin pagi　昨日の朝

kemarin siang	昨日の昼
kemarin soré	昨日の夕方
kemarin malam	昨日の夜
bésok pagi	明日の朝
bésok siang	明日の昼
bésok soré	明日の夕方
bésok malam	明日の夜

Tadi malam kami berdua menonton film Koréa di bioskop.
昨晩，私たちは２人で映画館で韓国映画を見た。

Meréka akan bertemu dengan lurah nanti soré.
彼らは今日の夕方に村長に会う予定だ。

単語 bioskop 映画館　lurah 村長

練 習 問 題

1．次の文を日本語にしましょう。

(1) Tadi pagi ada gempa bumi di daérah Kyusyu.

(2) Saya mau pergi menonton film India nanti malam.

(3) Pagi ini surat kabar belum datang.

(4) Anda sudah tahu tanggal berapa dia akan kembali dari Koréa?

(5) Toko buku itu masih tutup waktu saya léwat kira-kira jam setengah sepuluh pagi.

(6) Pada tahun sembilan puluh delapan Suharto mundur dari kursi présidén.

(7) Di Indonésia ada dua musim, yaitu musim hujan dan musim kemarau.

単語　kursi 椅子　yailu すなわち　kemarau 乾期の

12

2．次の時刻をインドネシア語にしましょう。

(1) 5 時 5 分

(2) 11 時 10 分

(3) 6 時 15 分

(4) 2 時半

(5) 4 時 30 分

(6) 9 時 5 分前

(7) 7 時 10 分前

(8) 午前 10 時 15 分前

(9) 午後 3 時 10 分

(10) 午前 0 時（「12 時」と述べる）

(11) 中部インドネシア時間 18 時 45 分

3．次の文をインドネシア語にしましょう。

(1) 英語のテストは何曜日ですか。

(2) ―英語のテストは水曜日です。

(3) 今月は何月ですか。

⑷ ―今月は4月です。
⑸ 昨日は何曜日でしたか。
⑹ ―昨日は木曜日でした。6月11日です。
⑺ 明日は祝日です。クリスマスの日です。
⑻ 明後日は何日ですか。
⑼ ―明後日は8月20日です。
⑽ あなたの誕生日は何日ですか。
⑾ ―私の誕生日は一昨日でした。10月5日です。
⑿ 彼は昨晩シンガポールから戻ってきたばかりだ。
⒀ あなたは何月に引っ越す予定ですか？
⒁ ―11月です。
⒂ 明日の夜，どうぞ私の家に寄ってください。
⒃ いつ日本軍がバリ島に来たのですか。
⒄ ―1942年2月です。
⒅ スシさんは何年に生まれましたか。
⒆ ―1998年です。
⒇ インドネシアでは雨期は何月から何月までですか。
(21) ―だいたい12月から3月までです。
(22) その使用人は朝4時にはもう起きて，市場に買い物に行く。

単語 祝日 hari raya　クリスマス Natal　軍隊 tentara
使用人，お手伝いさん pembantu（基 bantu）

Pelajaran 13 今年は何周年目ですか。

学習項目 時間表現（長さ），接頭辞 ke-

目　標 順序と期間の表し方の違いを覚える。

30  [会話例]

A：Tanggal 8 Fébruari upacara ulang tahun univérsitas akan diadakan.
B：**Minggu depan**, ya. Tahun ini hari ulang tahun **keberapa**?
A：HUT **ke-70**. Pada tahun 1950 univérsitas ini berdiri.

A：Siti dan Rudi kawin **beberapa bulan yang lalu**.
B：Meréka berumur **berapa tahun**?
A：**Kedua-duanya** baru **20 tahun**.

[会話例の和訳]

A：2月8日に大学の創立記念式典が行われる。
B：来週ね。今年は何周年目なの。
A：70周年だよ。1950年にこの大学が設立されたんだ。

A：シティとルディは数か月前に結婚したんだ。
B：彼らは何歳なの。
A：2人とも20歳になったばかりだ。

語句 31

diadakan	行われる（基 ada）
minggu	週
keberapa ☺	何番目（基 berapa）
HUT	誕生日，記念日（=hari ulang tahun）
ke-70 ☺	70 回目，70 番目
Rudi	ルディ（人名）
kedua-duanya ☺	2 人とも（基 dua）

13.1 時間の長さ

時間の長さは，ものの数量を表す場合（第 11 課参照）と同じ要領で表し，数詞が先に置かれる。いわば順序を表す日付，時刻などとは語順が逆なので注意する。時間の単位は jam, hari, minggu, bulan, tahun などである。「どのくらいの時間の長さなのか」と漠然と時間の長さを尋ねるときは，jam, hari などの代わりに lama（時間が長い）を用い，berapa lama となる。

「～の間」に相当する前置詞は selama であるが，必須ではない。

satu hari, sehari	1 日	tiga minggu	3 週間
berapa hari?	何日間？	empat bulan	4 か月
dua jam	2 時間	lima tahun	5 年間
berapa jam?	何時間？	setengah tahun	半年
tiga setengah jam	3 時間半	berapa lama?	どのくらいの間?
empat jam tiga puluh menit	4 時間 30 分		

Meréka berumur berapa tahun?　彼らは何歳ですか。
–Siti baru 20 tahun dan Rudi 25 tahun.
　ーシティは 20 歳になったばかりで，ルディは 25 歳です。

Tadi malam saya bisa tidur delapan jam.
　昨晩私は 8 時間眠ることができた。

Karena pengaruh banjir, listrik di kawasan ini tidak hidup selama tiga hari.
　洪水の影響で，この地域の電気は 3 日間つかなかった。

単語　pengaruh 影響　banjir 洪水，大水　kawasan 地域

13.2 ～日前，～日後

「～日前」「～日後」は「～日間」をそれぞれ「過ぎた～」（yang lalu），「来る予定の～」（yang akan datang）で修飾することによって表現する。つまり，「～日前」は「過ぎた～日間」と表現し，「～日後」は「来る予定の～日間」と表現する。たとえば，「2日前」は dua hari yang lalu（過ぎた2日間），「2日後」は dua hari yang akan datang（来る予定の2日間）となる。

「～日後」「～週間後」などは，yang akan datang のほかに，lagi（さらに，再び）を用い，たとえば dua hari yang akan datang は dua hari lagi（もう2日すると）という表し方もできる。

「来週」「来月」など「来～」の場合は，yang akan datang の代わりに，場所の表現である depan（前）を使うこともできる。

「今週」「今月」など「今～」の場合は，今日（hari ini）と同様に，指示代名詞 ini を用いる。

以下，「週」を使って例示する。

dua minggu（yang）lalu	2週間前
minggu（yang）lalu	先週
minggu ini	今週
minggu depan	来週
minggu yang akan datang	来週
berapa minggu yang lalu?	何週間前？
berapa minggu yang akan datang?	何週間後？
berapa minggu lagi?	何週間後？
dua minggu yang akan datang	2週間後（再来週）
dua minggu lagi	2週間後（再来週）

Minggu depan upacara hari ulang tahun univérsitas akan diadakan.
　来週大学の創立記念式典が行われる予定だ。

Siti dan Rudi kawin beberapa bulan yang lalu.
　シティとルディは数か月前に結婚した。

13.3 接頭辞 ke-（～番目，第～）

序数詞（～番目，第～）は，数詞に接頭辞 ke- を付加することで作られる。しかし，「一番目の，第一の」は基本的には pertama であり，2 以上の数詞に ke- が付加する。何番目かを尋ねる場合は，keberapa となる。

「～番目の…」と名詞を修飾する場合は，名詞の後に序数詞である pertama や「ke- ＋数詞」が置かれる。

名詞の後にただ数詞が置かれる場合は，原則として絶対的な順序を表す。たとえば，tahun 2019（2019 年）であれば年号であるが，tahun kedua（2 年目）であれば相対的な順序を表す。

表記する際，ke- の語幹としてアラビア数字を用いることもある。その場合，接辞の後にハイフンを入れる。

pertama（kesatu）	第一，一番目	
kedua	第二，二番目	
keseratus, ke-100	100 番目	
keberapa?	何番目？	
orang ketiga	三番目の人，第三者	
anak pertama	一番目の子供	
lantai ketiga	三番目の階	（cf. lantai tiga（3 階））
jam keempat	4 時限目	（cf. jam empat（4 時））
tahun ke-50	50 年目	（cf. tahun 50（[19]50 年））

Tahun ini hari ulang tahun keberapa?　今年は何周年ですか。
–HUT ke-50.　—50 周年です。
Tahun berapa univérsitas ini berdiri?
　何年にこの大学が立ったのですか。
–Tahun 1950.　—1950 年です。

単語　lantai 床；～階

13.4 接頭辞 ke-（～つとも全て）

数量を表す名詞句（数詞＋名詞）の数詞に接頭辞 ke- を付加すると，「～つとも全て」という意味となる。たとえば dua orang は kedua orang となる。名詞を代名詞の -nya で表すこともでき，その場合は数詞の重複がともない得る。kedua orang の場合，orang が -nya で表され，keduanya または kedua-duanya となる。

kedua orang	2人とも	（cf. dua orang）
kedua(-dua)nya	2人とも（2つとも）	
ketiga(-tiga)nya	3人とも（3つとも）	

Meréka berumur berapa tahun?	彼らは何歳なの。
–Kedua-duanya baru 20 tahun.	―2人とも20歳になったばかりだ。

会話例の kedua-duanya の -nya は，meréka のことを指している。

Nanti soré Yudi dan Éka mau mampir di sini. Kedua mahasiswa itu seméster 4.
　今日の夕方，ユディとエカはここに寄る。その学生2人とも4セメスター（2年）だ。
Meréka kedua-duanya berasal dari Surabaya.
　彼らは2人ともスラバヤの出身だ。

13.5 回数の表現

回数は「数詞＋ kali（回）」と表現する。助動詞 sudah, baru などとともに用いられることが多い。

satu kali, sekali	1回
dua kali	2回

Bapak Rahmat sudah pernah dua kali ke Kuala Lumpur.
　ラフマットさんはクアラルンプールにもう2回行ったことがある。

「～するのは～回目」という場合は，untuk pertama kali（1回目），untuk ke- +数詞 kali（～回目）となる。untuk pertama kali は助動詞の後など，前置詞 untuk が述べられないことがある。

untuk pertama kali　　1回目（初めて）
untuk kedua kali　　2回目

Saya datang ke Indonésia untuk pertama kali.
　私がインドネシアに来たのは初めてです。
Saya baru pertama kali datang ke geréja ini.
　私はこの教会に来たのはやっと1回目です。
Ibu Mégawati berkunjung ke Muangthai untuk kedua kali bulan yang lalu.
　メガワティさんが先月タイを訪問したのは2回目だ。

13

単語　Kuala Lumpur クアラルンプール（マレーシアの首都名）
geréja 教会　Muangthai タイ

練 習 問 題

1．次の時間表現をインドネシア語にしましょう。

(1) 2か月前
(2) 先月
(3) 今月
(4) 来月
(5) 再来月
(6) 何か月前？
(7) 1か月前
(8) 何か月後？
(9) 5か月後
(10) 来たる6月
(11) 去る11月
(12) 一昨年
(13) 去年
(14) 今年
(15) 来年
(16) 何年前？
(17) 12年前
(18) 何年後？
(19) 再来年
(20) 2日前
(21) 何日前？
(22) 11日前
(23) 8日後
(24) 何日後？
(25) 数日後
(26) 半月
(27) 1年半

2．次の文をインドネシア語にしましょう。

(1) ガソリンの値段は来たる10月に上がる予定だ。
(2) 来月の8日に私の友達はサウジアラビアから戻る予定だ。
(3) 一昨年，私はまだインドネシア語を勉強してなかった。
(4) 20年前，私はやっと5歳であった。
(5) この階は何階ですか。
(6) —6階です。
(7) 日本文学の授業は何時限目ですか。
(8) —1時限目です。
(9) ルディは何番目の子供ですか。
(10) —私は2番目の子供です。
(11) 今週は何週目ですか。
(12) —4週目です。
(13) その畑のスイカとトウモロコシは両方ともまだ若い。
(14) あなた（目上の男性）はもう何年ドイツで働いているのですか。
(15) —もう2年です。
(16) 1つの授業は何分ですか。
(17) —90分です。
(18) 1つの学期は何か月ですか。
(19) —5か月です。

(20) 1 か月は何日ですか。
(21) —30 日か 31 日です。
(22) 1 分は何秒ですか。
(23) —60 秒です。
(24) 何年後にこのキャンパスは移転する予定ですか。
(25) —3 年後です。
(26) そのアスリートは 100 メートルを 9.58 秒で（9.58 秒の時間内で）走ることができる。

単語　サウジアラビア Arab Saudi　文学 sastra　畑 ladang　スイカ semangka　トウモロコシ jagung　秒 detik　アスリート atlét

13

友達を迎えに行くつもり。

学習項目　接頭辞 meN-

目　標　動詞を作る接頭辞meN-（Nは鼻音を表す）の音韻変化を理解する。

［会話例］

A：Jam berapa pesawat dari Jepang **mendarat** di bandara?
B：Jam setengah enam soré. Sekarang saya mau **menjemput** teman saya ke sana.
A：Teman Maki **menginap** di hotél nanti malam?
B：Ya. Dia sudah **memesan** kamar di Hotél Garuda.

A：Bésok ibu saya mau **mengundang** Maki untuk makan malam di rumah.
B：**Menarik** sekali. Ibu Bima pandai **memasak**.
A：Ibu saya pasti **merasa** senang kalau **mendengar** perkataan Maki.
B：Bésok soré sesudah mata kuliah jam keempat, saya akan ke rumah Bima.

［会話例の和訳］

A：何時に日本からの飛行機が空港に着陸するの。
B：午後５時半。これからそこへ私の友達を迎えに行くのよ。
A：マキの友達は今晩ホテルに泊まるの。
B：ええ。彼女はもうホテル・ガルーダの部屋を予約してある。

A：明日，母がマキを夕食に招待したいって言っているんだ。
B：とても魅力的ね。ビマのお母さんは料理が上手だもの。
A：マキの言葉を聞いたら，母はきっと喜ぶよ。
B：明日の夕方４時限の授業が終わったら，ビマの家に行くわ。

語句

33

mendarat ☺	着陸する（基 darat）	memasak ☺	料理する（基 masak）
menjemput ☺	迎えに行く（基 jemput）	pasti	きっと
memesan ☺	予約する（基 pesan）	merasa ☺	～と感じる（基 rasa）
mengundang ☺	招く（基 undang）	mendengar ☺	聞く（基 dengar）
menarik ☺	魅力がある，引く（基 tarik）	perkataan	言葉，発言（基 kata）
Bima	ビマ（人名）		

14.1 接頭辞 meN- の音韻変化

接頭辞 meN-（N は鼻音を表す）が語幹（ほぼ基語と一致する）に付加する際，語幹の語頭の音（頭音）に合わせて N の部分が鼻音変化を起こす。ただし，頭音によって N（鼻音）が現れない場合がある。語幹の頭音が子音の場合，N は，それと同じあるいはそれに近い箇所で閉鎖が起こる鼻音に変化する。たとえば，両唇音（唇で閉鎖が起こる）である p，b が頭音の場合は，それと同じ両唇音である鼻音の m に変化する（第 2 課を参照）。

N → m ：頭音が両唇音（p，b）の場合
→ n ：頭音が歯音，歯茎音，硬口蓋音（t，d，c，j）の場合
→ ny：頭音が歯茎音（s）の場合
→ ng：頭音が軟口蓋音，声門音（k，g，h）および母音の場合
→ 鼻音が現れない：頭音が鼻音（m，n，ny，ng），流音（r，l），半母音（w，y）の場合

つまり，meN- は，mem-，men-，meny-，meng-，me- のいずれかに変化する。語幹の頭音と meN- の音韻変化の関係は次の通りである。注意が必要なのは，語幹の頭音がそのまま残る場合と鼻音に置き換わる場合とがあることである。語幹の頭音が p，t，k，s の場合は，それらの音が消え，それぞれ m，n，ng，ny に置き換わる（以下では（ ）で示している）。

mem-

頭音：(p), b

meN- + pakai → memakai（使う）

meN- + baca → membaca（読む）

men-

頭音：(t), d, c, j

meN- + tulis → menulis（書く）

meN- + dengar → mendengar（聞く）

meN- + cari → mencari（探す）

meN- + jawab → menjawab（答える）

meny-

頭音：(s)

meN- + séwa → menyéwa（賃借りする）

meng-

頭音：(k), g, h, 母音

meN- + kirim → mengirim（送る）

meN- + goréng → menggoréng（油で調理する）

meN- + hitung → menghitung（数える）

meN- + ajar → mengajar（教える）

me-

頭音：上記以外の音（m, n, ny, ng, r, l, w, y）

meN- + masak → memasak（料理する）

meN- + nikah → menikah（結婚する）

meN- + nyala → menyala（燃える）

meN- + ngéong → mengéong（ニャーと鳴く）

meN- + rasa → merasa（感じる）

meN- + lihat → melihat（見る）

meN- + wakil + -i → mewakili（代表する）

meN- + yakin + -kan → meyakinkan（確信させる）

上記の変化の規則に当てはまらない場合がある。

(a) **語幹が一音節の場合**

語幹の頭音にかかわらず，meN- の N（鼻音）が nge［ŋə］となる。ただし，頭音に応じた変化が起きた形式が見られる場合もある。

meN- ＋ pak → mengepak（梱包する）
meN- ＋ bom → mengebom, membom（爆破させる）
meN- ＋ cat → mengecat, mencat（ペンキを塗る）
meN- ＋ lap → mengelap, melap（布巾などで拭く）
meN- ＋ rém → mengerém, merém（ブレーキをかける）

(b) **語幹の頭音が外来語音である場合，語幹が外来語である場合**

N が語幹の頭音に対応する鼻音に変化するが，頭音はそのまま残る。

頭音が f（表記上は f, v）の場合
meN- ＋ fotokopi → memfotokopi（コピーする）
頭音が z の場合
meN- ＋ ziarah → menziarah（巡礼する）
頭音が sy の場合
meN- ＋ syarat ＋ -kan → mensyaratkan（条件づける）
頭音が kh の場合
meN- ＋ khawatir ＋ -kan → mengkhawatirkan（心配させる，心配する）

外来語が語幹である場合は，上記の外来語音で始まる場合だけでなく，インドネシア語にはない子音連続が見られる場合や定着度などによって，語幹の頭音がそのまま残ることがある。

meN- ＋ protés → memprotés, memrotés（反対する）
meN- ＋ stabil ＋ -kan → menstabilkan, menyetabilkan（安定させる）
meN- ＋ suksés ＋ -kan → mensukséskan, menyukséskan（成功させる）

(c) **その他**

meN- ＋ punya ＋ -i → mempunyai（持つ）

meN- ＋ pengaruh ＋ -i → mempengaruhi, memengaruhi
（影響を与える）

meN- ＋ terjemah ＋ -kan → menterjemahkan, menerjemahkan
（翻訳する）

14.2 接頭辞 meN- が付加した派生語

接頭辞 meN- が付加した語は，上記の例からわかるように，他の接辞がさらにともなうことがある。接尾辞 -kan が付加する meN- -kan 派生語は第 16 課，接尾辞 -i が付加する meN- -i 派生語は第 18 課，per- が付加する memper- 派生語は第 24 課で詳しく見る。

14.3 接頭辞 meN- の意味機能

接頭辞 meN- が付加した派生語は，他動詞と自動詞を作り，述語の中心部分を担う。他動詞になるものの方がより多い。

(1) 自動詞

自動詞の meN- 派生語は，「語幹が表す状態や場に近づく，あるいは一体化する」,「語幹がもつ意味に関連する動作をする」という意味をもつ。語幹は，形容詞，名詞，動詞的な意味をもつものがある。

表では，語幹が単独の語として用いられるものは意味を付してある。

meN- 派生語	意味	語幹	
membaik	良くなる	baik	良い
memburuk	悪くなる	buruk	悪い
meluas	広がる	luas	広い
menjauh	遠ざかる	jauh	遠い
mendekat	近づく	dekat	近い
membesar	大きくなる	besar	大きい
mengecil	小さくなる	kecil	小さい
menguning	黄色くなる	kuning	黄色い
menghijau	青々と茂る	hijau	緑
menyeberang	渡る	seberang	向こう岸

meN- 派生語	意味	語幹	
mendarat	上陸する, 着陸する	darat	陸
membanjir	あふれる	banjir	洪水, 大水
menangis	泣く	tangis	
menginap	泊まる	inap	
mengantuk	眠い	kantuk	
menikah	結婚する	nikah	
menyala	灯る, 燃える	nyala	
menjadi	〜になる	jadi	予定通りの
menghilang	消える	hilang	なくなる
mendatang	やって来る, 来たる〜	datang	来る
menurun	低下する	turun	下がる, 降りる
meningkat	上昇する	tingkat	レベル
merokok	たばこを吸う	rokok	たばこ
merasa	〜と感じる	rasa	感じ, 味
menyanyi	歌う	nyanyi	歌

14

自動詞の meN- 派生語は，次のような文の構造で用いられる。

［動作主］－［meN- 自動詞］－（［補語］）

主語は動作・行為を行う人やもの・こと（動作主）であり，meN- 自動詞が単独で述語となる場合もあれば，補語（名詞，形容詞）をともなう場合もある。

Jam berapa pesawat dari Jepang mendarat di bandara?
何時に日本からの飛行機が空港に着陸するの。

Teman Maki menginap di hotél nanti malam?
マキの友達は今晩ホテルに泊まるの。

Dia sedang merokok di luar.　彼は外でタバコを吸っているところだ。

Kapal ini menyeberang ke Pulau Lombok.
この船はロンボク島へ渡る。

Ibu saya pasti merasa senang kalau mendengar perkataan Maki.
マキの言葉を聞いたら，母はきっと喜ぶ（嬉しく感じる）。

Saya ingin menjadi guru SD.　私は小学校の教師になりたい。

(2) 他動詞

他動詞の meN- 派生語は，動作・行為の対象である目的語をとる。語幹は，動詞的な意味をもつものや名詞が見られる。なお，meN--kan 派生語，meN--i 派生語，memper- 派生語も他動詞である（第 16 課，第 18 課，第 24 課で詳しく見る）。

meN- 派生語	意味	語幹
membangun	～を建設する	bangun　起きる
membuka	～を開ける，脱ぐ	buka　開く
menutup	～を閉める	tutup　閉まる
melihat	～を見る	lihat
menonton	～を観る	tonton
mendengar	～を聞く	dengar
mengerti	～を理解する	erti（arti から）
membuat	～を作る	buat
memakai	～を使う，身につける	pakai
mengambil	～を取る	ambil
menerima	～を受け取る	terima
mendapat	～を得る	dapat
mendorong	～を押す，促す	dorong
menarik	～を引く，興味深い	tarik
memasak	～を料理する	masak
menggoréng	～を油で調理する，揚げる	goréng
memotong	～を切る	potong
memukul	～を叩く，殴る	pukul
mencuci	～を洗う	cuci
membaca	～を読む	baca
menulis	～を書く	tulis
membeli	～を買う	beli
menjual	～を売る	jual
membayar	～を支払う	bayar
meminjam	～を借りる	pinjam
menyéwa	～を賃借する	séwa
membawa	～を持っていく，運ぶ	bawa
mengirim	～を送る	kirim

meN- 派生語	意味	語幹
menjemput	～を迎えに行く	jemput
mengantar	～を案内する，付き添う	antar
mengajak	～を誘う	ajak
membantu	～を手伝う，助ける	bantu
mengukur	～をはかる，計測する	ukur
menghitung	～を数える	hitung
menghafal	～を暗記する	hafal
memilih	～を選ぶ	pilih
memesan	～を注文する，予約する	pesan
mencari	～を探す，求める	cari
menjawab	～を答える	jawab
menunggu	～を待つ	tunggu
menukar	～を交換する	tukar
mengundang	～を招く	undang
mengganggu	～を邪魔する	ganggu
menyimpan	～をしまう，保管する	simpan
mengubah	～を変える	ubah
menambah	～を増やす	tambah
mencukur	～の髭を剃る	cukur
melatih	～に練習をつける，訓練する	latih
memberi	～に／を与える	beri
meminta	～を請う，もらう	minta
melarang	～に／を禁じる	larang
menyuruh	～に命じる	suruh
mengajar	～を教える	ajar
menyapu	～を掃く	sapu 箒
menggunting	～をはさみで切る	gunting はさみ
memotrét	～を撮る	potrét 写真
menggambar	～を描く	gambar 絵
mengisi	～を満たす	isi 中身
mengecat, mencat	～を塗る	cat ペンキ
mengerém, merém	ブレーキをかける	rém ブレーキ

他動詞の meN- 派生語は，次のような文の構造で用いられる。

［動作主］－［meN- 他動詞］－［動作対象］

主語は動作・行為を行う人やもの・こと（動作主）であり，述語に meN- 派生語，その後に目的語として動詞が表す動作・行為の対象やその影響が及ぶ対象（動作対象）が続く。動作対象に加え，動作の受け手などが見られる動詞がある。

Dia sudah memesan kamar di Hotél Garuda.
彼女はもうホテルガルーダの部屋を予約している。

Bésok ibu saya mau mengundang Maki untuk makan malam di rumah.
明日，母がマキを夕食に招待したいって言っているんだ。

Ibu Bima pandai memasak.　ビマのお母さんは料理が上手だ。

Saya mau mengantar tamu itu ke hotél, lalu mengajak makan malam.
私はその客をホテルに案内して，それから夕食に誘うつもりだ。

Dia membangun rumah bertingkat dua di belakang sekolah.
彼は学校の裏に2階建ての家を建てた。

Bapak Agus menutup pintu kamar dan membaca cerpén.
アグスさんは部屋のドアを閉め，短編小説を読んだ。

Nénék saya menjual kué di pasar.　私の祖母は市場で菓子を売る。

Saya menyimpan uang di dalam laci.
私は引き出しの中にお金をしまった。

Ibu Méga memberi anaknya uang saku.
メガさんは子供に小遣いをやった。

Dia memberi oléh-oléh kepada teman-teman di kantor.
彼は会社の同僚たちにお土産をあげた。

Meréka meminta bantuan kepada pemerintah.
彼らは政府に支援を求めた。

Guru menyuruh murid-murid menyapu halaman sekolah.
先生は生徒たちに校庭を掃くように言った。

Adik saya mengisi térmos dengan air panas.
私の妹はお湯で魔法瓶を満たした。

Tukang jahit itu menggunting kain batik.
　その縫い子はバティックの布を裁断した。
Cerita itu menarik hati saya.　　その話は私の心を惹きつけた。
Cerita itu menarik sekali.　　その話はとても興味深い。

動作対象が，既述のもの・ことや人である場合は，meN- 他動詞に後接する代名詞の接尾形 -nya で表されることもある（5.1 節，30.2 節参照）。

Déwi akan turun dari keréta di stasiun Gambir. Sekarang saya mau menjemputnya ke sana.
　デウィはガンビル駅で降りる。今，私はそこに彼女を迎えに行く。

aku, kamu の接尾形 -ku, -mu も同様に，目的語として meN- 他動詞に後接する（5.1 節参照）。

14

Dia mengantarku ke términal.　　彼は私をターミナルに案内した。
Aku mau mengajakmu makan siang di réstoran masakan Jepang.
　私は君を日本料理レストランに昼食に誘いたい。

単語　lalu それから　cerpén 短編小説（=cerita péndék）　kué 菓子
laci 引き出し　uang saku 小遣い　oléh-oléh 土産（基 oléh）
bantuan 助け（基 bantu）　pemerintah 政府（基 perintah）
halaman 庭　tukang jahit 裁縫職人　batik バティック，ろうけつ染め
cerita 話　términal ターミナル

14.4　meN- 派生語と ber- 派生語の対比

ここで，同じ語幹をもつ ber- 派生語と meN- 派生語を比較し，その違いを確認してみよう。接頭辞 ber- と接頭辞 meN- の違いは，主に自動詞と他動詞の違いと見ることができる。

語幹	ber- 派生語		meN- 派生語	
tambah	bertambah	増える	menambah	～を増やす
ubah	berubah	変わる	mengubah	～を変える
ajar	belajar	学ぶ	mengajar	～を教える
latih	berlatih	練習をする	melatih	～に訓練をつける
cukur	bercukur	（自分の）髭を剃る	mencukur	髭を剃る
isi	berisi	中身がある	mengisi	～を満たす
gambar	bergambar	絵がついている	menggambar	～を描く
potrét	berpotrét	（自分の）写真を撮る	memotrét	～を撮る
tingkat	bertingkat	～階建てである	meningkat	上昇する

Jumlah tenaga kerja asing di Jepang bertambah berapa orang tahun lalu?
日本の外国人労働者数は昨年何人増えましたか。

Perusahaan itu menambah jumlah karyawan.
その企業は職員の数を増やした。

Tadi pagi saya tidak sempat bercukur.
今朝私は髭を剃る暇がなかった。

Tukang itu mencukur tamu langganan.
その職人はお得意さんの客の髭を剃った。

Kami berlatih tiga kali seminggu.　私たちは週に３回練習する。
Beliau melatih murid-muridnya.　あの方は弟子たちに練習をつけた。

単語　tenaga 力　perusahaan 企業（基 usaha）　sempat ～する機会がある
tukang 職人　langganan お得意さん（基 langgan）

練 習 問 題

1．次の語幹に接頭辞 meN- をつけましょう。

(1) tekan → (押す，圧す)
(2) jahit → (縫う)
(3) éja → (綴る)
(4) bungkus → (包む)
(5) panggil → (呼ぶ)
(6) ketuk → (ノックする)
(7) ikat → (縛る，結ぶ)
(8) tolong → (助ける)
(9) gosok → (磨く，こする)
(10) lémpar → (投げる)
(11) cicil → (分割払いする)
(12) setrika → (アイロンをかける)

2．次の meN- 派生語の語幹を取り出しましょう。

(1) menusuk (突き刺す) ←
(2) mencuri (盗む) ←
(3) mengusir (追い払う) ←
(4) mengiris (薄く切る) ←
(5) menyetir (運転する) ←
(6) menabung (貯金する) ←
(7) membuang (捨てる) ←
(8) meneliti (調査する) ←
(9) menanam (植える) ←
(10) mengarang (文章を書く) ←
(11) mendaki (登る) ←
(12) memulai (始める) ←

3．次の文を日本語にしましょう。

(1) Keadaan keluarga itu makin membaik.
(2) Api lampu makin mengecil dan akhirnya mati.
(3) Mobil Jepang membanjir di mana-mana.
(4) Anak tetangga saya menangis di situ.
(5) Saya sangat mengantuk karena kurang tidur.
(6) Kalau sudah besar, mau menjadi apa?
(7) Seorang wanita mendekat ke arah univérsitas.
(8) Saya mendorong pintu, tetapi pintu itu tidak bergerak sama sekali.
(9) Setiap pagi murid itu membuka jendéla ruang kelas.
(10) Anak saya yang kedua pandai menggambar.

単語 keadaan 状況（基 ada） api 火 akhirnya ついには（基 akhir）
tetangga 隣人（基 tangga） bergerak 動く（基 gerak） jendéla 窓

14

4．次の文をインドネシア語にしましょう。

⑴ そのニュースは素早く広まった。
⑵ この村の田んぼはもう黄色くなっている。
⑶ 私はドアをノックして，開けた。
⑷ その歌手は10年前突然姿を消した。
⑸ 来たる9月15日にその大臣は韓国を訪問する。
⑹ 米の値段が500ルピア上昇した。
⑺ 彼は先月タバコを吸うのをやっとやめた。
⑻ その少女は歌うのが上手である。
⑼ 彼は南ジャカルタに2階建ての家を建てているところだ。
⑽ しばしこの椅子を借りていいですか？
⑾ 私は使用人に床を掃くように言った（命じた）。
⑿ 彼らはまだ先月の給料を得ていない。
⒀ 私の恋人は私を駅で待っていた。
⒁ デウィさんは生菓子を私の家にもってきた。（生菓子は「濡れた菓子」と表現する）
⒂ その職人は東側の壁にペンキを塗った。

単語 田んぼ sawah　歌手 penyanyi（基 nyanyi）　突然 tiba-tiba（基 tiba）
大臣 menteri　南 selatan　恋人 pacar　濡れた basah　壁 témbok

州の代表に選ばれた。

学習項目 受動文，疑問詞（なぜ）

目 標 動作対象が主語になる構文（受動文）を覚え，動作主が主語となる構文（能動文）との違いを理解する。

[会話例]

A：Agus mencari édisi baru Témpo. Dia sudah dapat **membeli** majalah itu?
B：Sudah. Édisi baru sudah **dibelinya** di kios.

A：Ibu sudah **mendengar** berita tentang Wati?
B：Belum. Belum **saya dengar**. Berita seperti apa?
A：Wati **meraih** juara pertama dalam lomba pidato bahasa Jepang dan **dipilih** sebagai wakil provinsi.

[会話例の和訳]

A：アグスは『テンポ』の新刊を探していたけど。彼はもうその雑誌を買うことができた？
B：ええ。新刊を彼はもう売店で買った。

A：ワティについてのニュースをもう聞きましたか。
B：いいえ，まだ。まだ聞いていない。どんなニュースなの？
A：ワティは日本語のスピーチコンテストで第一位を獲得して，州の代表に選ばれたんです。

語句 35

édisi	刊	juara	賞
Témpo	テンポ（雑誌名）	lomba	大会
kios	売店	pidato	スピーチ
dibelinya ☺	彼が買う（基 beli）	dipilih ☺	選ばれる（基 pilih）
Wati	ワティ（人名）	wakil	代表
seperti	～のような	provinsi	州
meraih	獲得する（基 raih）		

15.1 能動文と受動文における他動詞の形態

第 14 課で，接頭辞 meN- が他動詞を形成する機能をもち，「動作主＋meN- 他動詞＋動作対象」という構造の文で使われることを見た。それを**能動文**という。それに対して，動作対象が主語になる文を**受動文**という。これらはほぼ同じ意味内容を表すことができるが，文の中で注目する部分が異なる。すなわち，受動文は「何／誰に対して動作を行うのか」，能動文では「何／誰が動作を行うのか」に注目している構文である。

まず，能動文と受動文で用いられる他動詞の形態を確認しよう。

		meN- 派生語「読む」	meN--kan 派生語「入れる」	meN--i 派生語「訪れる」
	語幹	baca	masuk	kunjung
	他動詞語幹	baca	masukkan	kunjungi
能動文	meN- 形	membaca	memasukkan	mengunjungi
受動文(1)	ゼロ形	baca	masukkan	kunjungi
受動文(2)	di- 形	dibaca	dimasukkan	dikunjungi

いずれの構文においても，接辞が付加する前の「他動詞語幹」が元となり，それにどの接頭辞が付加するかによって，「meN- 形」，「ゼロ形」，「di- 形」のどれかの形態となる。受動文ではゼロ形と di- 形が用いられ，ゼロ形は動作主が一・二人称であるタイプ(1)の受動文，di- 形は動作主が三人称であるタイプ(2)の受動文に見られる。一方，能動文では動作主の人称にかかわらず，meN- 形が用いられる。

なお，「読む」のように，接尾辞がつかない meN- 派生語は「語幹」と「他動詞語幹」が同じであるが，「入れる」のような接尾辞 -kan が付加した meN- -kan 派生語，「訪れる」のような接尾辞 -i が付加した meN- -i 派生語は，他動詞語幹は語幹に接尾辞がついたものである。

15.2 受動文

受動文は，動作主によって，2つのタイプに分けられる。動作主が一人称・二人称の場合，動作主が三人称の場合の2つである。受動文は，動作主が主語である能動文と異なり，動作対象が主語となる。

15.2.1 タイプ(1)：動作主が一人称あるいは二人称の場合

主語に動作対象（能動文における目的語）が現れ，述語に動作主と動詞が現れる。動詞の形態はゼロ形である。

Buku itu saya baca.　その本は，私は読んだ。
[動作対象] [動作主－ゼロ形動詞]
[主語] [述語]
(cf. Saya membaca buku itu.)　私はその本を読んだ。

「動作主＋ゼロ形動詞」は1つのまとまりをなす。助動詞や否定詞はこのまとまりの前に現れる。

Buku itu sudah saya baca.　その本は，もう私は読んだ。
[動作対象] 助動詞 [動作主－ゼロ形動詞]
[主語] [述語]
Buku itu tidak saya baca.　その本は，私は読まなかった。
Buku itu belum Anda baca.　その本は，あなたはまだ読んでいない。

会話例に見られるように，文脈や状況から主語となる動作対象が何かわかる場合，述べられないことがある。また，述語の後に述べられることもある。

(Berita tentang Wati) Belum saya dengar.
（ワティについてのニュースは）まだ私は聞いていない。

Belum saya baca buku itu.　　その本は，まだ私は読んでいない。

動作主がaku（俺，あたし），engkau（君，お前）である場合，それぞれ接頭形ku-，kau-が現れる（5.1節参照）。

Buku itu kubaca.　　その本は，俺は読んだ。
（=Buku itu aku baca.）
Buku itu kaubaca.　　その本は，君は読んだ。
（=Buku itu engkau baca.）

以下，動作主が一・二人称である受動文の例をあげる。

Payung itu saya pinjam dari Ali.　　その傘は，アリから私が借りた。
Koran ini belum kami beli.　　この新聞は，まだ私たちは買っていない。
Apakah surat itu sudah Bapak terima?
その手紙はもう受けとりましたか。
Karcis bis malam akan Anda pesan?
夜行バスの切符は，予約する予定ですか。

単語　payung 傘　koran 新聞　karcis 切符　bis バス

15

15.2.2 タイプ(2)：動作主が三人称の場合

主語に動作対象（能動文における目的語）が現れ，述語に動詞と動作主が現れる。動作主が一・二人称の場合と異なり，動詞の形態は接頭辞di-が付加したdi-形であり，動作主は動詞の後に置かれる。

Buku itu dibaca Déwi.　　その本は，デウィが読んだ。
［動作対象］［di-形動詞－動作主］
［　主語　］［　　　述語　　　］
（cf. Déwi membaca buku itu.）　　デウィはその本を読んだ。

動作主は，動詞の直後に置くほかに，前置詞oléhによって導くこともできる。

Buku itu dibaca oléh Déwi.
［動作対象］［di- 形動詞］ oléh ［動作主］
［ 主語 ］［ 述語 ］

「di- 形動詞＋動作主」は1つのまとまりをなす。助動詞や否定詞はこのまとまりの前に現れる。構成する要素と語順は異なるが，動詞と動作主が1つのまとまりをなし，その間にほかの要素が入らないという点は，タイプ(1)の受動文と同じである。

Buku itu tidak dibaca Déwi. その本は，デウィは読まなかった。
［動作対象］ 否定詞 ［di- 形動詞－動作主］
［ 主語 ］［ 述語 ］

動作主は，すでに言及されている人やもの・ことである場合，代名詞 -nya で表し得る。-nya は di- 形動詞に後接するか（dibacanya），動作主を導く前置詞 oléh に後接する（dibaca oléhnya）。三人称代名詞 dia も用いることができるが（dibaca dia，dibaca oléh dia），ia は用いることができない。

たとえば「その本は，彼が読んだ」は，次の3通りに表すことができる。

Buku itu dibacanya.
Buku itu dibaca oléhnya.
Buku itu dibaca（oléh）dia.

会話例では，dibelinya の -nya はすでに言及されている Agus のことを指す。

Édisi baru sudah dibelinya di kios. 新刊は，彼がもう売店で買った。

上で見たように，動作主を導く前置詞 oléh は必須ではない。次の2つの場合は現れやすい。

(a) 特に動作主が誰／何なのかを明示したい場合

Dia dipukul ayah. 彼は父親に殴られた。
–Apa? Dipukul oléh ayahnya? ―なんだって？ 父親によって殴られた？

(b) 動作対象（能動文における動詞の目的語）が2つある場合

受動文ではそのうち1つが主語に現れ，もう一方は補語として動詞（di- 形）の後に述べられる。その際，「di- 形動詞＋補語＋ oléh ＋動作主」というふうに，補語と動作主の境界を示す必要があるため，動作主の前に前置詞 oléh が現れる。

Saya diberi uang saku oléh ibu.　私は母に小遣いをもらった。

受動文は，動作主を主語に動かすことで能動文になる。しかし，動作主が三人称である受動文において動作主が述べられない場合があり，それに対応する能動文は常にあるとは限らない。該当するのは主に次の2つの場合である。

(1) 動作主が文脈上明らかであるか推測可能な場合
(2) 動作主が一般の社会や人々である場合

Wati dipilih sebagai wakil provinsi.　ワティは州の代表として選ばれた。
Alamat surél tidak usah ditulis.
電子メールのアドレスは書く必要はない。
Gedung ini dibangun 10 tahun yang lalu.
この建物は10年前に建てられた。
Surat itu sudah dikirim ke Jepang dengan pos udara.
その手紙はすでに日本に航空便で送られた。
Barang ini tidak bisa dibawa ke Amérika Serikat.
この品物はアメリカ合衆国にもっていくことができない。
Konferénsi internasional itu dibuka pada hari Minggu.
その国際会議は日曜日に開会された。
Dilarang makan dan minum.　飲食禁止。

単語　surél 電子メール（=surat éléktronik）　konferénsi 会議
internasional 国際的

動作主が一・二人称の受動文は，基本的には人称代名詞が用いられることから，動作主が三人称であっても，dia など人称代名詞を使う場合，di- 形を用いるタイプの受動文ではなく，動作主が一・二人称の場合のゼロ形の動詞を用いるタイプが選ばれることがある。

Buku itu dia baca.　　　その本は，彼は読んだ。
Buku itu meréka baca.　　その本は，彼らは読んだ。

そのほか，動作主が三人称である受動文の例をあげる。

Saya dijemput Tono.　　私はトノに迎えにきてもらった。
Pencopét itu belum ditangkap polisi?
　そのスリはまだ警察に捕まっていないのか。
Bima sudah lama ditunggu oléh Ibu Tuti.
　ビマのことをトゥティさんはもう長い間待っている。

単語　pencopét スリ（基 copét）　ditangkap 捕まえる（基 tangkap）

注意：

- 以上の例文の日本語訳に見られるように，受動文を訳す場合，「～（ら）れる」という表現は必ずしも当てはまらない。上述の通り，受動文とは話題となっている動作対象が主語に現れる構文である。動作・行為が被害や迷惑を表す場合や動作主が述べられない場合以外は，「～（ら）れる」という訳は適当でないことが多い。
- 受動文で用いられる動詞は，上にあげた他動詞の形態からわかるように，ゼロ形か di- 形の他動詞である。ber- 派生語や基語動詞をそのまま用いることはできない。

15.2.3 注意を要する他動詞

受動文を作る際，いくつか注意を要する他動詞がある。

mengerti

能動文では接頭辞 meN- が付加し，受動文では meN- が現れないのが原則であるが，erti を語幹とする mengerti（理解する）は di- 形では dimengeri，ゼロ形では mengerti となる。

Isi pelajaran hari ini harus dimengerti.
　今日の学習内容は理解しなければいけない。

makan, minum

makan, minumは他動詞であるが，能動文では接頭辞meN-がほぼ現れない（そのため，第6課で基語動詞としてあげていた）。「（時間や金を）食う」といった場合にのみmemakanが現れる。

Téh Cina biasa diminum di Jepang.
中国茶は日本で普通に飲まれている。
Orang Jepang biasa minum bir.　日本人がビールを飲むのは普通だ。
Perjalanan ke Indonésia memakan waktu 8 jam dengan pesawat.
インドネシアへは飛行機で8時間かかる。

単語　pelajaran 学習，レッスン（基 ajar）

15

15.3 疑問詞 mengapa, kenapa（なぜ）

疑問詞mengapa, kenapaは理由を尋ねる疑問詞である。kenapaはより口語的である。文の始めに置かれることが多い。mengapa ～？ と尋ねられた場合，それに対する答えは，理由の接続詞karena（なぜならば，～ので）から始めるのが普通である。理由の接続詞には，他にsebabがある（第29課参照）。

Mengapa dia tidak memberi tahu saya?　なぜ彼女は私に伝えなかったの。
–Mungkin karena dia malu.　一多分恥ずかしかったからです。
Mengapa Anda terlambat?　なぜあなたは遅刻したの。
–Karena jalannya macét.　一道が混んでいたからです。

また，mengapa, kenapaは，理由ではなく，「どうしたのか」と状況を尋ねる意味ももつ。

Dia mengapa hari ini? / Mengapa dia hari ini?　彼は今日どうしたの。
-Dia tidur di rumah karena sakit.　一病気のために家で寝ている。

単語　memberi tahu 知らせる（基 beri tahu） malu 恥ずかしい
terlambat 遅刻する（基 lambat） macét 渋滞する

練 習 問 題

1．次の能動文を日本語にしましょう。そして受動文に書き換えましょう。

(1) Sopir sudah mencuci mobil dinas itu.
(2) Anda belum memakai baju kuning itu.
(3) Kami menerima oléh-oléh Bali dari Susi.
(4) Dia tidak menutup pintu ini.
(5) Saya harus membuat tugas mata kuliah ini sampai bésok.
(6) Karyawan hotél itu mencatat nama dan alamat rombongan tur dari Jepang.
(7) Dia makan nasi campur dan gado-gado di warung.
(8) Saya belum bisa mengerti isi artikel ini.
(9) Dia mau meminjam kamus bahasa Yunani saya.
(10) Orang tua itu menyimpan cincin dan kalung emas di dalam lemari.

単語 dinas 公用の　tugas 課題　mencatat メモする（基 catat）
rombongan 団体（基 rombong）　tur ツアー
nasi campur ご飯とおかずの盛り合わせ
gado-gado 茹で野菜のピーナッツソース和えサラダ　artikel 記事
Yunani ギリシャ　kalung ネックレス　emas 金

2．次の受動文を日本語にしましょう。そして能動文に書き換えましょう。

(1) Piring-piring ini belum saya cuci.
(2) Kamar ini akan diséwa oléh pegawai kantor pos itu.
(3) Saya disuruh menyapu lantai oléh nénék saya.
(4) Dia diberi tahu sebuah berita besar oléh Pak Bambang.
(5) Bapak Ali dipilih masyarakat sebagai kepala désa.
(6) Daging ayam itu sudah Ibu potong?（Ibu は二人称として）
(7) Kompor gas ini baru meréka beli bulan lalu.
(8) Saya dipanggil kepala sekolah.
(9) Botol itu diisi dengan air putih oléh ibu saya.
(10) Kami diganggu oléh kakak kelas.

単語　daging 肉　kompor コンロ　gas ガス

3．次の文をインドネシア語にしましょう。下線部を主語とすること。

⑴ このスーパーは9時に閉店です。
⑵ その雑誌を彼は大学の図書館で借りたのですか。
⑶ この長い手紙は誰が書いたの。
⑷ たくさんのお客さんを彼は自分の誕生日のために招待した。
⑸ 切手はここで買うことができる。
⑹ その新しいテレビが泥棒に盗まれた。
⑺ その役所は建設中である。
⑻ なぜこの土地をその村人は売ったのか。
⑼ 一なぜならば，彼は借金を払わなくてはいけなかったからだ。
⑽ そのテニス選手は父親が訓練した。
⑾ この曲は私たちは暗記しないといけない。

単語　長，頭 kepala　図書館 perpustakaan（基 pustaka）　切手 perangko
テレビ télévisi（TV）　泥棒 maling　借金 utang/hutang　曲 lagu

試験の結果について心配している。

学習項目 接尾辞 -kan

目 標 主に「動く目的語」をとる接尾辞 -kan の意味機能を覚え，能動文と受動文のどちらも作ることができる。

36 [会話例]

A：Jam kedua ujian akhir seméster **diadakan**. Saya **mengkhawatirkan** hasilnya.
B：Tidak usah khawatir. Pasti nilai Maki **memuaskan** sekali.

A：Sekarang saya mau **mengembalikan** buku kepada Ibu Déwi.
B：Ibu Déwi **meminjamkan** buku apa kepada Maki?
A：Buku linguistik umum. Saya harus **menyampaikan** terima kasih kepadanya.

[会話例の和訳]

A：2時限目に学期末試験が行われたの。私は結果を心配している。
B：心配する必要はないよ。きっとマキの点数はとても満足いくものだよ。

A：これから私はデウィ先生に本を返しに行く。
B：デウィ先生はマキに何の本を貸してくれたの。
A：一般言語学の本。感謝を伝えないと。

語句 37

memuaskan ☺ 満足させる（基 puas）
mengembalikan ☺ ～を返す（基 kembali）
meminjamkan ☺ ～を貸す（基 pinjam）
linguistik 言語学
menyampaikan ☺ ～を伝える（基 sampai）

16.1 接尾辞 -kan が付加する他動詞の形態

接頭辞 meN- が付加する派生語には，接尾辞 -kan がさらに付加し他動詞を形成するものがある。つまり，meN- -kan 派生語は，-kan が付加した他動詞語幹に接頭辞 meN- をともない（meN- 形）能動文の述語に現れ，また，接頭辞が付加しない形（ゼロ形）あるいは接頭辞 di- が付加した形（di- 形）で受動文に現れる。

たとえば，bersih を語幹とする membersihkan は，bersihkan が他動詞語幹である。能動文では meN- 形の membersihkan となり，受動文ではゼロ形の bersihkan，あるいは di- 形の dibersihkan となる。

meN- ＋ bersih ＋ -kan → membersihkan（きれいにする）
meN- ＋ masuk ＋ -kan → memasukkan（入れる）

語幹はほぼ基語と一致するが，複合語，方向を表す ke を含む前置詞句などに接尾辞 -kan が付加することがある。その場合，分かち書きやハイフンは使用しない。

meN- ＋ beri tahu ＋ -kan → memberitahukan（知らせる）
meN- ＋ ke muka ＋ -kan → mengemukakan（表明する）

語幹	bersih	masuk	beri tahu	ke muka
他動詞語幹	bersihkan	masukkan	beritahukan	kemukakan
ゼロ形	bersihkan	masukkan	beritahukan	kemukakan
meN- 形	membersihkan	memasukkan	memberitahukan	mengemukakan
di- 形	dibersihkan	dimasukkan	diberitahukan	dikemukakan

16.2 接尾辞 -kan の意味機能

接尾辞 -kan の意味機能は，大きく次の5つに分けることができる。「使役」が接尾辞 -kan の主要な意味機能である。以下，順に解説する。

(1) 使役「～を…にする」「～に…させる」
(2) 話題・対象「～を…する」「～について…する」
(3) 便宜供与「～に…してやる」
(4) 手段「～で（～を使って）…する」
(5) 集中的「よく（しっかり）…する」

(1) 使役「～を…にする」「～に…させる」

「動作対象を語幹の性質・状態にする」，あるいは「語幹の動作がなされた状態にする」という意味をもつ。語幹には，形容詞，自動詞（基語動詞），名詞，前置詞句などの句が見られる。

meN- -kan 派生語	意味	語幹	
membersihkan	～をきれいにする	bersih	清潔な
mendekatkan	～を近づける	dekat	近い
menerangkan	～を明らかにする	terang	明るい
menjelaskan	～を明らかにする，説明する	jelas	明らかな
membesarkan	～を大きくする，育てる	besar	大きい
menyenangkan	～を楽しませる，楽しい	senang	楽しい
memuaskan	～を満足させる，満足すべき	puas	満足した
membosankan	～を飽きさせる，つまらない	bosan	飽きた
menyedihkan	～を悲しませる，悲しむべき	sedih	悲しい
menggembirakan	～を喜ばせる，喜ばしい	gembira	喜んだ
mengkhawatirkan	～を心配させる，心配すべき	khawatir	心配な
memasukkan	～を入れる	masuk	入る
mengeluarkan	～を出す	keluar	出る
membangunkan	～を起こす	bangun	起きる
mengembalikan	～を返す	kembali	戻る
menaikkan	～を上げる	naik	上がる
mematikan	～を消す	mati	死ぬ
menghidupkan	～をつける	hidup	生きる

meN--kan 派生語	意味	語幹	
mengadakan	～を催す	ada	ある，いる
menyelesaikan	～を終わらせる，解決する	selesai	終わる
menyampaikan	～を伝える，届ける	sampai	着く
meninggalkan	～を去る	tinggal	住む，残る
mengizinkan	～を許可する	izin	許可
menghasilkan	～の成果をもたらす	hasil	結果
mengorbankan	～の犠牲をもたらす	korban	犠牲
mencerminkan	～を反映する	cermin	鏡
mengemukakan	～を表明する	ke muka	前へ

Jam kedua ujian akhir seméster diadakan.
2時限目に学期末テストが行われた。

Dosén itu mengadakan ujian akhir seméster pada jam kedua.
その大学教師は2時限目に学期末テストを行った。

Ujian akhir seméster akan saya adakan pada jam kedua.
学期末テストは，私は2時限目に行う予定である。

16

Sekarang saya mau mengembalikan buku kepada Ibu Déwi.
これから私はデウィ先生に本を返しに行く。

Pembantu membersihkan kamar saya.　使用人は私の部屋を掃除した。

Pemerintah menjelaskan rencana konferénsi internasional untuk tahun depan.
政府は来年の国際会議の計画を説明した。

Kabar itu menyenangkan hati rakyat.　その知らせは民衆を喜ばせた。

Uang itu belum dikembalikan Ali kepada saya.
そのお金はまだアリは私に返していない。

Laki-laki itu meninggalkan keluarganya.　その男は家族の元を去った。

心理状態を表す語を語幹とする meN--kan 派生語は，目的語（動作対象）が現れず，形容詞と同様にふるまう場合もある。

Pasti nilai Maki memuaskan sekali.
きっとマキの成績はとても満足いくものだ。

Hasil pekerjaannya cukup menggembirakan.
彼の仕事の成果は十分喜ばしいものだ。

Jawaban itu sangat menyenangkan bagi kami.
その答えは私たちにとってとても嬉しいものだ。

また，同じ語幹に接頭辞 ber- が付加した派生語（ber- 派生語）や接頭辞 meN- が付加した派生語（meN- 派生語）が表す動作や状態にするという意味をもつと考えられるものもある。

meN--kan 派生語	意味	語幹	対応する語	
mendirikan	～を設立する	diri	berdiri	立つ
menggunakan	～を利用する	guna	berguna	役立つ
menyekolahkan	～を学校に行かせる	sekolah	bersekolah	就学する
membédakan	～を区別する	béda	berbéda	異なる
melakukan	～を行う	laku	berlaku	有効である
mengumpulkan	～を集める	kumpul	berkumpul	集まる
menemukan	～を見つける	temu	bertemu	会う
meminjamkan	～を貸す	pinjam	meminjam	借りる
menyéwakan	～を賃貸しする	séwa	menyéwa	賃貸する

Ibu Déwi meminjamkan buku apa kepada Maki?
デウィ先生はマキに何の本を貸してくれたの。

Buku linguistik itu sudah dipinjamkannya kepada Maki.
その言語学の本は，彼はもうマキに貸した。

Buku linguistik itu belum Anda pinjamkan kepada Maki?
その言語学の本は，あなたはまだマキに貸していないのですか。

Tukang itu bisa menyekolahkan anaknya dengan susah payah.
その職人は苦労して子供を学校にやることができた。

SMA itu didirikan pada tahun 1980.
その高校は 1980 年に設立された。

単語 rakyat 民衆　pekerjaan 仕事（基 kerja）　jawaban 答え（基 jawab）
susah payah 苦労して

⑵ 話題・対象「〜を…する」「〜について…する」

動作対象である目的語に関してある動作・行為を行うという意味をもつ。主に同じ語幹の自動詞（基語動詞，ber- 派生語）が表す動作・行為について行うと考えられる。つまり，接尾辞 -kan が「〜について」といった前置詞の機能を果たしていると考えることができる。

たとえば，khawatir（心配である）を用いて，「〜が心配である」と述べる場合，khawatir akan（〜が心配である）のように，対象をとるための前置詞が必要である。mengkhawatirkan はそれを 1 語で表し，接尾辞 -kan が前置詞の役割を果たしていると理解できる。

meN--kan 派生語	意味	語幹	対応する語	
mengkhawatirkan	〜について心配する	khawatir	khawatir	心配である
membanggakan	〜について誇りに思う	bangga	bangga	誇りに思う
melupakan	〜について忘れる	lupa	lupa	忘れる
membicarakan	〜について話す	bicara	berbicara	話す
menceritakan	〜について話す	cerita	bercerita	話す
menanyakan	〜について尋ねる	tanya	bertanya	尋ねる
mengatakan	〜を言う，〜と言う	kata	berkata	言う
mengerjakan	〜の作業をする	kerja	bekerja	働く
memainkan	〜を操作する，演じる	main	bermain	プレーする
memikirkan	〜について考える	pikir	berpikir	考える
merencanakan	〜について計画する	rencana	berencana	計画する
menyanyikan	〜を歌う	nyanyi	bernyanyi, menyanyi	歌う
memberitahukan	〜を知らせる，伝える	beri tahu	memberi tahu	知らせる

16.1 節であげた他動詞の形態からもわかるように，他動詞以外（基語動詞や ber- 派生語）は受動文で使うことはできない。たとえば，「〜を心配する」と言う場合，主語が動作主の場合は，khawatir（akan）と mengkhawatirkan のどちらも使うことができる。しかし，主語が動作対象の場合（つまり受動文）は khawatir（akan）が使えない。ゼロ形の khawatirkan か di- 形の dikhawatirkan を用いる。

16

Saya mengkhawatirkan hasilnya.　私はその結果を心配している。
（cf. Saya khawatir akan hasilnya.）

Hasil ujian itu saya khawatirkan.
その試験の結果について私は心配している。

Hasil ujian itu dikhawatirkan teman saya.
その試験の結果について私の友達は心配している。

Kami tidak boléh melupakan peristiwa itu.
私たちはその事件を忘れてはいけない。
（cf. Kami tidak boléh lupa akan peristiwa itu.）

Dia belum membicarakan masalah yang penting.
彼は重要な問題についてまだ話していない。
（cf. Dia belum berbicara tentang masalah yang penting.）

Mahasiswa itu sibuk mengerjakan tugas.
その大学生は課題を作成するのに忙しい。

Ia mengatakan bahwa paspornya sudah ditemukan di dalam kamar.
パスポートは部屋の中でもう見つかったと彼は言った。
（cf. Ia berkata bahwa paspornya sudah ditemukan di dalam kamar.）

単語　peristiwa 事件　bahwa ～ということ（補文を導く接続詞）
paspor パスポート

⑶ 便宜供与「～に…してやる」

他者のためにある動作・行為をしてやるという意味をもつ。同じ語幹をもつ他動詞 meN- 派生語が表す動作・行為を誰かのためにしてやると考えることができる。 能動文では，meN--kan 派生語の直後に，動作の受け手（受益者）が現れ，その後に動作対象が続く。

［動作主］－［meN--kan 派生語］－［受け手］－［動作対象］

それに対して，接尾辞 -kan がついていない meN- 派生語を用いる場合は，動詞の後に動作対象が現れる。

［動作主］－［meN- 派生語］－［動作対象］－ untuk －［受け手］

meN- -kan 派生語	意味	語幹	対応する語
membelikan	～に買ってやる	beli	membeli
mengambilkan	～に取ってやる	ambil	mengambil
membuatkan	～に作ってやる	buat	membuat
membawakan	～に持っていってやる	bawa	membawa
membukakan	～に開けてやる	buka	membuka
mencarikan	～に探してやる	cari	mencari
menuliskan	～に書いてやる	tulis	menulis
membacakan	～に読んでやる	baca	membaca
memesankan	～注文してやる	pesan	memesan

Pelayan mengambilkan tamu itu segelas air.
　店員はその客に一杯の水を取ってやった。
　（cf. Pelayan mengambil segelas air untuk tamu itu.）
Tamu itu diambilkan segelas air oléh pelayan.
　その客は店員に水を取ってきてもらった。
Tamu itu sudah saya ambilkan segelas air.
　その客に私は一杯の水を取ってやった。
Dia membawakan saya surat-surat itu.
　彼は私にそれらの書類を持ってきてくれた。
　（cf. Dia membawa surat-surat itu untuk saya.）

動作の受け手は，命令文などにおいて文脈から明らかな場合は述べられないこともある。

Tolong bukakan（saya）pintu.　どうか私にドアを開けてください。

単語　pelayan 店員（基 layan）

16

(4) 手段「～で（～を使って）…する」

道具や手段を用いてある動作・行為をするという意味をもつ（～を使って…する，～で…する）。同じ語幹をもつ他動詞 meN- 派生語が表す動作・行為を道具・手段を用いて行うと考えることができる。能動文では，meN--kan 派生語の直後に道具・手段を表す語が現れ，その後に動作がなされる対象が前置詞に導かれて続く。

［動作主］－［meN--kan 派生語］－［道具・手段］－［前置詞］－［動作対象］

それに対して，接尾辞 -kan がついていない meN- 派生語を用いる場合，動詞の後に動作対象が現れる。

［動作主］－［meN--派生語］－［動作対象］－ dengan －［道具・手段］

meN--kan 派生語	意味	語幹	対応する語
menuliskan	～で書く	tulis	menulis
mengisikan	～で満たす	isi	mengisi
membelikan	～で買う	beli	membeli
memukulkan	～で叩く，殴る	pukul	memukul
menusukkan	～で刺す	tusuk	menusuk
memotongkan	～で切る	potong	memotong
menémbakkan	～で撃つ	témbak	menémbak
menggosokkan	～で磨く，こする	gosok	menggosok

Dia memukulkan tongkat pada anjing.　　彼は杖で犬を叩いた。
（cf. Dia memukul anjing dengan tongkat.）

Tongkat itu dipukulkannya pada anjing.
その杖は彼が犬を叩くのに使った。

Tongkat itu saya pukulkan pada anjing.
その杖は私が犬を叩くのに使った。

Karyawan itu membelikan gaji pertamanya untuk télévisi modél baru.
その職員は初めての給料で新型テレビを買った（初めての給料を新型テレビを買うのにあてた）。
（cf. Karyawan itu membeli télévisi modél baru dengan gaji pertamanya.）

Saya mengisikan air panas ke dalam térmos.
私は魔法瓶にお湯を入れた（魔法瓶を満たすのにお湯を使った）。
（cf. Saya mengisi térmos dengan air panas.）

単語 tongkat 杖 anjing 犬 modél モデル，型

(5) 集中的「よく（しっかり）…する」

ある動作・行為を集中的あるいは徹底的にするという意味をもつ。同じ語幹をもつ他動詞 meN- 派生語が表す動作・行為を集中的あるいは徹底的に行うと考えることができる。

meN--kan 派生語	意味	語幹	対応する語
menuliskan	～を書き入れる	tulis	menulis
membacakan	～を読み上げる	baca	membaca
mendengarkan	～に聞き入る	dengar	mendengar

Tamu itu menuliskan nama dan alamatnya di atas kertas.
その客は名前と住所を紙に記入した。

Saya mau membacakan informasi yang penting. Dengarkan baik-baik!
私は重要な情報を読み上げます。よく聞いて。

16

単語 informasi 情報

16.3 能動文と受動文における接尾辞 -kan の現れ方の違い

接尾辞 -kan の主な意味機能として 5 つあげたが，動作の対象を目的語としてとるという以外にはっきりとした意味機能をもたない例もある。そのため，たとえば，以下の例は，接尾辞 -kan が付加しない meN- 他動詞とほぼ同じ意味をもつ。語によっては，接尾辞 -kan がある方は，動作の完遂，動作対象への作用がより強いと感じられる。

meN-（-kan）派生語	意味	語幹
mengantarkan / mengantar	～を案内する	antar
mengirimkan / mengirim	～を送る	kirim
melémparkan / melémpar	～を投げる	lémpar
menanamkan / menanam	～を植える	tanam

meN-(-kan) 派生語	意味	語幹
memberikan / memberi	～を与える	beri
mengajarkan / mengajar	～を教える	ajar

能動文では，接尾辞 -kan が付加した他動詞と付加しない他動詞のどちらでも意味はほぼ同じである。

「私は手紙を彼に送った」
Saya mengirim surat kepadanya.
Saya mengirimkan surat kepadanya.

「彼はインドネシア語を私に教えた」
Dia mengajar bahasa Indonésia kepada saya.
Dia mengajarkan bahasa Indonésia kepada saya.

一方，受動文では，主語が動作対象か受け手かによって，接尾辞 -kan の有無が異なる。原則として，主語が動作対象の場合は接尾辞 -kan が付加した他動詞が用いられ，主語が受け手の場合は接尾辞 -kan が付加しない他動詞が用いられる。

「母は父に新聞をやった」という内容
主語：動作主　Ibu memberi / memberikan koran kepada ayah.
主語：動作対象　Koran diberikan kepada ayah oléh ibu.
主語：受け手　Ayah diberi koran oléh ibu.

「アグス先生は新入生に日本語を教える」という内容
主語：動作主　Pak Agus mengajar / mengajarkan bahasa Jepang kepada mahasiswa baru.
主語：動作対象　Bahasa Jepang diajarkan Pak Agus kepada mahasiswa baru.
主語：受け手　Mahasiswa baru diajar bahasa Jepang oléh Pak Agus.

16.4 複数の意味機能をもつ -kan 派生語

接尾辞 -kan が付加した派生語は，以下の例のように，2つ以上の意味機能をもつことがある。

menuliskan（書いてやる；～で書く；記入する）

Cucunya menuliskan kakéknya surat.
孫は祖父に（代わって）手紙を書いてやった。

Anak itu menuliskan pénsil yang tumpul pada buku harian.
その子は丸まった鉛筆で日記を書いた。

Dia menuliskan namanya di buku tamu.
彼は芳名帳に名前を記入した。

membacakan（読んでやる；読み上げる）

Ia membacakan anaknya cerita dongéng.
彼は子供に民話を読んでやった。

Hakim membacakan putusan sidang.
裁判官は裁判の判決を読み上げた。

16

mengkhawatirkan（～について心配する；心配させる）

Orang tua itu mengkhawatirkan anaknya.
その両親は子供について心配している。

Keadaannya sangat mengkhawatirkan.
その状態は非常に心配すべきものだ。

単語 pénsil 鉛筆　tumpul 鋭利でない　buku harian 日記　buku tamu 芳名帳　dongéng 民話　hakim 裁判官　putusan 判決（基 putus）　sidang 裁判

練 習 問 題

1．例にしたがい，-kan 派生語を使って言い換えましょう。そして日本語にしましょう。

（例）Saya bercerita tentang hal itu kepadanya.
→ Saya menceritakan hal itu kepadanya.
私は彼にそのことを話した。

(1) Kami bertanya tentang harga beras kepada pedagang itu.
(2) Ia berbicara tentang peristiwa tadi pagi.
(3) Meréka masih berpikir tentang soal itu.
(4) Saya berkata seperti itu kepada beliau.
(5) Dia bangga akan nilai ujiannya.
(6) Para siswa bernyanyi lagu nasional "Indonésia Raya".

単語 hal 事柄　pedagang 商人（基 dagang）　soal 問題　para ～たち
Indonésia Raya インドネシア・ラヤ（偉大なるインドネシア）

2．例にしたがい，2通りに作文しましょう。

（例）取ってやる・その書類
Dia mengambilkan saya surat itu.
彼は私にその書類を取ってきてくれた。
Dia mengambil surat itu untuk saya.

(1) 作ってやる・コーヒー
(2) 注文してやる・飛行機のチケット
(3) 探してやる・その財布
(4) 買ってやる・新しい服
(5) 読んでやる・その手紙

単語 チケット tikét

3．例にしたがい，meN- 他動詞を使って能動文と受動文（di- 形の他動詞を使う）を作りましょう。

（例）その瓶を満たす・水

Saya mengisi botol itu dengan air.　私は水でその瓶を満たした。
Botol itu diisi dengan air.　その瓶は水で満たした。

(1) 彼の身体をみがく・石鹸
(2) その肉を刺す・フォーク
(3) その鳥を撃つ・銃
(4) その冷蔵庫を買う・今月の給料

単語　石鹸 sabun　銃 senapan　冷蔵庫 kulkas

4．例にしたがい，3で答えた文を -kan 派生語を使って能動文と受動文（di- 形の他動詞を使う）で言い換えましょう。

（例）水を入れる・その瓶

Saya mengisikan air ke dalam botol itu.　私は水をその瓶に入れた。
Air diisikan ke dalam botol itu.　水はその瓶に入れた。

16

5．次の文を日本語にしましょう。

(1) Kakék dan nénék saya sudah lama tinggal di kota. Tetapi nénék meninggal karena sakit kanker. Kakék meninggalkan kota itu dan kembali ke kampung halamannya.
(2) Paman saya menyéwakan kamar kepada mahasiswa.
(3) Dia dibelikan kaméra baru oléh bibinya. Kaméra itu tidak mau dipinjamkannya kepada siapa-siapa.
(4) Sepéda motor saya belum dimasukkan ke dalam garasi.
(5) Masalah sampah itu belum diselesaikan. Oléh karena itu perlu dibicarakan lagi, baik oléh masyarakat, maupun pemerintah.

単語　kanker 癌　kaméra カメラ　tidak ～ siapa-siapa 誰も～ない
garasi ガレージ　sampah ごみ　oléh karena itu そのために
baik ～ maupun … ～だけでなく…も

6．次の文をインドネシア語にしましょう。

⑴ そのニュースはとても悲しむべきものだ。

⑵ 私は本物の真珠と偽物の真珠を見分ける（区別する）ことができなかった。

⑶ 彼はその韓国映画の中で重要な役を演じた。

⑷ 大きな宗教儀礼がその村で計画されている。

⑸ 県知事は民衆にその建物を利用することを許可した。

⑹ 客間の電灯は，もう私が消した。

⑺ 私の姉は昨晩女の子を出産した。（「生まれる」をもとに派生語を作る）

⑻ その国は中国との外交関係を切ったことがある。（「切る」をもとに派生語を作る）

⑼ 村長は来月の会議のスケジュールを発表した。（「一般の」をもとにして派生語を作る）

⑽ その事件はテンポ誌によって民衆に伝えられた。

単語 本物の asli　偽の palsu　役 peran　外交の diplomatik
スケジュール jadwal

ちょっとここに来て。

学習項目 命令，勧誘，禁止の表現

目 標 命令文における動詞の形式と命令文でよく使われる副詞を覚える。

38 [会話例]

A：Rudi, **datang** ke sini sebentar. **Tolong** carikan saya kunci sepéda motor.
B：**Coba** lihat baik-baik di atas méja.

A：Permisi, saya mau memakai perpustakaan ini.
B：**Mohon** tunjukkan kartu idéntitas seperti KTP. Di samping itu **mohon** formulir ini diisi.

A：**Duduk** di sini dulu, Maki. Mau minum apa? Téh atau kopi?
B：**Jangan** répot-répot.

[会話例の和訳]

A：ルディ，ちょっとここに来て。バイクの鍵を探して。
B：テーブルの上をよく見てみたら。

A：すみません，この図書館を使いたいのですが。
B：住民登録証などの身分証明書をご提示ください。そのほかに，この書類をご記入ください。

A：まずここに座って，マキ。何が飲みたい？ 紅茶，それともコーヒー？
B：お構いなく。

語句 39

tolong ☺	どうか〜してください	idéntitas	身元
kunci	鍵	KTP	住民登録証（=Kartu Tanda Penduduk）
coba ☺	〜してみて	formulir	書類
mohon ☺	〜するようお願いします	jangan ☺	〜するな
tunjukkan	示す（基 tunjuk）	répot	忙しい

慣用表現 39

di samping itu	そのほかに
jangan répot-répot ☺	お構いなく

17.1 基本的な命令文

17

基本的な命令文は，「主語＋述語」からなる平叙文から主語がとれ，述語（動詞句，形容詞句，前置詞句など）のみから構成される。話し手が，直接聞き手に何かをするように，またはある状態・様態となるように促したり命じたりする場合に用いられる。

基語動詞と ber- 派生語，自動詞の meN- 派生語は，語形変化が起こらない。他動詞の meN- 派生語（meN--kan 派生語なども含む）は，基本的には接頭辞 meN- が脱落する（つまりゼロ形）。

Rudi, datang ke sini sebentar. （cf. Rudi datang ke sini sebentar.）	ルディ，ちょっとここに来て。
Bangun sekarang. （cf. Anda bangun sekarang.）	今起きなさい。
Duduk di sini dulu, Maki.	まずここに座って，マキ。
Belajar baik-baik.	よく勉強しなさい。
Menginap di rumah saya.	私の家に泊まりなさい。
Gus, ke sini dulu!	グス，まずここに来なさい！

Tenang saja.	安心しなさい。
Cepat, Santi!	早く，サンティ！
Catat nomor télépon di sini.	ここに電話番号をメモしなさい。
Bukakan dia pintu.	彼にドアを開けてやりなさい。

動詞句，形容詞句の場合は動詞，形容詞に，前置詞句の場合は句末に，あるいは副詞に，-lah が付加することがある。

Bukalah pintunya.	ドアを開けなさい。
Ke sana sajalah.	あそこに行きなさい。

単語　tenang 落ちついた

17.2 副詞が用いられる命令文

命令の度合いや種類によって，述語を構成する句の前に，silakan, coba, tolong, harap, minta, mohon, jangan などの副詞が現れる。基本的な命令文と同じように，他動詞の meN- 派生語は，基本的には接頭辞 meN- が落ちる。

17.2.1 勧め

(1) silakan

話し手が聞き手に，聞き手の利益になるよう何かを行うようすすめる（どうぞ～してください）。

Silakan ke situ dulu.	どうぞまずそこに行ってください。
Silakan ambil kué.	どうぞお菓子を取ってください。
Silakan tunggu sebentar.	どうぞ少しお待ちください。
Silakan mengisi formulir ini.	どうぞこの書類を記入してください。
Silakan, Pak.	どうぞ。

(2) coba

coba を動詞句などの前に置くことによって，話し手が聞き手に何かを行うことをすすめる（～してみてください，～してみたら）。なお，coba は「試す」という意味の動詞（mencoba）である。単独では「やってみろ」「やってみたら」という意味をもつ。

Coba lihat baik-baik di atas méja.	机の上をよく見てみたら。
Coba minum jamu ini.	このジャムーを飲んでみて。
Coba panggil kepala bagian, Pak.	部長を呼んでみてください。
Cobalah dengarkan lagu ini.	この歌を聴いてみて。
Coba saja.	やってみて。

単語 jamu ジャムー（薬効のある飲み物） bagian 部署，部分（基 bagi）

17.2.2 依頼（tolong）

tolong を動詞句などの前に置くことによって，話し手が自分の利益のために聞き手に何かを行うように，またある状態になるように助力を求める（どうか～してください，～するようお願いします）。なお，tolong は「助ける」という意味の動詞（menolong）である。単独では「助けて」「お願い」の意味になる。

Tolong carikan saya kunci sepéda motor.
私にバイクの鍵を探してください。

Tolong ambilkan saya majalah itu.	私にその雑誌をとってください。
Tolong ulangi sekali lagi.	もう一回繰り返してください。
Tolong buatkan kopi, Las!	コーヒーを入れてください，ラス！
Tolong! Ada maling!	助けて！ 泥棒がいる！

単語 ulangi 繰り返す（基 ulang）

17.2.3 要求・要請

(1) minta, mohon

minta, mohon の後に動詞句などが置かれ，話し手が聞き手にある動作をするように求めることを表す（～してください，～するようお願いします）。minta, mohon は「要求する，要請する」という意味の動詞（meminta, memohon）である。

対応する平叙文は，たとえば “saya minta ～.”「私は（聞き手に）～するよう

17

要請する」という文である。minta / mohon で始まる命令文は，「要請する」者，すなわち話し手である主語の saya / kami が落ちたものである。その点で，「助ける」者が聞き手である tolong で始まる命令文とは異なる。

Mohon tunjukkan kartu idéntitas seperti KTP.
住民登録証のような身分証明書をご提示ください。
Mohon tunggu sebentar. 少々お待ちください。
（cf. Kami mohon Bapak menunggu sebentar.）

minta, mohon の後に名詞句が現れることがある。この場合は，副詞ではなく動詞（～を求める，もらう）として機能している。動詞文「主語＋minta / mohon＋動作対象」から主語（saya / kami）が落ちたものである。

Minta air. 水をください。
（cf. Saya minta air.）
Minta perhatian, Saudara-saudara. ご注目ください，皆さん。
（cf. Saya minta perhatian Saudara-saudara.）

⑵ **harap**

harap の後に動詞句などが置かれ，話し手が聞き手にある動作をするように期待することを表す（～願う，～してほしい，～していただきたい）。harap は「期待する，望む」という意味の動詞（(ber)harap）である。harap で始まる命令文は，minta, mohon と同様に，対応する平叙文から話し手である saya, kami などの主語が落ちたものである。

Harap hubungi Tuti di rumah.
自宅にいるトゥティに連絡を取っていただきたい。
（cf. Saya harap Anda menghubungi Tuti di rumah.）
Harap duduk dengan tenang. 静かにご着席願います。
Harap tidak makan dan minum sebelum pemeriksaan.
検査前は飲食しないよう願います。
Harap berdiri sebentar. しばしご起立ください。

単語 hubungi 連絡する（基 hubung） sebelum ～の前（基 belum）
pemeriksaan 検査（基 periksa）

(17.2.4) 勧誘（mari, ayo）

mari, ayo は,「さあ！」「こちらに！」という勧誘を意味する。動詞句などを続けることによって，聞き手に対して話し手の行為を一緒に行うよう誘うことを表す。mari の場合は聞き手を含む一人称複数代名詞 kita が後続することが多い。

Mari kita berangkat sekarang!	今出発しましょう！
Marilah kita bersatu.	統一しましょう。
Mari kita menonton film nanti malam.	今晩映画を見よう。
Mari makan!	さあ食べましょう！
Ayo, cepat!	さあ，急ごう！
Ayo, berangkat sekarang!	さあ，今出発しましょう！

話し手が聞き手に何かの行為をすすめる silakan の用法と類似する場合もある。

Mari masuk.	さあ入って。

(17.2.5) 禁止（jangan）

jangan を動詞句などの前に置くことによって，話し手が聞き手に何かの行為を禁じることを表す（～しないでください，～するな)。

Jangan masuk.	入らないで。
Jangan répot-répot.	お構いなく。
Jangan merokok di sini.	ここでタバコを吸わないで。
Jangan bicarakan hal itu sekarang.	そのことを今話さないで。
Jangan terlambat.	遅刻するな。
Jangan, Bu!	やめてください！

jangan を用いる禁止の命令文は，受動の接頭辞 di- が付加した動詞 dilarang（禁じられる），あるいは tidak boléh（～してはいけない）によっても，ほぼ同じ内容を表すことができる。

「ここではゴミ投棄は禁止です」
Dilarang membuang sampah di sini.
Jangan membuang sampah di sini.
Tidak boléh membuang sampah di sini.

17.3 接頭辞 di- による受動文を用いる命令

聞き手に特定の対象への何らかの行為をやってほしいとき，「それが〜される」という他動詞 di- 形を用いる受動文を使うことがある。動作主が聞き手ではなく第三者であることを示唆するため，命令の意図が間接的に表される。その結果，命令のニュアンスが薄れ，丁寧な印象を与えることがある。

Barang itu ditaruh di sini saja!　その荷物はここに置いて！
Tolong mobil saya dibawa ke béngkél.
　どうか私の車は修理工場に運んでください。
Tolong dicuci pakaian ini.　どうかこの服は洗ってください。
Di samping itu mohon formulir ini diisi.
　そのほかに，この書類をご記入ください。
Mohon surat ini ditandatangani.　この書類にご署名ください。
Jangan dibuka jendéla ini.　この窓を開けないでください。

主語である動作対象は，文脈から明らかな場合などは述べられないことがある。

Harap disimpan di lemari és.　冷蔵庫に保存してください。

単語　barang 品物，荷物　ditaruh 置く（基 taruh）　béngkél 修理工場
ditandatangani 署名する（基 tanda tangan）

17.4 不特定多数に対する命令文

命令文は，不特定多数を対象とした掲示などによく見られる。

Harap jaga kebersihan.　環境衛生を守ってください。

Harap tenang. Ada ujian.　お静かに。試験中。
Mohon perhatian!　ご注目ください！
Perhatian!　注目！
Dilarang masuk.　進入禁止。
Dilarang merokok di sini.　ここは禁煙です。

単語　jaga 守る　kebersihan 衛生（基 bersih）

練　習　問　題

1．次の文を日本語にしましょう。

(1) Mari selamatkan alam kita!
(2) Harap dimaklumi bahwa kantor cabang ditutup pada pukul 15.00 WIB.
(3) Tolong panggilkan saya taksi.
(4) Jangan beritahukan rahasia ini kepada orang lain.
(5) Dilarang membawa durian ke dalam hotél.
(6) Saudara-saudara, harap diam sebentar.
(7) Keluarkan semua alat éléktronik dari tas Anda.
(8) Coba gunakan cara ini.
(9) Matikan api kompornya.
(10) Mohon surél ini dibalas dengan segera.

単語　selamatkan 救う（基 selamat）　dimaklumi 了解する（基 maklum）
cabang 枝　panggilkan ～に呼んでやる（基 panggil）　taksi タクシー
rahasia 秘密　durian ドリアン（基 duri）　diam 黙る　alat 道具
cara 方法　dibalas 返信する（基 balas）　segera すぐ

2．次の文をインドネシア語にしましょう。

(1) どうぞ中で休憩してください。
(2) どうかこの私のスーツケースを持ち上げてください。
(3) 来週もこの本を持ってくるのを忘れるな。
(4) チャーハンを３皿ください。
(5) すぐにこの借金をお支払いください。
(6) 私たちをおいていかないで。
(7) もしテレビの音が大き過ぎたら，小さくしてください。
(8) たとえ彼がまだ寝ていたとしても，放っておきなさい。起こす必要はない。
(9) お前の子供を学校に通わせるために懸命に働きなさい。
(10) この文を読んでみて。

単語　スーツケース koper　持ち上げる mengangkat（基 angkat）
小さくする mengecilkan（基 kecil）　たとえ〜だとしても walaupun
放っておく membiarkan（基 biar）　文 kalimat

17

Pelajaran 18 ミーティングに出席する。

学習項目 接尾辞 -i

目 標 主に「動かない」目的語をとる他動詞を形成する接尾辞 -i の意味機能を覚え，能動文と受動文のどちらも作ることができる。

40 

[会話例]

A：Masyarakat Indonésia sangat **mencintai** budaya Jepang, ya.
B：Ya, betul. Setiap tahun Féstival Budaya Jepang **dikunjungi** banyak orang.
A：Sesudah datang ke Indonésia, saya **menyadari** kurang **mengetahui** budaya Jepang.

A：Saya akan ke Singapura untuk **menghadiri** pertemuan mahasiswa seluruh Asia Tenggara.
B：Bagus, ya. Tuti **mewakili** Indonésia?
A：Ya. Saya akan dikirim ke sana **dibiayai** oléh pemerintah Indonésia.

[会話例の和訳]

A：インドネシアの民衆は日本文化がとても好きよね。
B：ええ，その通り。毎年日本文化フェスティバルをたくさんの人々が訪れる。
A：インドネシアに来てから，私は日本文化をあまり知らないと自覚するようになった。

A：私は全東南アジアの学生会議に出席するために，シンガポールに行く予定。
B：いいね。トゥティはインドネシアの代表なの。
A：ええ。私はインドネシア政府に費用を負担してもらってそこに派遣されるの。

語句 41

mencintai☺ ～を好き（基 cinta）
budaya 文化
féstival フェスティバル
dikunjungi☺ ～を訪ねる（基 kunjung）
menyadari☺ ～を自覚する（基 sadar）
mengetahui☺ ～を知る（基 tahu）
menghadiri☺ ～に出席する（基 hadir）
pertemuan 会合（基 temu）
seluruh 全ての
dibiayai☺ ～に費用を出す（基 biaya）

18.1 接尾辞 -i が付加する他動詞の形態

接頭辞 meN- が付加する派生語には，接尾辞 -i がさらに付加し他動詞を形成するものがある。つまり，meN--i 派生語は，接尾辞 -i が付加した他動詞語幹に接頭辞 meN- をともない（meN- 形）能動文の述語として現れ，また，接頭辞が付加しない形（ゼロ形）あるいは接頭辞 di- が付加した形（di- 形）で受動文に現れる。

18

たとえば，tanam を語幹とする menanami は tanami が他動詞語幹であり，能動文では meN- 形の menanami という形となり，受動文ではゼロ形の tanami あるいは di- 形の ditanami という形になる。

meN- + tanam + -i → menanami（～に植える）
meN- + biaya + -i → membiayai（～に費用を出す）

語幹はほぼ基語と一致するが，複合語などの句に接尾辞 -i が付加することがある。その際，分かち書きやハイフンは使用しない。

meN- + tanda tangan + -i → menandatangani（～に署名する）

語幹が子音で終わるとき，接尾辞 -i とその子音で音節を形成する。

語幹	tanam	biaya	tanda tangan
他動詞語幹	tanami	biayai	tandatangani
ゼロ形	tanami	biayai	tandatangani
meN- 形	menanami	membiayai	menandatangani
di- 形	ditanami	dibiayai	ditandatangani

語幹が i で終わる場合，接尾辞 -i は付加されない。つまり，語末が ii であることはない。語幹が i で終わる他動詞には，意味機能から見ると，接尾辞 -i が付加していると考えられるものがある。

meN- + beri + （-i）→ memberi （～に与える）
meN- + benci + （-i）→ membenci（～を憎む）

18.2 接尾辞 -i の意味機能

接尾辞 -i の意味機能は，大きく次の 4 つに分けることができる。以下，順に解説する。

⑴ 場所「～に（～から）…する」
⑵ 供与「～に…を与える」
⑶ 役割「～の…になる」
⑷ 反復的，徹底的「～に繰り返し…する」

⑴ 場所「～に（～から）…する」

接尾辞 -i が付加した他動詞の目的語は，動作・行為が及ぶ場（場所，人，もの・こと）であり，meN--i 派生語は目的語を場として動作・行為を行うという意味をもつ。同じ語幹をもつ他の動詞（基語動詞，ber- 派生語，meN- 派生語）が表す動作・行為を目的語において行うと考えることができる。つまり，接尾辞 -i が場を導く前置詞の機能を果たしていると考えることができる。

たとえば，masuk（入る）を用いて，「～に入る」と述べる場合，masuk ke（～に入る）あるいは masuk ke dalam（～の中に入る）のように，場所を表す前置詞が必要である。memasuki はそれを 1 語で表し，接尾辞 -i が前置詞の役割を果たしていると理解できる。

meN--i 派生語	意味	語幹	対応する語
memasuki	～に入る	masuk	masuk　入る
mendatangi	～に来る	datang	datang　来る
menduduki	～を占領する	duduk	duduk　座る
menghadiri	～に出席する	hadir	hadir　出席する
mendekati	～に近づく	dekat	mendekat　近づく
menjauhi	～から遠ざかる	jauh	menjauh　遠ざかる
meléwati	～を通る，過ぎる	léwat	léwat　通る
menyeberangi	～を渡る	seberang	menyeberang　渡る
mengunjungi	～を訪れる	kunjung	berkunjung　訪れる
menguasai	～を支配する	kuasa	berkuasa　権力をもつ
menemui	～に会う	temu	bertemu　会う
menanami	～に植える	tanam	menanam (kan)　～を植える
melémpari	～に投げる	lémpar	melémpar (kan)　～を投げる
menawari	～に勧める	tawar	menawar (kan)　～を勧める
memberi	～に与える	beri	memberi (kan)　～を与える
mengirimi	～に送る	kirim	mengirim (kan)　～を送る
mencintai	～を愛する	cinta	cinta　愛する
menyukai	～を好む	suka	suka　好き
menyenangi	～を好ましく思う	senang	senang　好ましい
mengikuti	～に参加する，従う	ikut	ikut　参加する
mengetahui	～について知る	ketahu (基 tahu)	tahu　知る
mempercayai	～を信じる	percaya	percaya　信じる
memarahi	～を叱る	marah	marah　怒った
menyetujui	～に賛成する	setuju (基 tuju)	setuju　賛成する
menghormati	～を尊敬する	hormat	hormat　尊敬する
menyadari	～を自覚する	sadar	sadar　気づく

18.1 節であげた他動詞の形態からもわかるように，他動詞以外（基語動詞や ber- 派生語）は受動文で使うことはできない。たとえば，「～に入る」と言う場合，主語が動作主の場合は，masuk（ke）と memasuki のどちらも使うことができる。しかし，主語が動作対象の場合（つまり受動文）は masuk（ke）が使えな

いことに注意。ゼロ形の masuki か di- 形の dimasuki を用いる。

Saya memasuki kamar itu.　　私はその部屋に入った。
（cf. Saya masuk ke kamar itu.）
Kamar itu tidak saya masuki.　　その部屋は，私は入らなかった。
Kamar itu sudah dimasukinya.　　その部屋は，彼はもう入った。
Dia menyeberangi jembatan itu.　　彼はその橋を渡った。
（cf. Dia menyeberang di jembatan itu.）
Jembatan itu tidak diseberangi oléhnya.
その橋は，彼は渡らなかった。
Dia tidak mempercayai laki-laki itu.　　彼女はその男を信じていない。
（cf. Dia tidak percaya pada laki-laki itu.）
Saya mau ke Singapura untuk menghadiri pertemuan mahasiswa seluruh Asia Tenggara.
私は全東南アジアの学生会合に出席するために，シンガポールに行く予定。
（cf. Saya hadir pada pertemuan itu.）
Setiap tahun Féstival Budaya Jepang dikunjungi banyak orang.
毎年日本文化フェスティバルをたくさんの人々が訪れる。
（cf. Banyak orang berkunjung ke Féstival Budaya Jepang.）
Masyarakat Indonésia sangat mencintai budaya Jepang, ya.
インドネシアの民衆は日本文化がとても好きよね。
(cf. Masyarakat Indonésia sangat cinta pada budaya Jepang, ya.)
Sesudah datang ke Indonésia, saya menyadari kurang mengetahui budaya Jepang.
インドネシアに来てから，私は日本文化をあまり知らないと感じるようになった。
（cf. Saya kurang tahu tentang budaya Jepang.）

また，接尾辞 -i が付加する他動詞の目的語は，接尾辞 -kan が付加した他動詞とは対照的である。接尾辞 -i の派生語がとる目的語は「移動しない場」であり，その後に「移動し得る動作対象」が続く。それに対し，接尾辞 -kan の派生語がとる目的語は「移動し得る動作対象」であり，その後にその先である「移動しない場」が続く。

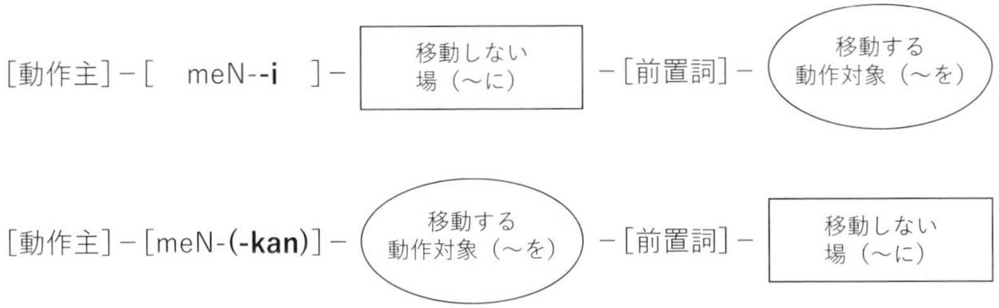

[動作主]－[　meN-**-i**　]－ 移動しない場（～に） －[前置詞]－ 移動する動作対象（～を）

[動作主]－[meN-(**-kan**)]－ 移動する動作対象（～を） －[前置詞]－ 移動しない場（～に）

Meréka memasuki gua.　　彼らは洞窟に入った。

Sopir itu memasukkan mobil ke dalam garasi.
　その運転手はガレージの中に車を入れた。

Kami akan menanami ladang dengan jagung.
　私たちは畑にトウモロコシを植える予定だ。
　（cf. Kami akan menanam（kan）jagung di ladang.）

Ladang itu akan ditanami（dengan）jagung.
　その畑はトウモロコシを植える予定だ。

Dia menawari saya secangkir kopi.
　彼女は私に一杯のコーヒーを勧めた。
　（cf. Dia menawar（kan）secangkir kopi pada saya.）

Dia memberi saya oléh-oléh dari Jepang.
　彼は私に日本のお土産をくれた。
　（cf. Dia memberi（kan）oléh-oléh dari Jepang pada saya.）

単語　jembatan 橋　gua 洞窟

⑵ 供与「～に…を与える」

主に名詞である語幹が表すもの・こと，性質を目的語に与える（時に取り除く）ことを意味する。memberi（与える）という動詞を使ってほぼ同じ意味を表すことができる場合もある。

meN--i 派生語	意味	語幹	
mewarnai	〜に色を付ける	warna	色
menamai	〜に名前を付ける	nama	名前
menutupi	〜に蓋をする，閉じる	tutup	蓋，カバー
menandatangani	〜にサインする	tanda tangan	サイン
mem(p)engaruhi	〜に影響を与える	pengaruh	影響
membiayai	〜に費用を出す	biaya	費用
menghargai	〜を評価する，尊重する	harga	価値
menasihati	〜に忠告する	nasihat	忠告
menguliti	〜から皮を剥ぐ	kulit	皮
memenuhi	〜を満たす	penuh	満ちた
mengurangi	〜を減らす	kurang	足りない
mendalami	〜を深める	dalam	深い

Saya akan dikirim ke sana dibiayai oléh pemerintah Indonésia.
　私はインドネシア政府に費用を負担してもらってそこに派遣されるの。
　（cf. Saya diberi biaya oléh pemerintah Indonésia.）
Pemerintah Indonésia membiayai tikét pesawat saya.
　インドネシア政府は私の航空券の費用を負担した。
Tikét pesawat itu akan Anda biayai sendiri?
　その航空券はあなたが自分で費用を出すのですか。
Orang tua itu menasihati anaknya agar menghargai pendapat yang berbéda.
　その両親は子供に異なる意見を尊重するように諭した。
　（cf. Orang tua itu memberi nasihat kepada anaknya.）
Kami perlu memenuhi syarat untuk mendapatkan izin tinggal.
　私たちは滞在許可を得るために条件を満たす必要がある。

単語　sendiri 自分で　pendapat 意見（基 dapat）　syarat 条件
mendapatkan 〜を得る（基 dapat）

⑶ 役割「〜の…になる」

役職などを表す語幹が，目的語が表すまとまり・グループにおいてその役割を果たすことを意味する。menjadi（～になる）という動詞を使ってほぼ同じ意味を表すことができる場合もある。

meN--i 派生語	意味	語幹	
mewakili	～を代表する	wakil	代表
mengetuai	～の議長・委員長になる	ketua	議長，委員長
menemani	～に付き添う	teman	友人
menjuarai	～で優勝する	juara	優勝者
mengepalai	～の長になる	kepala	長
menyutradarai	～の監督をする	sutradara	監督

Tuti mewakili Indonésia?　トゥティはインドネシアの代表なの？
（cf. Tuti menjadi wakil Indonésia?）

Pada rapat itu setiap negara diwakili oléh menteri.
その会議では各国は大臣が代表して出席した（各国を大臣が代表した）。

Pada upacara itu keluarga besar kami akan saya wakili.
その儀礼では親族を代表して私が出席した。

Dia mengetuai kelompok kami.
彼は私たちのグループの委員長である。
（cf. Dia menjadi ketua kelompok kami.）

Tim nasional sépak bola gagal menjuarai pertandingan itu.
サッカーのナショナルチームはその大会で優勝することに失敗した。
（cf. Tim nasional sépak bola gagal menjadi juara dalam pertandingan itu.）

単語　kelompok グループ　tim チーム　gagal 失敗する
pertandingan 試合（基 tanding）

18

(4) 反復的，徹底的「～に繰り返し…する」

目的語に対して，繰り返し，あるいは徹底的，集中的に動作・行為を行うことを意味する。その動作・行為は，同じ語幹の meN- 他動詞が表すものと考えることができる。

meN--i 派生語	意味	語幹	対応する語
memukuli	～をぽかぽか殴る	pukul	memukul
menangkapi	～を次々と捕まえる	tangkap	menangkap
menciumi	～を何度もキスする	cium	mencium
memandangi	～をじっと見る	pandang	memandang

Siswa itu memukuli adik kelasnya sampai pingsan.
その生徒は下級生を失神するまで何度も殴った。

Adik kelas itu dipukuli kakak kelasnya sampai pingsan.
その下級生は失神するまで上級生に何度も殴られた。

Adik kelas itu saya pukuli sampai pingsan.
その下級生を私は失神するまで何度も殴った。

Polisi menangkapi mahasiswa-mahasiswa yang melakukan démonstrasi.
警察はデモを行った学生たちを次々と逮捕した。

Dia sudah memandangi lukisan terkenal itu selama berjam-jam.
彼はその有名な絵画をもう何時間もじっと見ている。

単語 pingsan 気を失う démonstrasi デモ terkenal 有名な（基 kenal）

(5) その他

上の意味機能のいずれにも分類しがたいが，使用頻度の高い語がある。

meN--i 派生語	意味	語幹
mempunyai	～をもつ	punya
memiliki	～を所有する	milik
mengalami	～を経験する	alam

Bank itu mempunyai banyak cabang di seluruh Indonésia.
その銀行はインドネシア中に多くの支店をもっている。

Tanah ini dimiliki orang Jakarta. この土地はジャカルタの人が所有している。

mempunyai は di 形（dipunyai）とゼロ形（punyai）がほぼ見られないので注意。

練 習 問 題

1．例にしたがい，2通りに作文し，そして日本語にしましょう。

（例）通る・道

Saya sudah meléwati jalan itu.　　私はもうその道を通り過ぎた。

Saya sudah léwat di jalan itu.

⑴ 近づく・倉庫　　⑶ 入る・家

⑵ 遠ざかる・女　　⑷ 来る・病院

単語　倉庫 gudang

2．例にしたがい，やりとりを作りましょう。答えの方では接尾辞 -i が付加した派生語を用いること。

（例）信じる・女性

Dia tidak percaya pada wanita itu?　　彼はその女性を信じていないの?

–Tidak. Wanita itu tidak dipercayainya.

—いいえ。その女性のことは彼は信じていない。

⑴ 好き・料理　　⑶ 愛する・歌手

⑵ 尊敬する・文学者　　⑷ 憎む・スペイン人

単語　文学者 sastrawan　スペイン Spanyol

3．例にしたがい，接尾辞 -i が付加した派生語を使ってやりとりを作りましょう。

（例）渡る・川

Budi menyeberangi sungai itu?　　ブディはその川を渡ったの？

–Tidak. Sungai itu tidak saya seberangi.

—いいえ。その川は私は渡っていません。

⑴ 訪れる・町　　⑶ 参加する・試験

⑵ 会う・オランダ人　　⑷ 賛成する・意見

単語　オランダ Belanda

4．例にしたがい，接尾辞 -i が付加した派生語を使って能動文と受動文で作文しましょう。

(例) 色をつける・絵

Budi mewarnai gambar itu.　ブディはその絵に色をつけた。
Gambar itu diwarnai oléh Budi.　その絵はブディが色をつけた。

(1) 影響を与える・子供
(2) 署名する・書類
(3) 名付ける・赤ちゃん
(4) 費用を出す・儀礼

単語　赤ちゃん bayi

5．次の文をインドネシア語にしましょう。

(1) 彼は子供に対して怒っていたが，人前で叱らなかった。
(2) どうか業務の負担を減らしてください。
(3) 私は彼女に一杯の紅茶を勧められた。
(4) インドネシアはかつてオランダに支配されていたことがあった。
(5) そのような自然災害は私は経験したことがない。
(6) インドネシアの歴史は日本人にそれほど知られていない。
(7) その父親は自分の赤ちゃんに何度も口づけをした。
(8) 村長はその外国人に付き添い警察署に行った。
(9) 母は食べ物を新聞紙で覆った。
(10) その文学者は日本映画の監督をしたことがある。

単語　負担 beban

誰が展覧会で優勝したの。

学習項目 関係詞 yang，述語先行強調構文

目標 yang で何と何をつなぐことができるのか，先行詞と yang の後に述べられる語句の関係を理解する。

42 [会話例]

A：Siapa **yang** menjuarai paméran seni itu?
B：Rudi. Mahasiswa **yang** belajar di Fakultas Seni Rupa.
A：Mahasiswa **yang** mana, ya? O **yang** tinggi dan kurus itu?

A：Boléh saya minta waktu sebentar, Agus? Ada hal **yang** ingin saya tanyakan.
B：Tentu saja boléh. Ada apa, Maki?
A：Saya harus berbicara mengenai budaya Jepang kepada para siswa SD. Menurut Agus, topik apa **yang** menarik bagi meréka?

[会話例の和訳]

A：誰がその芸術展覧会で優勝したの。
B：ルディよ。芸術学部で勉強している学生。
A：どの学生だろう。ああ，あの背が高くて痩せている人？

A：少し時間をもらえる，アグス？ 尋ねたいことがあるの。
B：もちろんいいよ。何があるの，マキ。
A：日本文化について小学生たちに話さないといけないの。アグスはどんなトピックが彼らには興味深いと思う？

語句 43

paméran	展覧会（基 pamér）	mengenai	～について（基 kena）
rupa	形，見かけ	menurut	～によると（基 turut）
seni rupa	美術，造形美術	topik	トピック
tentu	決まった		

慣用表現 43

tentu saja　　もちろん

19.1 yang の基本的な用法

yang は単独で使われる語ではなく，後続する動詞などの句や節を導き，「～する人」「～するもの・こと」といった名詞句を形成するために用いられる。yang に後続する句や節が，yang の前に現れる名詞句（先行詞）を修飾する部分となる。基本的には，一部の語を除いて yang の後に名詞は現れない。

murid yang pintar	賢い生徒
orang yang baru datang	来たばかりの人
uang yang ada di atas méja	机の上にあるお金

先行詞と yang に後続する句や節は，yang を用いない文ではそれぞれ主語と述語に相当する。

orang	yang	baru datang
（cf. Orang itu		baru datang.）
［ 主語 ］		［ 述語 ］

yang の前に現れる句（先行詞）は常に現れるわけではない。文脈から推定ができる場合や，不特定の人，もの・ことである場合などは，現れないことが多い。

19

Anda mau sepéda motor yang mana? どのバイクが欲しいのですか。
–Saya mau yang baru itu. ―私はその新しいのが欲しい。
Yang nakal tidak boléh bermain.
言うことを聞かない子は遊んではいけない。
Ada yang bagus, ada juga yang tidak.
良いのもあれば，そうでないのもある。

19.2 yangに形容詞が後続する場合

第8課で見た通り，名詞を状態・性質を表す語（形容詞）が修飾する場合，yangでつなぐことができる。「名詞＋yang＋形容詞」は，「名詞＋形容詞」と実質的な意味は同じであるが，「(…である方ではなく）～である方のもの」のように他との対照を前提とした限定であることが表される。また，修飾関係がより明確となる。

rumah yang besar （cf. rumah besar）
rumah yang besar, bukan rumah yang kecil

名詞を修飾する形容詞が2つ以上である場合，形容詞に副詞や否定詞などがともなう場合，先行詞が比較的長い句である場合はyangが必要である。

anak yang rajin dan pandai 勤勉で賢い子供
wanita yang cantik, ramah dan cerdas
美人で，愛想がよく，利発な女性
harga yang agak mahal やや高い値段
baju putih yang panjang 長い白い服
pakaian yang tidak murah 安くない服

名詞を修飾する語が複数あり，その1つが所有者の場合，それはyangの前に置かれる。また，指示代名詞は，yangに先行する名詞句ではなく，yangに後続する修飾語の最後に置かれる。修飾する語が形容詞以外の場合でも同様である。

anak saya yang nakal 言うことを聞かない私の子供
（cf. anak nakal saya）

anak yang nakal itu　その言うことを聞かない子供
（cf. anak nakal itu）
anak saya yang nakal itu　その言うことを聞かない私の子供
（cf. anak nakal saya itu）
O yang tinggi dan kurus itu?　あー，その背が高くて痩せた人？

また，状態・性質を表す，meN-，ber-，ter- などの接辞が付加した派生語が名詞を修飾するとき，yang が用いられる。ただし，接頭辞 ber-, ter- が付加する派生語が修飾しても，複合語的に用いられる場合は，yang が現れないことが多い。

sawah yang menguning　黄色く色づいた田んぼ
nilai yang mengecéwakan　失望させる成績
bangunan bertingkat　2階建て（以上）の建物
kartu pos bergambar　絵葉書
rapat terbuka　公開会議

単語　ramah 愛想がよい　cerdas 利発な
mengecéwakan 失望させる（基 kecéwa）　terbuka 公開の（基 buka）

19.3　yang に動詞が後続する場合

19

(1) 自動詞が後続する場合

「～する人・側」「～するもの・こと」のように，動詞が名詞を修飾する場合は yang が必要である。yang の後に自動詞が続く場合は，その動作主が先行詞となる。上で述べたように，yang の先行詞と yang の後の句・節は，主語と述語の関係にある。

orang yang duduk di situ　そこに座っている人
（cf. Orang itu duduk di situ.）
siswa yang belajar bahasa asing itu　その外国語を学んでいる生徒
（cf. Siswa itu belajar bahasa asing.）

harga cabai yang sudah naik itu
　そのすでに上がったトウガラシの値段
　(cf. Harga cabai sudah naik.)

yang tidak merokok　　タバコを吸わない人
　(cf. Orang itu tidak merokok.)

Dia mahasiswa yang belajar di Fakultas Seni Rupa.
　彼は芸術学部で勉強している学生だ。

Pemuda yang berasal dari Mesir itu mengikuti program pascasarjana.
　そのエジプト出身の若者は大学院にいる。

単語　pemuda 若者（基 muda）　Mesir エジプト　program プログラム　pascasarjana 大学院

(2) 他動詞が後続する場合

yangの後に他動詞を含む句・節が続く場合も，yangの先行詞とyangの後の句・節は，主語と述語の関係にある。先行詞が動作主の場合は，yangの後は能動文の述語が現れる（つまり動詞はmeN-形）。先行詞が動作対象である場合は，yangの後には受動文の述語が現れる（つまり動詞はゼロ形かdi-形）。先行詞がその他動詞の動作主か動作対象かにより，適切な他動詞の形態を選ばなくてはならない。

tukang yang membangun rumah saya　　私の家を建てた職人
　(cf. Tukang itu membangun rumah saya.)

rumah yang sudah saya jual tahun lalu　　昨年もう私が売った家
　(cf. Rumah itu sudah saya jual tahun lalu.)

sekolah yang baru didirikan oléh yayasan ini
　この財団が設立したばかりの学校
　(cf. Sekolah itu baru didirikan oléh yayasan ini.)

Buku yang saya pinjam dari beliau tidak menarik.
　あの方から借りた本は面白くなかった。

Anak yang membawa koran itu adik saya.
　その新聞をもってきた子供は私の弟だ。

Ada hal yang ingin saya tanyakan.　　尋ねたいことがある。

単語 yayasan 財団

19.4 yang に前置詞句が後続する場合

名詞を前置詞句が修飾する場合，yang が無くてもわかることもあるが，修飾関係がより明確になる。

orang yang di sini tadi　　さっきここにいた人
anak yang seperti orang déwasa　　大人のような子供
Anak kecil yang di situ anak siapa?
　そこにいる幼い子は誰の子供ですか。
　（cf. Anak kecil di situ anak siapa?）

助動詞，否定詞がともなう場合は yang が必須である。

sakit kepala yang tidak seperti biasanya
　いつもとは違う（いつものようではない）頭痛

単語 déwasa 大人である　sakit kepala 頭痛

19

19.5 yang に名詞が後続する場合

原則として，名詞が修飾するとき，yang は現れない。しかし，複数のものを区別・対比させる場合に，特に指示代名詞と人称代名詞が現れることがある。

Saya ingin yang itu, bukan yang ini.
　こっちの方ではなく，あっちの方が欲しい。
Banyak sekali sepatunya. Yang saya mana?
　靴がとてもたくさんある。私のはどれ。

19.6 yang と疑問詞 mana の共起

疑問詞 mana は，「どれ」と「どこ」の２つの意味をもつ（「どこ」は第７課参照）。「どれ」の場合，しばしば yang がともに用いられ，複数のもの・こと，人，場所の中から特定あるいは選択することを表す。yang mana は，「どのもの」「どの人」「どっち」といった訳になる。yang mana の前に先行詞が現れる場合もある。

Lemari ini berisi banyak buku. Novél yang baru terbit yang mana?
　この棚はたくさんの本が入っている。刊行されたばかりの小説はどれですか。
Tasnya banyak sekali. Yang mana punya saya?
　カバンがとても多い。どれが私のもの。
Yang mana lebih bagus? Buatan Cina atau buatan Koréa?
　どっちの方がいい。中国製，それとも韓国製？
Mahasiswa yang mana, ya?　　どの学生かな。
Bapak mau membeli baju yang mana?　　どの服を買いますか。

単語　lebih より～　buatan ～製（基 buat）

19.7 述語先行強調構文

名詞句からなる述語が先に述べられ，その後に yang から始まる節が主語として現れる構文がある。この構文では，主語に先行する述語が特に伝達したい部分である。次の２つの文を比べてみよう。

Orang itu　yang mencuri dompét saya.
［　述語　］［　　　　主語　　　　］
　その人が，私の財布を盗んだ（その人である，私の財布を盗んだのは）。
Orang itu　mencuri dompét saya.
［　主語　］［　　　　述語　　　　］
　その人は，私の財布を盗んだ。

２つとも，「その人が私の財布を盗んだ」という意味であるが，文の構造が異なる。yang から始まる節を用いる１つ目の文は，「述語＋主語」という構造であり，述語である orang itu（その人）が先に述べられ，主語である yang mencuri dompét saya（私の財布を盗んだ人）が続く。2つ目の文は，同じく orang itu（その人）から始まるものの，それは主語である。

yang の関係節を用いる1つ目の文は，先行する述語の orang itu（その人）が特に伝達したい情報となっており，「私の財布を盗んだのは，（他の誰でもない）その人である」，「その人こそが私の財布を盗んだ」となる。それに対して，yang の関係節を用いない2つ目の文は，単に「その人は私の財布を盗んだ」ということを伝えている。

さらに，この述語先行強調構文では，述語を構成する名詞句に -lah が付加されることがある。-lah をつけることで，特に伝達したい情報であることがよりはっきり示される。

Orang itulah yang mencuri dompét saya.

「何が～する（～である）のか」「誰が～する（～である）のか」などの疑問詞疑問文も述語先行強調構文を用いる。疑問詞が述語として先に述べられ，その後に主語である yang の関係節が続く。述語は，apa，siapa，mana，berapa あるいはそれらの疑問詞が修飾語として含まれる名詞句である。

Siapa　yang menjuarai paméran seni itu?
［述語］［　　　　主語　　　　］
誰がその芸術展覧会で優勝したの（誰なのか，その芸術展覧会で優勝したのは）。

Siapa yang hadir pada acara itu?　誰がその催しに出席したのか。

–Saya, Pak. Saya yang hadir pada acara itu.
―私です。私がその催しに出席しました。

Apa yang dibaca Pak Tono?
何をトノさんは読んだのか（何か，トノさんが読んだのは）。

Menurut Agus, topik apa yang menarik bagi meréka?
アグスの考えでは，何のトピックが彼らには興味深いと思う。

Dompét siapa yang dicopét dalam bus tadi?
誰の財布がさっきバスの中ですられたのか。

Mana yang paling bagus di antara kamus bahasa Inggris?
英語の辞書の中でどれが一番良いか（どれか，英語の辞書の中で一番良いのは)。

Mana yang Anda sukai, téh atau kopi?
どっちが好きですか，紅茶，それともコーヒー？

Mana yang dipilih sebagai contoh kalimat? どれを例文として選ぶのか。

Pohon mana yang akan ditebang?　どの木が伐採される予定なのか。

この構文は，「多くの人が～」「ほんの少しの人が～」など，動作主が数量を表している場合にも使われる。

Banyak orang yang sudah mengetahui rahasia itu.
多くの人がすでにその秘密を知っている。

単語　paling 最も　contoh 例　ditebang 伐採する（基 tebang）

練 習 問 題

1．次の文を日本語にしましょう。

(1) Tono yang pintar dan rajin itu menjadi ketua kelas.
(2) Saya mau membeli kulkas yang ada di sebelah pintu masuk.
(3) –Yang mana? Yang hijau?
(4) Koran yang dibawakannya bukan koran "Jawa Pos".
(5) Surat yang ditulis Bu Tutik sudah disampaikan kepada suaminya.
(6) Novél ini yang sudah saya baca tahun yang lalu.
(7) Dia menyéwa rumah yang sudah dibangun 10 tahun yang lalu.
(8) Siapa yang belum membayar ongkos kirim?
(9) –Pak Ali yang belum membayar.
(10) Apa yang tidak bérés?
(11) –Masalah tempat tinggal, Pak.
(12) Apa yang belum dikerjakannya?
(13) –PR mata kuliah bahasa Prancis yang belum dikerjakannya.
(14) Pada hari Minggu banyak orang yang berbelanja di toserba itu.
(15) Kamus yang baru diterbitkan minggu lalu adalah kamus bahasa Arab.
(16) Ada yang perlu kami sampaikan kepada Anda.
(17) Istri saya menderita sakit gigi yang tidak seperti biasanya.

単語 ongkos 料金　bérés 解決された　tempat 場所
PR 宿題（=pekerjaan rumah）　Prancis フランス
diterbitkan 出版する（基 terbit）　menderita 苦しむ（基 derita）　gigi 歯

2．次の語句や文をインドネシア語にしましょう。

(1) 私の高性能のコンピューター
(2) その貧しい老人
(3) とても美味しい日本料理
(4) 私たちが彼らから聞いた話
(5) 彼がまだ見ていないもの

⑹ 健康で裕福な若者
⑺ 私のまだ新しい靴
⑻ さっきここに立っていた女性
⑼ あのドイツ車を運転する男性は，ブディ氏の運転手だ。
⑽ さっき私が買った金のネックレスは安すぎる。
⑾ そこで洗濯をしているお手伝いさんはソロの出身です。
⑿ あなたはどのマンゴーを選びますか？
⒀ —その大きいのです。
⒁ ワティがいとこに貸した車は新しい方だった。
⒂ 誰が紅白旗（インドネシア国旗のこと）を掲揚したのか。

単語 高性能の canggih　ソロ Solo（中部ジャワの都市名）　旗 bendéra　赤い mérah

値段は赤いのほど高くない。

学習項目 比較の表現，付加疑問文

目 標 「より～」「同じくらい～」「最も～」の表現を覚える。

［会話例］

A：Saya mau membeli baju batik yang mérah ini untuk ayah saya. Tetapi harganya mahal sekali.

B：Bagaimana kalau yang biru tua ini? Harganya **tidak semahal** yang berwarna mérah dan kainnya **lebih** halus. Coba lihat.

A：Gajah **lebih** besar **daripada** semut, tetapi gajah **lebih** lemah **daripada** semut. Maki mengerti artinya?

B：Anéh. Gajah **lebih** kuat **daripada** semut, **bukan**?

A：Ini permainan suit. Semut bisa mengalahkan gajah karena bisa memasuki telinga atau belalai gajah dan menggigit dalamnya.

［会話例の和訳］

A：父にこの赤いバティックのシャツを買いたいんだけど，値段がとても高い。

B：この紺色のはどう？　値段は赤いのほど高くないし，生地がよりなめらかだ。見てごらん。

A：ゾウはアリよりも大きいのに，ゾウはアリよりも弱い。マキは意味がわかる？

B：おかしいわね。ゾウはアリよりも強いんじゃない？

A：これはじゃんけんの遊び。アリはゾウの耳や鼻に入って中を刺すことができるから，負かすことができる。

語句

45 

biru	青い
tua	（色が）濃い；年老いた
semahal ☺	同じくらい高価な（基 mahal）
gajah	ゾウ
daripada ☺	～よりも
semut	アリ
anéh	変な
bukan ☺	～ではないの？
permainan	遊び（基 main）
suit	じゃんけん
mengalahkan	負かす（基 kalah）
telinga	耳
belalai	（ゾウなどの）鼻
menggigit	刺す，噛む（基 gigit）

慣用表現

45

～, bukan? ☺　　～じゃない？

20.1 二者の比較「より～」

性質や状態について，2つのものの間で一方がもう一方にくらべてその程度が大きい場合，lebih（より～）が性質・状態を表す語の前に置かれる。比較の対象は，前置詞 daripada によって導かれる（時に dari も使われる）。

「A は B より～である」
A－[lebih + 性質・状態を表す語]－[daripada + B].

Minuman susu ini lebih manis.　　この乳飲料はより甘い。
Gajah lebih besar daripada semut, tetapi gajah lebih lemah daripada semut.
　ゾウはアリよりも大きいのに，ゾウはアリよりも弱い。
Yang mana lebih sulit? Ilmu ékonomi atau ilmu hukum?
　どっちがより難しい？経済学それとも法学？
–Saya kira ilmu ékonomi lebih sukar daripada ilmu hukum. Yang lebih sukar ilmu ékonomi.
　一私は経済学の方が法学よりも難しいと思う。より難しいのは経済学だ。

「lebih ＋ 性質・状態を表す語」の句の前に，jauh（はるかに）や sedikit（少し）などの程度を表す副詞，dua tahun（2年）といった具体的な数量を表す語句が現れ得る。

Kamar hotél yang baru jauh lebih bagus daripada yang lama.
新しいホテルの部屋は古い方よりもはるかに良い。
Mas Budi 2 tahun lebih tua daripada Mas Sakti.
ブディさんはサクティさんよりも2歳年上である。

「lebih dari ＋数量」は「〜より多い」という意味となる。

Jumlah tamunya lebih dari 200 orang.　　客の数は200人を上回る。

単語　susu 乳，牛乳　kira 思う

20.2　三つ以上のものの比較「最も〜」

性質や状態について，3つ以上のもののうち，あるいはある一定の範囲の中である1つが最も程度が高いことを表す場合，性質・状態を表す語に接頭辞 ter- が付加されるか，「最も〜」という意味をもつ副詞 paling が前に置かれる。

terbaik（=paling baik）　最も良い
terbesar（=paling besar）　最も大きい
terkaya（=paling kaya）　最も豊かな
tertinggi（=paling tinggi）　最も高い

また，接頭辞 ter- は，複合語や他の接辞がすでに付加した派生語には，基本的には付加しない。

paling berguna　最も役立つ
paling keras kepala　最も頑固な

比較対象の範囲が数えられるものの場合は，前置詞句 di antara によって導かれ

る。比較対象の範囲が場所である場合は前置詞 di によって導かれる。

「A は B（の間）で最も～である」
A－[paling + 性質・状態を表す語]－[di（antara）B]
A－[ter- + 性質・状態を表す語]－[di（antara）B]

Dia paling rajin di antara teman-teman.
彼は友人の間で最も勤勉だ。
Jumlah pemeluk agama Islam Indonésia paling banyak di seluruh dunia.
インドネシアのイスラム教徒の数は世界中で最も多い。
Gunung Fuji tertinggi di Jepang.　富士山は日本で最も高い。

順序を表す語句をともなうことがある。

Dia petinju terbaik kedua di dunia.
彼は世界で２番目に素晴らしいボクサーだ。
Bahasa Sunda adalah bahasa daérah terbesar kedua di Indonésia.
スンダ語はインドネシアで２番目に大きい地方語である。

単語　pemeluk 信者（基 peluk）　gunung 山　petinju ボクサー（基 tinju）

20

20.3 同等「同じくらい～」

２つのものの間で性質や状態の程度が同じであることを表す文型は２つある。

(1) A－[se- + 性質・状態を表す語 + B]
「A は B と同じくらい～である」
(2) A－[sama + 性質・状態を表す語 + -nya]－[dengan + B]
「A は～が B と同じである」

(1)は，性質・状態を表す語に接頭辞 se- を付加し，「同じくらい～」であることを表し，比較の対象をその後に置く。(2)は，「主語である主題は，その性質・状態がもう一方のものと同じくらいである」という二重主語文（～は…が一である）（8.5 節参照）の構造をもつ。

Dia segemuk bapaknya.　彼は父親と同じくらい太っている。
Dia sama gemuknya dengan bapaknya.
彼は父親と同じくらい太っている（彼は太り加減が父親と同じ程度である）。

性質・状態を表す語が，複合語や他の接辞がすでに付加した派生語の場合は，sama を用いる文型によって表す。

Film ini sama menariknya dengan film itu.
この映画はその映画と同じくらい興味深い。

接頭辞 se- を用いて同等を表す句に否定詞がともなうと，「…ほど～ではない」という意味になる。

Mobil Jepang ini tidak semahal mobil Jérman itu.
この日本車はあのドイツ車ほど高価ではない。
Dia tidak sebodoh itu.　彼はそれほど愚かではない。

接頭辞 se- を用いて同等の程度を表す句（下線）は，特に数量の程度を述べる場合などに名詞句内の修飾語として，また動詞などを修飾する副詞句として現れる。

Saya meminjam uang sebanyak 10 juta rupiah dari bank.
私は銀行から 1 千万ルピアのお金（1 千万ルピアと同じくらい多いお金）を借りた。
Keluarga saya tinggal di Surabaya selama 5 tahun.
私の家族は 5 年間（5 年と同じくらい長く）スラバヤに住んでいた。
Meréka datang ke sini secepat mungkin.
彼らはできるだけ早く（可能な範囲と同じくらい早く）ここに来た。
Semua orang perlu berusaha sedapat mungkin.
全員ができる限り努力する必要がある。
Anak itu memanggil ibunya sekeras mungkin.
その子供は母親をできるだけ大きな声で呼んだ。

Anak yang lapar itu makan sepuas hati.
その空腹の子供は心ゆくまで食べた。

Bendéra Mérah Putih berkibar di sepanjang jalan.
紅白旗は通り中にはためいている。

Gigi saya sakit sekali sepanjang malam.
私の歯は一晩中とても痛んだ。

Tanah seluas itu dijual seharga 2 miliar.
それほどの広さの土地を 20 億で売った。

単語 keras（声が）大きい　berkibar はためく（基 kibar）

20.4 その他の比較表現

「se- + 語幹の重複 + -nya」（下線）も同じく「できるだけ～」という意味を表す。重複が起こらないこともある。

Kami harus sampai secepat-cepatnya.
私たちはできるだけ早く着かなければならない。

Masalah itu perlu diatasi secepatnya.
その問題はできるだけ早く乗り越える必要がある。

Tolong bawakan kursi sebanyak-banyaknya.
できるだけ多く椅子をもってきて。

Saya mengucapkan terima kasih sebesar-besarnya.
最大限の感謝を申し上げます。

Wisatawan itu menikmati makanan setempat sepuas-puasnya.
その観光客は現地の食べ物を心ゆくまで堪能した。

Saya akan mengajak banyak orang sebisa-bisanya.
私はできるだけ多くの人を誘う予定だ。

語によっては譲歩の意味を表す。

Mohon proposalnya diajukan selambatnya pada hari Jumat.
計画書は遅くとも金曜日にはご提出ください。

Kami membutuhkan tenaga kerja setidak-tidaknya 300 orang.
私たちは最低限300人は労働力が必要だ。

Buatlah karangan dengan sekurang-kurangnya 200 kata.
少なくとも200語で文章を作りなさい。

二者の比較において，比較の対象を前置詞daripadaではなく，dibanding denganあるいはdibandingkan dengan（～と比較する）で導くこともある。

Musim panas ini lebih panas dibanding dengan tahun lalu.
この夏は昨年に比べてより暑かった。

単語 diatasi 乗り越える（基 atas） mengucapkan 述べる（基 ucap）
menikmati（基 nikmat）堪能する setempat 地元の（基 tempat）
proposal 計画書 diajukan 提出する（基 aju）
membutuhkan 必要とする（基 butuh） karangan 文章（基 karang）

20.5 付加疑問文

平叙文の文末に，名詞を否定する要素bukan（～でない）が置かれ，付加疑問文（～ではないの？，～よね？）となる。文末のbukanが上がり調子（疑問調イントネーション）となる。bukanはkanとなることもある。

Gajah lebih kuat daripada semut, bukan?
ゾウはアリよりも強いんじゃない？

Dia sudah tidur, bukan? 彼はもう寝たでしょう？
Itu topi Tuti, bukan? それはトゥティの帽子じゃない？
Bésok hari raya, kan? 明日は祝日だよね？

練 習 問 題

1．次の文を日本語にしましょう。

(1) Siapa yang paling populér di antara para penyanyi dangdut di Indonésia?
(2) Hotél baru itu setinggi pohon kelapa.
(3) Muséum ini dikunjungi rata-rata sebanyak 80 orang per hari.
(4) Karyawan itu sibuk melayani tamu sepanjang hari.
(5) Orang kaya itu menyumbang dana sebesar 100.000 dolar AS kepada organisasi lingkungan hidup.
(6) Ékonomi negara itu tidak sekuat dahulu.
(7) Dia bermain sekuat tenaga, namun dikalahkan oléh lawannya.
(8) Setidak-tidaknya berapa orang yang mengikuti démonstrasi?
(9) Ini foto yang diambil dari puncak Gunung Bromo. Bagus, kan?
(10) Dia berkata bahwa kangkung lebih énak daripada sayur yang lain.
(11) Ini nilai tertinggi dan terendah ujian bahasa Inggris untuk seméster ini.

単語　populér 人気の　dangdut ダンドゥット（インドネシアの歌謡ジャンルの一つ）　kelapa ヤシ　rata-rata 平均（基 rata）　per ～につき　melayani 応対する（基 layan）　menyumbang 寄付する（基 sumbang）　dana 資金　organisasi 組織　lingkungan (hidup) 環境　dahulu 以前　namun しかし　lawan 敵　foto 写真　puncak 頂上　Gunung Bromo ブロモ山（東ジャワの火山）　kangkung 空芯菜(クウシンサイ)　sayur 野菜

2．次の文をインドネシア語にしましょう。

(1) この建物は日本中で最も有名です。
(2) 彼によると，その女子学生はこの大学の学生たちの間で最も美しい。
(3) 今日のレッスンは昨日のレッスンよりもはるかに難しい。
(4) 必要とされている車の数は100台を上回る。
(5) 私のスーツケースはあなたのスーツケースよりも5キロ軽い。
(6) 彼は兄と同じくらいやせている。（2通りで）

(7) この問題はあの問題ほどやさしくない。
(8) 私は1キログラムの重さのコーヒーを注文した。
(9) その住民は3年間家族のもとを去っていた。
(10) 少なくとも50人が昨晩の地滑りのために死亡した。
(11) インドネシアでは稲が一年中育つ（生きる）ことができる。

単語　女子学生 mahasiswi　軽い ringan　重い berat　住民 warga
地滑り tanah longsor　～の結果 akibat　（事故などで）死亡する téwas
稲 padi

Pelajaran 21 交通渋滞は大きな問題だ。

学習項目 共接辞 ke--an

目標 主に抽象名詞と被害を表す動詞を作る共接辞 ke--an の意味機能を理解する。

46 

[会話例]

A：Di Jakarta selalu macét sekali, ya.
B：**Kemacétan** lalu lintas menjadi salah satu masalah terbesar di Jakarta.
A：Saya pernah hampir **ketinggalan** pesawat karena jalannya macét.

A：Katanya **kabupatén** itu **kebanjiran** dan ada warga yang **kehilangan** tempat tinggal.
B：Ya. Surat kabar memberitahukan **kejadian** itu.
A：Mudah-mudahan **keadaan**nya akan membaik.

[会話例の和訳]

A：ジャカルタはいつもとても渋滞してるわね。
B：交通渋滞はジャカルタの最大の問題の一つだ。
A：道が混んでいて，飛行機に乗り遅れそうになったことがある。

A：その県が洪水に見舞われて，住まいが失われた住民がいるようだ。
B：ええ。新聞がその出来事を伝えていたわ。
A：状況が良くなるといいけど。

語句 47

selalu	いつも	kabupatén ☺	県（基 bupati）
kemacétan ☺	渋滞（基 macét）	kebanjiran ☺	洪水に見舞われる（基 banjir）
lalu lintas	交通		
hampir	ほとんど〜しかける	kehilangan ☺	〜を失う（基 hilang）
ketinggalan ☺	置いていかれる（基 tinggal）	kejadian ☺	出来事（基 jadi）

慣用表現 47

mudah-mudahan　〜でありますように（基 mudah）

21.1 共接辞 ke--an が付加した派生語の形態

第1課と第9課で述べたように，接頭辞と接尾辞の両方が同時に付加し，派生語を作る場合，それを「共接辞」という。共接辞 ke--an が付加してできる派生語は，大きく名詞とそれ以外とに分けられる。共接辞 ke--an の語幹の多くは基語と一致するが，名詞を作る場合は，すでに ber-, ter-, se- などの接辞が付加した派生語や句に，共接辞 ke--an が付加するものがある。また，共接辞 ke--an の付加の際に語幹の重複がともなうものもある。

ke- + cepat + -an → kecepatan（速さ）
ke- + berhasil + -an → keberhasilan（成功，基 hasil）
ke- + tidak adil + -an → ketidakadilan（不公正）
ke- + mérah の重複 + -an → kemérah-mérahan（赤みを帯びている）

21.2 共接辞 ke--an の意味機能

共接辞 ke--an の主要な意味機能は，「抽象名詞」と「被害を表す動詞」の形成である。大きく次の7つに分けることができる。以下，順に解説する。

21

⑴ 抽象名詞
⑵ 語幹の支配領域・組織
⑶ 語幹のまとまり・集合体
⑷ 被害・迷惑
⑸ 可能・自発
⑹ 類似・比喩
⑺ 過剰（口語的用法）

⑴ 抽象名詞

語幹が意味する性質・状態や動作などの抽象概念を意味する名詞（～性，～であること）を形成する。具体的なもの・ことを表す場合もある。

ke--an 派生語	意味	語幹	
keindahan	美しさ	indah	美しい
kebaikan	親切	baik	良い
keséhatan	健康	séhat	健康な
kesenangan	幸せ，好きな物	senang	幸せな
kenyataan	現実，事実	nyata	現実の，事実の
kemungkinan	可能性	mungkin	可能性がある
kemampuan	能力	mampu	能力がある
kepentingan	重要性，利益	penting	重要な
kebersihan	清潔	bersih	清潔な
kecepatan	速さ	cepat	はやい
kesalahan	誤り	salah	間違った
kebenaran	真実	benar	本当の
kesibukan	忙しさ	sibuk	忙しい
kesulitan	困難	sulit	難しい
kesetiaan	誠実	setia	誠実な
kebiasaan	習慣	biasa	普通の，慣れた
kerusakan	破壊	rusak	壊れた
kemacétan	混雑	macét	混雑した
keamanan	治安，安全	aman	安全な
keadilan	公正	adil	公正な
ketidakadilan	不公正	tidak adil	不公正な
keselamatan	安全，無事	selamat	無事な

ke--an 派生語	意味	語幹	
kekerasan	強固さ；暴力	keras	かたい
kelaparan	空腹，飢餓	lapar	空腹な
kekurangan	不足，減少	kurang	足りない
kebanyakan	大部分	banyak	多い
kejahatan	邪悪性；犯罪	jahat	邪悪な，悪人の
keterangan	説明，解説	terang	明るい
kerajinan	工芸品	rajin	勤勉な
ketentuan	決まり，規定	tentu	決まった
keadaan	状態	ada	ある，いる
kejadian	出来事	jadi	なる
kenaikan	上昇	naik	上がる
keturunan	低下；子孫	turun	下がる
kepercayaan	信仰；信頼	percaya	信じる
kehidupan	生活	hidup	生きる
kemajuan	進歩	maju	進む
keberangkatan	出発	berangkat（基 angkat）	出発する
kelahiran	出生	lahir	生まれる
kemenangan	勝利	menang	勝つ
kekalahan	敗北	kalah	負ける
kemerdékaan	独立	merdéka	独立する
kematian	死	mati	死ぬ
kedatangan	来訪	datang	来る
keputusan	決定	putus	切れる
keberhasilan	成功	berhasil（基 hasil）	成功する
keseimbangan	均衡	seimbang（基 imbang）	均衡した
ketidakseimbangan	不均衡	tidak seimbang	不均衡な
keperluan	必要性，必要なもの	perlu	必要な
kepunyaan	所有，所有物	punya	持つ
kebakaran	火事	bakar	焼く
kebanjiran	洪水，大水，浸水	banjir	洪水(の)，大水(の)
keuangan	金融，経理	uang	お金
kebudayaan	文化	budaya	文化
kesenian	芸術	seni	芸術
kedokteran	医学	dokter	医者

ke--an 派生語	意味	語幹	
kehutanan	森林に関する事柄	hutan	森林
keagamaan	宗教性	agama	宗教
kepemimpinan	リーダーシップ	pemimpin（基 pimpin）	指導者

Kemacétan lalu lintas menjadi salah satu masalah terbesar di Jakarta.
交通渋滞はジャカルタでの最大の問題の一つだ。

Surat kabar memberitahukan kejadian itu.
新聞はその出来事を伝えている。

Mudah-mudahan keadaannya akan membaik.
状況が良くなりますように。

Tentara bertugas menjaga keamanan dan keselamatan negara.
軍は国の治安と安全を守る務めを負っている。

Kebanyakan warga di désa itu bertani padi.
その村民の多くは稲作を営んでいる。

Apakah kepolisian betul-betul melakukan kekerasan terhadap para mahasiswa?
本当に警察は大学生らに暴力をはたらいたのか。

kenaikan harga cabai　トウガラシの値段の上昇
keseimbangan ékonomi　経済的均衡
fakultas kedokteran　医学部
masalah kehutanan　森林問題

単語 bertugas 任務をもつ（基 tugas） betul-betul 本当に（基 betul）

(2) 語幹の支配領域・組織

語幹が意味する役職・役割が支配する組織や地域を表す語を作る。

ke--an 派生語	意味	語幹	
kecamatan	郡	camat	郡長
kabupatén	県	bupati	県知事
kelurahan	村	lurah	村長

ke--an 派生語	意味	語幹	
kedutaan besar	大使館	duta besar	大使
kerajaan	王国	raja	王
kementerian	省	menteri	大臣

Katanya kabupatén itu kebanjiran.
その県は洪水に見舞われているということだ。

kementerian luar negeri　外務省
kementerian kesésehatan　保健省

(3) 語幹のまとまり・集合体

語幹が意味する個々のもの・ことや人がまとまり，一体性をもったものを表す語を作る。

ke--an 派生語	意味	語幹	
kepulauan	諸島	pulau	島
kepolisian	警察署	polisi	警官
kesatuan	一体性，統一	satu	1
kesebelasan	イレブン（サッカーチーム）	sebelas（基 belas）	11
keseluruhan	全体	seluruh	すべての

kepulauan Jepang　日本列島
kesebelasan yang berseragam biru　青のユニフォームを着たイレブン

単語　berseragam 制服を着た（基 ragam）

21

(4) 被害・迷惑

主語が，語幹が表す動作・行為や状態によって，予期せず被害・迷惑を被ることを意味する語を形成する。

ke--an 派生語は，外部の行為を受けるという意味で，接頭辞 di- を用いた受動文と似ているが，受動文は不利益の含意がないという点で異なる。また，受動文では主語は動作が及ぶ対象（動作対象）であるが，ke--an 派生語の場合は主語に現れるのはたいてい動作対象を所有する人やもの・ことであり，直接の動作対象ではない。つまり，ke--an 派生語が述語に現れる構文は，誰／何が，どのような不利益を受けたかを述べるものである。

ke--an 派生語	意味	語幹／対応する語	
kepanasan	暑さにやられる	panas	暑い，熱い
kedinginan	寒さにやられる	dingin	寒い，冷たい
kelaparan	飢餓に襲われる	lapar	空腹な
kesepian	寂しさに襲われる	sepi	ひとけがない
kehausan	のどの渇きに襲われる	haus	喉が渇いた
kekurangan	不足に見舞われる	kurang	足りない
ketakutan	恐怖に襲われる	takut	怖い
ketiduran	居眠りしてしまう	tidur	寝る
kehilangan	～を失う	hilang	なくなる
kematian	死なれる	mati	死ぬ
kehujanan	雨に降られる	hujan	雨（が降る）
kebanjiran	洪水・浸水を被る	banjir	洪水（の），大水（の）
keracunan	毒に当たる	racun	毒
kesiangan	寝坊する	siang	昼
ketahuan	知られる	diketahui	知る
kedatangan	来られる	didatangi	来る
kemasukan	入られる	dimasuki	入る
kecurian	盗まれる	dicuri	盗む
kecopétan	スリにあう	dicopét	スリをする
ketinggalan	置いていかれる	ditinggalkan	置いていく
kebakaran	焼かれる	dibakar	焼く

語によって，「主語＋ke--an 派生語」の後に，補語として，主語に属するもの・ことや動作主を必要とする。

[主語] － [ke--an 派生語]

Dia kelaparan dan kehausan.　　彼は空腹と喉の渇きに見舞われた。
（cf. Dia lapar dan haus.）

Saya pernah hampir ketinggalan pesawat karena jalannya macét.
私は道路が混雑したために飛行機に置いていかれそうになったことがある。

Katanya kabupaten itu kebanjiran.
その県は洪水に見舞われているということだ。

［主語］－［ke--an 派生語］－［補語（主語に属する事物）］

Saya kecopétan dompét dalam bus.　私はバスの中で財布をすられた。
（cf. Dompét saya dicopét dalam bus.）
Ada warga yang kehilangan tempat tinggal.
住まいを失った住民がいる。
（cf. Tempat tinggal warga itu hilang.）

［主語］－［ke--an 派生語］－（oléh）－［補語（動作主）］

動作主を導く前置詞は必須ではない。

Saya kedatangan（oléh）tamu.　私は予期せず客に来られた。
（cf. Saya didatangi（oléh）tamu.）

ただし，kebakaran や kemasukan は主語が被害を被る人やもの・ことでなく，動作対象そのものであることに注意。

Rumah dia kebakaran.　彼の家は火事にあった。

(5) 可能・自発

ほぼ kelihatan, kedengaran の単語に限られる意味機能であり，「見える」「聞こえる」という意味と，「～のように見える」「～のように聞こえる」という意味をもつ。

ke--an 派生語	意味	語幹
kelihatan	（～のように）見える	lihat
kedengaran	（～のように）聞こえる	dengar

Yuli melihat mobil dinas?　ユリは公用車を見た？
–Tidak, Pak. Dari sini tidak kelihatan apa-apa.
—いいえ。ここからは何も見えませんでした。
Dia kelihatan sangat muda.　彼女はとても若く見える。
Suaranya kedengaran keras.　彼の声は大きく聞こえる。

単語　suara 声

⑹ 類似・比喩

語幹が表す性質に基づいて「～的」「～ぽい」「～のような」といった類似や比喩を意味する。語幹が重複する。

ke--an 派生語	意味	語幹
kemérah-mérahan	赤みがかっている	mérah
keputih-putihan	白っぽい	putih
kekanak-kanakan	子供っぽい	kanak
kejepang-jepangan	日本の影響を受けた	Jepang

Mukanya menjadi kemérah-mérahan karena demam.
顔が熱で赤くなっている。

単語　muka 顔　demam 熱

⑺ 過剰（口語的用法）

口語的な用法であるが，形容詞の語幹に共接辞 ke--an が付加し，その性質や状態が過剰であることを表す。フォーマルな文体では terlalu（～すぎる）を用いる。

kebanyakan	多すぎる	kekecilan	小さすぎる
kebesaran	大きすぎる	kemanisan	甘すぎる
kepanjangan	長すぎる		

Minuman ini kebanyakan bagi saya.　この飲み物は私には多すぎる。
（=Minuman ini terlalu banyak bagi saya.）

21.3 複数の意味機能をもつ ke--an 派生語

名詞と動詞の両方の意味をもつものがある。いくつか例をあげる。

kelaparan	空腹・飢餓；空腹・飢餓に見舞われる
kekurangan	不足；不足に見舞われる
kebanjiran	洪水・大水；洪水・大水に見舞われる
kedatangan	来訪；予期せず来訪を受ける
kebakaran	火事；火事にあう

練　習　問　題

1．例にしたがい，ke--an 派生語を使ってほぼ同じ意味になるように言い換えましょう。そして日本語にしましょう。

（例）Para siswa SD haus di lapangan.

→ Para siswa SD kehausan di lapangan.

小学校の生徒たちは運動場で喉の渇きに襲われた。

(1) Anak itu selalu bangun siang-siang.

(2) Tadi pagi sepéda motor saya dicuri di tempat parkir.

(3) Menteri itu didatangi wartawan tadi malam.

(4) Kunci saya hilang di tengah jalan ke kantor.

(5) Rumah tetangga saya dimasuki maling.

(6) Télépon pintar saya dicopét di dalam bis.

(7) Saya kena racun jamur.

単語　siang-siang 真っ昼間　kena かかる，あたる　jamur キノコ

2．次の文を日本語にしましょう。

(1) Kemenangan kesebelasan itu membuat masyarakat sangat gembira.

(2) Orang bulé itu ketiduran dalam keréta dan kecurian paspor.

(3) Kebiasaan tidur siang dikenal di berbagai negara, seperti Spanyol, Italia dan sebagainya.

(4) Ujian TOEFL itu bertujuan untuk mengukur kemampuan berbahasa Inggris.

(5) Kenyataan yang kami hadapi berat sekali.

単語　bulé 白人　dikenal 知る（基 kenal）　berbagai いろいろな（基 bagai）
Italia イタリア　dan sebagainya ～など　bertujuan 目標をもつ（基 tuju）
hadapi 直面する（基 hadap）

3．次の文をインドネシア語にしましょう。

⑴ 彼はすでに時代に取り残されている。
⑵ 8月17日はインドネシア共和国の独立記念日です。
⑶ 私たちは彼が来るのを待っていた。
⑷ 彼らはそのプロジェクトを進めるための資金の不足に見舞われている。
⑸ 私たちは過去の過ちを忘れてはならない。
⑹ 飛行機の出発時間がもう近づいている。
⑺ 彼は文化の部署で業務をしている。
⑻ その県の下には7つの郡がある。
⑼ 財務省はその規定を説明した。
⑽ あなたの忙しいところを邪魔してごめんなさい。
⑾ インドネシア大使館で手工芸品の展覧会が開催された。
⑿ その大臣の行為は西洋かぶれである。(「西」をもとに派生語を作る)
⒀ ジョコさんは具合が悪く見える。
⒁ 遠くから車の音が聞こえる。
⒂ このスカートは私には小さすぎるし，また短すぎる。

単語 時代 zaman　プロジェクト proyék　進める menjalankan（基 jalan）
過去 masa lalu　行為 tingkah laku　スカート rok

21

この本は２巻からなっている。

学習項目　接頭辞 ter-

目 標　主に動作がなされた状態を表す動詞を作る接頭辞 ter- の意味機能を覚え，接頭辞 di- との違いを理解する。

48 [会話例]

A：Buku ini **terdiri** dari dua jilid. Ke mana ya, jilid pertama?
B：Maafkan saya, Bu. Mungkin jilid pertama **terbawa** oléh saya. Bésok saya akan mengembalikannya.

A：Tahun lalu kebakaran besar **terjadi** di pasar ini.
B：Untung tidak ada korban jiwa waktu itu. Semua orang **terselamatkan** dari bencana **tersebut**.
A：Namun kerugiannya **terlalu** besar. Harga keseluruhannya tidak **terhitung**.

[会話例の和訳]

A：この本は２巻からなっている。第１巻はどこに行ったのかしら。
B：お許しください。多分第１巻は私がうっかりもっていってしまいました。明日お返しします。

A：昨年，大火事がこの市場で起こったんだよね。
B：運よくその時犠牲者が出なかった。全員その災害から救い出すことができた。
A：しかし，損害が大きすぎて，総額は計算できなかった。

語句 49

terdiri ☺	構成される（基 diri）	terselamatkan ☺	救助される（基 selamat）
maafkan	許す（基 maaf）		
terbawa ☺	うっかりもっていく（基 bawa）	tersebut ☺	既述の（基 sebut）
		kerugian	損害（基 rugi）
untung	幸運な	terhitung ☺	数えられる（基 hitung）
jiwa	生命		

慣用表現 49

untung ～　運のよいことに～

22.1 接頭辞 ter- が付加した派生語の形態

接頭辞 ter- が付加する際の規則は接頭辞 ber- と同じと考えてよい。語幹が r ではじまる場合と，語幹の第 1 音節が er［ər］で終わる場合は，基本的には r が脱落する。

ter- ＋ rasa → terasa（感じられる）
ter- ＋ cermin → tercermin, tecermin（反映される）

ter- 派生語には，さらに接尾辞 -kan, -i が付加されるものがある。

ter- ＋ selesai ＋ -kan → terselesaikan（解決される）
ter- ＋ penuh ＋ -i → terpenuhi（満たされる）

22

22.2 接頭辞 ter- の意味機能

接頭辞 ter- は，比較表現（第 20 課参照）で見た，「最も～である」という語を作る意味機能のほかに，動作や動作の完了した状態を表す派生語を形成する意味機能をもつ。後者の意味機能は，「非意図的」「完了」「可能」の 3 つに大きく分けることができる。以下，順に解説する。

⑴ 非意図的

語幹が表す動作・行為を，無意識に，あるいは意図せずにやってしまうことを表す。この機能をもつ ter- 派生語が述語となるとき，その主語が動作主である場合と動作対象である場合とがある。いずれの場合も，日本語では「ふと〜してしまう」「うっかり／誤って〜する」という訳が近い。

主語が動作主である場合は，主語が，語幹が表す行為を意図せず，無意識にしてしまう，主語に突然予期せずその行為が起きることを意味する。中には感情にかかわる動作・行為を表す語もある。

[主語が ter- 派生語の動作主である場合]

ter- 派生語	意味	語幹	
tertidur	うっかり寝てしまう	tidur	寝る
terbangun	ふと起きてしまう	bangun	起きる
teringat	ふと思い出す	ingat	思い出す
terjatuh	不意に落ちる，転ぶ	jatuh	落ちる，転ぶ
terlupa	うっかり忘れてしまう	lupa	忘れる
terbuka	自然に開く	buka	開いた
terlambat	うっかり遅くなってしまう	lambat	遅い
tersenyum	ほほえむ	senyum	
tertawa	笑う	tawa	
terkejut	驚く	kejut	

Dia tertidur di kelas.　彼は教室でふと寝てしまった。
（cf. Dia tidur di kelas.）
Saya terlupa nomor télépon kantor.
私はオフィスの電話番号をうっかり忘れた。
（cf. Saya lupa akan nomor télépon kantor.）
Saya tertawa mendengar cerita itu.　私はその話を聞いて笑った。
Ibu saya selalu tersenyum.　私の母はいつもほほえんでいる。

主語が動作対象である場合，その動作対象に対し，うっかりある動作・行為をしてしまうことを表す。その動作・行為は同じ語幹をもつ他動詞が表しているものと考えることができる。動作対象が主語である他動詞文（受動文）では意図的な動作を表し得るが，ter- 派生語を用いる文では非意図的な動作を表す。

[主語が ter- 派生語の動作対象である場合]

ter- 派生語	意味	語幹	対応する語	
terbawa	うっかりもっていってしまう	bawa	dibawa	もっていく
terinjak	うっかり踏んでしまう	injak	diinjak	踏む
termakan	うっかり食べてしまう	makan	dimakan	食べる
terminum	うっかり飲んでしまう	minum	diminum	飲む
terpakai	うっかり使ってしまう	pakai	dipakai	使う
terbaca	うっかり読んでしまう	baca	dibaca	読む
tertinggal	うっかり置き忘れる	tinggal	ditinggalkan	置いていく
terlupa	うっかり忘れてしまう	lupa	dilupakan	忘れる
teringat	ふと思い出される	ingat	diingat	覚える

Dompét saya tertinggal di rumah.
私の財布を家にうっかり置き忘れた。
（cf. Dompét saya ditinggalkan di rumah.）
Kaki saya terinjak di dalam bus.　　私の足はバスの中で踏まれた。
（cf. Kaki saya diinjak di dalam bus.）

動作主は，必要に応じて ter- 派生語の後に述べられる。人称代名詞の場合は前置詞 oléh によって導かれるが，人名などの場合は現れないこともある。

Mungkin jilid pertama terbawa oléh saya.
多分第 1 巻は私がうっかりもっていってしまった。
Minuman keras itu terminum anak saya.
そのアルコール飲料を私の子供がうっかり飲んでしまった。

単語　minuman keras アルコール飲料

⑵ 完了

接頭辞 ter- が付加した派生語は，主語である動作対象に対して，ある動作・行為が完了している状態を意味する。その動作・行為は，同じ語幹をもつ他動詞が表しているものと考えることができる。動作対象が主語である他動詞文（受動文）は動作・行為そのものに話者の関心が向けられているのに対し，ter- 派生語を用いる文ではその動作・行為が完了した状態に関心が向けられている。したがって，この意味の ter- 派生語が用いられる文では動作主は現れない。また，動作・行為が完了していることを表すことから，むしろ状態・性質をより表す例や，名詞の修飾語として用いられる例もある。

ter- 派生語	意味	語幹	対応する語	
tertulis	書かれている	tulis	ditulis	書く
terkunci	鍵がかけられている	kunci	dikunci	鍵を閉める
terjual	売り切れている	jual	dijual	売る
terpengaruh(i)	影響を受けている	pengaruh	dipengaruhi	影響を与える
terpaksa	強いられている，やむを得ず～する	paksa	dipaksa	強いる
tertarik	興味を引かれている	tarik	ditarik	引く
termasuk	含まれている，～を含め	masuk	dimasukkan	入れる
terbuat	（～から）作られている	buat	dibuat	作る
terdiri	（～から）構成される	diri	didirikan	設立する
terserah	任せられている	serah	diserahkan	任せる，渡す
tertinggal	取り残されている	tinggal	ditinggalkan	置いていく
tergantung	依る，かかっている	gantung	digantung(kan)	掛ける
terasa	感じられる	rasa	dirasa	感じる
terjadi	起こる	jadi	dijadikan	～にする
tersangka	疑われている	sangka	disangka	疑う
terbuka	開けられている，公開の	buka	dibuka	開ける
tertutup	閉められている, 非公開の	tutup	ditutup	閉める
terhormat	尊敬されている	hormat	dihormati	尊敬する
terbatas	限られている，限定的な	batas	dibatasi	制限する
terkenal	有名な	kenal	dikenal	知る
tertentu	一定の	tentu	ditentukan	定める
tersebut	既述の，その	sebut	disebut	言及する
terbiasa	すっかり慣れた	biasa	dibiasakan	慣れさせる

Tanggal lahir tertulis dalam formulir itu.
生年月日はその書類に書かれている。
（cf. Tanggal lahir ditulis dalam formulir itu.）
Biasanya kordén di lantai dua tertutup.
普通は2階のカーテンは閉められている。
（cf. Biasanya kordén di lantai dua ditutup.）
Buku ini terdiri dari dua jilid.　　この本は2巻からなる。
Kué ini terbuat dari tepung beras.　　この菓子は米粉からできている。
Saya tertarik pada film yang baru itu.
私はその新しい映画に興味がある。
Novél itu terjual habis di mana-mana.
その小説はどこでも売り切れている。
Tahun lalu kebakaran besar terjadi di pasar ini.
昨年大火事がこの市場で起こった。
Muséum ini sangat terkenal.　　この博物館はとても有名である。
Lapangan ini terbuka bagi masyarakat.
この広場は民衆に開放されている。
Orang tersebut baru dilantik sebagai kepala séksi.
その人はセクションの長に任命されたばかりだ。
bencana tersebut　　既述の災害
Kepada Yth. Bapak Yusuf
［手紙の宛名として］尊敬するユスフ様（Yth は yang terhormat の略）

単語　kordén カーテン　tepung 粉　séksi セクション
dilantik 任命される（基 lantik）

(3) 可能

接頭辞 ter- が付加した派生語は，主語である動作対象に対して，ある動作・行為を動作主が行う能力をもつことを意味する。その動作・行為は同じ語幹をもつ他動詞が表しているものと考えることができる。

対応する他動詞に接尾辞 -kan, -i が付加している場合，ter- 派生語にもそれらの接尾辞が現れる。また，否定詞をともなうことが多い。

ter- 派生語	意味	語幹	対応する語	
terhitung	数えられる	hitung	dihitung	数える
tertolong	助けられる	tolong	ditolong	助ける
terpakai	使える，使いきる	pakai	dipakai	使う
terbeli	買える	beli	dibeli	買う
terbaca	読める	baca	dibaca	読む
terbuka	開けられる	buka	dibuka	開ける
tercapai	到達される	capai	dicapai	達成する
terselamatkan	救助される	selamat	diselamatkan	救助する
terpenuhi	満たされる	penuh	dipenuhi	満たす
terpecahkan	解決される	pecah	dipecahkan	解決する
terlupakan	忘れられる	lupa	dilupakan	忘れる
terdapat	見受けられる	dapat	didapatkan	得る

Harga keseluruhannya tidak terhitung.
その総額は数えきれない。
（cf. Harga keseluruhannya tidak bisa dihitung.）

Uang sebanyak ini tidak terpakai.
これほどの額のお金は使いきれない。
（cf. Uang sebanyak ini tidak bisa dipakai.）

Permintaan meréka belum terpenuhi.
彼らの要求はまだ満たされていない。
（cf. Permintaan meréka belum bisa dipenuhi.）

Semua orang terselamatkan dari bencana tersebut.
全員をその災害から救うことができた。
（cf. Semua orang dapat diselamatkan dari bencana tersebut.）

動作主は，必要に応じて ter- 派生語の後に述べられる。人称代名詞の場合は前置詞 oléh によって導かれるが，人名などの場合は現れないこともある。

Huruf kecil itu tidak terbaca oléhnya.
その小さい文字は彼には読めない。

Beras jenis itu terbeli masyarakat biasa.
その種類のコメは一般民衆にも買える。

terlihat, terdengar については，「見える」「聞こえる」という意味と，「～のように見える」「～のように聞こえる」という意味をもつ。kelihatan, kedengaran とほぼ同じである（21.2 節参照）。

ter- 派生語	意味	語幹	対応する語
terlihat	（～のように）見える	lihat	dilihat
terdengar	（～のように）聞こえる	dengar	didengar

Déwi tidak mendengar bunyi télépon?
デウィは電話の音を聞かなかった？

–Ya, bunyi HP terdengar dari dapur.
―はい，携帯電話の音が台所から聞こえました。

Dia terlihat sangat miskin.　彼はとても貧しく見えた。

Suaranya terdengar keras.　彼の声は大きく聞こえた。

単語 permintaan 要求（基 minta） huruf 文字 dapur 台所

22.3 動詞以外の意味機能をもつ ter- 派生語

ter- 派生語には，以上のような動詞ではなく，前置詞や副詞，名詞として使われるものがある。

terhadap	～に対して	termasuk	～を含めて
terlalu	～すぎる	tergugat	被告
terutama	特に	tersangka	被疑者

22.4 複数の意味機能をもつ ter- 派生語

ter- 派生語には，非意図的，完了，可能のうち，複数の意味機能をもつもの，あるいは複数の機能にまたがっていると考えられるものがある。たとえば以下の例がある。

terbaca（うっかり読んでしまう；読むことができる）

Surat cinta Tuti terbaca oléh saya.

トゥティのラブレターをうっかり私は読んでしまった。

Buku lama itu tidak terbaca.　　その古い本は読めない。

terbuka（自然に開く；もう開けられている；開けることができる）

Pintu itu terbuka karena anginnya keras.

風が強くて，その戸が開いた。

Acara ini terbuka untuk rakyat.　　この催しは民衆に公開されている。

Pintu kamar tidak terbuka karena dikunci dari dalam.

部屋のドアは，中から鍵をかけられていて開かない。

teringat, terlupa は，主語が動作主である場合と動作対象の場合がある。

Wajah teman saya teringat saat melihat foto yang lama.

古い写真を見て，友達の顔がふと思い出された。

Saya teringat akan wajah teman waktu kecil.

私は小さい頃の友達の顔をふと思い出した。

単語　angin 風　wajah 容貌，顔　saat ～の時

練習問題

1．次の文を日本語にしましょう。

(1) Kami terpaksa meninggalkan Tokyo ke Kyoto. Apa boléh buat.
(2) Berapa orang yang menghadiri pésta itu termasuk kami?
(3) Ikan mentah termakan oléhnya.
(4) Program ini terdiri dari dua bagian.
(5) Gunung Fuji terkenal sekali sebagai gunung yang tertinggi di Jepang.
(6) Masalah tersebut masih dibicarakan dalam rapat kelurahan.
(7) Soal kebersihan itu tergantung pada pemerintah.
(8) Di Indonésia tanaman pisang tersebar luas dan dapat dikatakan terdapat di setiap pekarangan.
(9) Saya teringat harus menghubungi Pak Éka mengenai kerusakan kantor.
(10) Sumber daya alam di bumi sangat kaya, tetapi terbatas.

単語　apa boléh buat 仕方がない　mentah 生の　tanaman 植物（基 tanam）　tersebar 広がった（基 sebar）　pekarangan 庭，敷地（基 karang）　sumber daya 資源　bumi 地球

2．次の文をインドネシア語にしましょう。

(1) どこで私たちは食事しましょうか。—あなたに任せます。
(2) 私はまだ十分研究されてないその地方の文化に興味がある。
(3) 豚肉をアリ（Ali）さんはうっかり食べてしまった。
(4) 彼女は不健康に見える。
(5) この公正に関する目標はまだ達成されていない。
(6) 首都の交通問題はまだ解決されていない。
(7) 私たちはその県における洪水のニュースを聞いて大変驚いた。
(8) 買ったばかりの皿をうっかり落としてしまった（落ちてしまう）。
(9) 既述の被告は大きな犯罪をおかした（行った）。
(10) その火事の犠牲者はもはや助けられない。

単語　目標 tujuan（基 tuju）　首都 ibu kota　これ以上〜ない tidak 〜 lagi

翻訳家になりたい。

学習項目 接頭辞 peN-, pe-

目 標 主に人を表す名詞を作る接頭辞 peN-, pe- の意味機能を理解する。

[会話例]

A：Saya bercita-cita untuk bekerja di kantor **pemerintah**, terutama di Kementerian Keuangan.
B：Di masa depan Wisnu akan menjadi **pejabat** tinggi, ya. Saya ingin menjadi **penerjemah** bahasa Indonésia.
A：Tolong terjemahkan banyak novél Jepang ke bahasa Indonésia. **Peminat** novél Jepang banyak sekali di sini, termasuk saya.

A：Alat untuk memadamkan api namanya apa?
B：Namanya alat **pemadam** api.
A：Kalau orang yang bertugas memadamkan api, disebut apa?
B：**Petugas pemadam** api.

[会話例の和訳]

A：僕は役所で働きたいと思っているんだ。特に財務省で。
B：将来，ウィスヌは官僚になるのね。私はインドネシア語の翻訳家になりたい。
A：たくさんの日本の小説をインドネシア語に訳して。ここには日本の小説に関心をもつ人がたくさんいる，私を含めて。

A：火を消す道具は何ていうの。
B：消火器という。
A：火を消す業務をする人は，何と呼ぶの。
B：消防士。

語句 51

bercita-cita	理想をもつ（基 cita）	penerjemah☺	通訳, 翻訳家（基 terjemah）
masa	時期	peminat☺	関心をもつ人（基 minat）
masa depan	将来	memadamkan	消す（基 padam）
Wisnu	ウィスヌ（人名）	pemadam☺	消火の道具（基 padam）
pejabat☺	役人（基 jabat）	disebut	呼ぶ, 言及する（基 sebut）
		petugas☺	係員（基 tugas）

23.1 接頭辞 peN-, pe- が付加した派生語の形態

接頭辞 peN- が付加する場合，語幹の語頭音に応じて接頭辞 meN- に準じた鼻音変化（第 14 課参照）が起きる。接頭辞 pe- は語幹にそのまま付加し，音韻変化はない。

接頭辞 peN- が付加するのは，同じ語幹をもつ meN- 派生語が対応している場合と，語幹が人の性質を表す場合である。接頭辞 pe- が付加するのは，同じ語幹をもつ ber- 派生語が対応している場合である。

pe-/peN- 派生語	語幹	対応する派生語
pemain	main	bermain
pekerja	kerja	bekerja
pelajar	ajar	belajar
pejalan kaki	jalan	berjalan kaki
pengajar	ajar	mengajar
pengirim	kirim	mengirim
pemalu	malu	
penakut	takut	

23

23.2 接頭辞 peN-, pe- の意味機能

接頭辞 peN-, pe- は,「動作・行為をする人, 道具, もの」あるいは「性質をもつ人」を意味する名詞を作る。後者には形容詞として用いられるものがある。以下に解説する。

⑴ 動作・行為をする人，道具，もの

動作・行為をする人，道具，ものを意味する名詞を作る。その動作・行為は，同じ語幹をもつ ber- 派生語，meN- 派生語（接尾辞 -kan, -i がともなうこともある）と考えることができる。

[pe- 派生語]

pe- 派生語	意味	語幹	対応する語	
pemain	選手, 演者, 演奏者	main	bermain, memainkan	プレーする, 演奏する
pekerja	労働者	kerja	bekerja	働く
pelajar	学習者	ajar	belajar	勉強する
pejalan kaki	歩行者	jalan	berjalan kaki	徒歩で行く
petani	農民	tani	bertani	農業を営む
pelari	走者	lari	berlari	走る
pedagang	商人	dagang	berdagang	商売する
petugas	係員	tugas	bertugas	業務をする
peserta	参加者	serta	beserta	ともに，参加する
peminat	関心をもつ人	minat	berminat, meminati	関心をもつ
pejabat	役人	jabat	berjabatan	役職についている
petinju	ボクシング選手	tinju	bertinju	ボクシングをする

pemain bulu tangkis　　バドミントン選手
pedagang ikan　　魚商人
petugas pemadam api　　消防士

Di masa depan Wisnu akan menjadi pejabat tinggi, ya.
　将来，ウィスヌは官僚になるのね。

Peminat novél Jepang banyak sekali di sini, termasuk saya.
　ここには日本の小説に関心をもつ人がたくさんいる，私を含めて。

Dua pejalan kaki téwas karena ditabrak truk.
　2 人の歩行者がトラックにひかれて死亡した。

スポーツ選手の場合は，対応する ber- 派生語がない場合でも，接頭辞 pe- が付加する。

pe- 派生語	意味	対応する語句
peténis	テニス選手	（bermain）ténis
pegolf	ゴルフ選手	（bermain）golf
pesumo	相撲取り	（bermain）sumo

Peténis itu menjadi terkenal karena menang dalam kejuaraan dunia.
そのテニス選手は世界選手権で勝ったので有名になった。

単語 ditabrak 衝突する（基 tabrak） truk トラック
kejuaraan チャンピオンシップ（基 juara）

［peN- 派生語］

peN- 派生語	意味	語幹	対応する語	
pemakai	使用者	pakai	memakai	使う
pembantu	お手伝いさん，使用人	bantu	membantu	手伝う
pencuri	盗人	curi	mencuri	盗む
pembaca	読者	baca	membaca	読む
pendengar	聞き手	dengar	mendengar	聞く
penonton	視聴者，観客	tonton	menonton	観る
pengirim	送り手	kirim	mengirim	送る
penjaga	警備員	jaga	menjaga	守る
pelaksana	主催者	laksana	melaksanakan	実施する
pembeli	買い手	beli	membeli	買う
pemerintah	政府	perintah	memerintah	命じる
pengarang	筆者，作者	karang	mengarang	文章を書く
penulis	筆者	tulis	menulis	書く
pelatih	コーチ	latih	melatih	訓練をつける
penerjemah	翻訳家，通訳	terjemah	menerjemah（kan）	訳す
pengunjung	訪問者	kunjung	mengunjungi	訪ねる
penduduk	住民，人口	duduk	duduk, menduduki	座る，占領する
pendatang	来訪者，新参者	datang	datang, mendatangi	来る
pecinta, pencinta	愛好者，ファン	cinta	cinta, mencintai	愛する

23

peN- 派生語	意味	語幹	対応する語	
penggaris	定規	garis	menggaris	線を引く
penghapus	消す道具(消しゴムなど)	hapus	menghapus	消す, 削除する
pemadam	消火器	padam	memadamkan	消す
pemanas	暖房器具 (ヒーターなど)	panas	memanaskan, memanasi	熱する
penyakit	病気	sakit	menyakitkan	痛くする
penyebab	原因	sebab	menyebabkan	引き起こす

Saya bercita-cita untuk bekerja di kantor pemerintah, terutama di Kementerian Keuangan.
私は役所，特に財務省で働きたいと思っている。

Saya ingin menjadi penerjemah bahasa Indonésia.
私はインドネシア語の翻訳家になりたい。

Namanya alat pemadam api.　その名前は消火器という。

Ia adalah seorang pengarang yang sudah menghasilkan banyak cerpén.
彼はすでにたくさんの短編小説を生み出した作家である。

Para pendatang bertentangan dengan penduduk setempat.
新参の住民（移民）たちは地元住民と敵対している。

Apa yang menjadi penyebab kerusakan hutan?
何が森林破壊の原因となっているのか。

単語 bertentangan 対立する（基 tentang）

⑵ ～の性質の人

語幹が表す性質や感情をもつ人という意味の名詞を作る。そのような性質や感情をもっている，傾向があるという形容詞として用いられる場合もある。

peN- 派生語	意味	語幹	
pendiam	無口な人；無口な	diam	黙っている
pemalas	怠け者；よく怠ける	malas	怠惰な
pelupa	忘れん坊；物忘れが多い	lupa	忘れる
pemberani	勇敢な人；勇敢な	berani	勇気がある
pemarah	怒りん坊；よく怒る	marah	怒った
penakut	恐がり屋；恐がりの	takut	恐れている
pemalu	恥ずかしがり屋；恥ずかしがり屋の	malu	恥ずかしい
pemuda	若者，青年	muda	若い
penjahat	悪人，犯罪者	jahat	悪人の

Dia seorang pendiam. 彼は無口な人である。
Dia sangat pendiam. 彼はとても無口だ。
Pemuda itu bukan / tidak pemalas. その若者は怠け者ではない。

23.3 接頭辞 pe- と peN- の両方が付加する語幹

同じ語幹から pe- 派生語と peN- 派生語の両方が作られることがある。

語幹	pe-/peN- 派生語		対応する語	
ajar	pelajar	生徒，学習者	belajar	学ぶ
	pengajar	教師	mengajar	教える
jabat	pejabat	役人	berjabatan	役職につく
	penjabat	職務を行なう人，代行	menjabat	職務を行なう
suruh	pesuruh	メッセンジャー，雑用係	（disuruh）	
	penyuruh	命じる人	menyuruh	命じる
tunjuk	petunjuk	ガイド，ガイドライン	（ditunjuk, ditunjukkan）	
	penunjuk	指し示す道具，標識	menunjuk, menunjukkan	指し示す

練 習 問 題

1．括弧内の動詞に対応する peN-/pe- 派生語を作りましょう。

⑴ 運転者　（mengemudi 運転する）
⑵ 乗客　（menumpang 乗車する）
⑶ 看護師　（merawat 看護する）
⑷ シートベルト　（mengamankan 安全にする；「安全ベルト」と表現する）
⑸ 畜産家　（beternak 畜産を営む）
⑹ 実行者，犯人　（melakukan 行う）
⑺ スリ　（mencopét スリをする）
⑻ 売り手　（menjual 売る）
⑼ 研究者　（meneliti 調査する）
⑽ デザート　（mencuci 洗う；「口を洗うもの」と表現する）
⑾ 踊り手　（menari 踊る）

単語　ベルト sabuk　口 mulut

2．例にしたがい，質問と答えを作りましょう。

（例）学ぶ・学生

Orang yang belajar disebut apa?
学習する人は何と呼ばれるのか。

–Orang yang belajar disebut pelajar.
学習する人は pelajar（学習者・学生）と呼ばれる。

⑴ プレーする・選手
⑵ 働く・労働者
⑶ 走る・走者
⑷ 商売する・商売人
⑸ 使う・使用者
⑹ 買う・買い手
⑺ ゴルフをする・ゴルフ選手
⑻ 書く・書き手

(9) 警備する・警備員
(10) 読む・読み手
(11) 実施する・主催者
(12) 盗む・泥棒
(13) 話す・話し手

3．次の文をインドネシア語にしましょう。
(1) その若者はそれほど恥ずかしがり屋ではない。
(2) 彼女は心臓の病気で苦しんでいる。
(3) そのギター奏者は怠け者ではない。
(4) この村の住民の大部分は農民か畜産家である。
(5) 消しゴムと定規を借りていい？
(6) 送り手の住所がまだ記入されていない。
(7) このラジオ番組はまだ依然としてたくさんのリスナーによって好まれている。
(8) 新しいバドミントンのコーチは高いリーダーシップをもっている。
(9) その展覧会の来客数（訪問者数）はすでに千人に到達した。
(10) インドネシアのエアコンはヒーターの機能をもっていない。

単語 心臓 jantung　ギター gitar　ゴム karét　番組 program　ラジオ radio
依然として～ tetap　エアコン AC（［ase］と読む）　機能 fungsi

Pelajaran 24 見せたいものがある。

学習項目　接頭辞 memper-

目　標　他動詞を作る接頭辞 memper- の意味機能を理解し，能動文と受動文のどちらも作ることができる。

52 [会話例]

A：Ada yang mau saya **perlihatkan**. Ini, Maki.
B：Wayang kulit! Ini terbuat dari kulit kerbau, ya.
A：Maki sudah mendalami kesenian adat Indonésia. Ini dimainkan oléh dalang. O ya, nanti malam wayang kulit akan **dipertunjukkan** di téater.

A：Saya **diperboléhkan** pihak univérsitas untuk belajar satu seméster lagi.
B：Visa pelajar perlu **diperpanjang**, ya?
A：Ya. Sesudah **memperoléh** surat izin dari univérsitas, saya harus mengurus visa dengan segera.

[会話例の和訳]

A：見せたいものがある。これだよ，マキ。
B：影絵芝居の人形！ これは水牛の皮でできているのよね。
A：マキはもうインドネシアの伝統芸術をよく知っている。これを人形遣いが操作するんだ。あ，そうだ，今晩劇場で影絵芝居が上演されるよ。

A：私は大学側にもう１学期学ぶことを許可されたの。
B：学生ビザを延長する必要があるよね。
A：ええ。大学から許可証明書を得たら，すぐにビザの手続きをしないと。

語句 53

perlihatkan ☺	見せる（基 lihat）
wayang	影絵芝居
kerbau	水牛
dalang	人形遣い
dipertunjukkan ☺	上演する（基 tunjuk）
téater	劇場
diperboléhkan ☺	許可する（基 boléh）
pihak	側
diperpanjang ☺	延長する（基 panjang）
memperoléh ☺	得る（基 oléh）
mengurus	手続きする（基 urus）

24.1 接頭辞 memper- が付加した派生語の形態

接頭辞 memper- は meN- と per- からなる。memper- が付加した派生語は，まず語幹（基語と一致）に per- が付加され，さらに meN- が付加されたと捉える。つまり，memper- のついた派生語は meN- 派生語の 1 つであり，他動詞を形成する。受動文では，ゼロ形の per- ＋語幹，あるいは di- 形の di- ＋ per- ＋語幹の形をとる。接尾辞 -kan, -i がともなう語もある。

ber- 派生語の ber- が per- に対応していると考えられるものもある。

memper- ＋ panjang → memperpanjang（延長する）
memper- ＋ satu ＋ -kan → mempersatukan（統一する）
memper- ＋ baru ＋ -i → memperbarui（刷新する）

語幹	panjang	satu	baru
他動詞語幹	perpanjang	persatukan	perbarui
ゼロ形	perpanjang	persatukan	perbarui
meN- 形	memperpanjang	mempersatukan	memperbarui
di- 形	diperpanjang	dipersatukan	diperbarui

24.2 接頭辞 memper- の意味機能

接頭辞 memper- には，大きく３つの意味機能がある。以下，順に解説する。

(1) 使役「～を…させる」「～を…にする」

(2) 話題・対象　「～を…する」「～について…する」

(3) 語幹としてみなす，語幹のように扱う

(1) 使役「～を…させる」「～を…にする」

目的語（動作対象）が，語幹が表す性質・状態，あるいは動作・行為を行った状態にする，という意味をもつ。接尾辞 -kan の意味機能と似ているが，語幹が性質・状態（形容詞）の場合，「より／さらに一層～にする」という意味になる点が異なる。

memper- 派生語	意味	語幹	
memperpanjang	～を延長する	panjang	長い
memperbanyak	～の数を増やす	banyak	多い
memperkecil	～を縮小する	kecil	小さい
memperbesar	～を拡大する	besar	大きい
memperdalam	～を深める	dalam	深い
mempersingkat	～を短くする，縮める	singkat	短い
mempercepat	～を早くする，早める	cepat	早い
memperbaiki	～を修理する	baik	良い
memperbarui	～を刷新する	baru	新しい
memperingatkan	～を思い出させる，注意する	ingat	思い出す
memperboléhkan	～を許可する	boléh	～してもよい

Visa pelajar perlu diperpanjang, ya?
　学生ビザを延長する必要があるよね？

Saya perlu memperpanjang visa pelajar.
　私は学生ビザを延長する必要がある。

Visa pelajar perlu saya perpanjang.
　学生ビザは，私は延長する必要がある。

Saya diperboléhkan pihak univérsitas untuk belajar satu seméster lagi.
　私は大学側にさらに１学期学ぶことを許可された。

Kami terpaksa memperkecil rencana itu.
私たちはその計画を縮小せざるを得ない。
Mobil yang rusak itu masih diperbaiki di béngkél.
その故障した車はまだ修理工場で修理している。

使役的な意味機能をもつ memper- 派生語の中には，同じ語幹をもつ ber- 派生語が見られるものがある。目的語（動作対象）が ber- 派生語の表す動作・行為を行った状態にするという意味をもつと解釈できる。接尾辞 -kan が付加されることが多い。

memper- 派生語	意味	語幹	対応する語	
mempersatukan	～を統一する	satu	bersatu	一つになる
mempergunakan	～を利用する	guna	berguna	役立つ
memperbédakan	～を区別する	béda	berbéda	異なる
memperkenalkan	～を紹介する	kenal	berkenalan	知り合う
mempertemukan	～を会わせる	temu	bertemu	会う
memperoléh	～を得る	oléh	beroléh	得る

Sesudah memperoléh surat izin dari univérsitas, saya harus mengurus visa dengan segera.
大学から許可証明書を得たら，すぐにビザの手続きをしないと。
Surat izin dari univérsitas sudah saya peroléh.
大学の許可証明書を私はすでに得た。
Surat izin dari univérsitas sudah diperoléhnya.
大学の許可証明書を彼はすでに得た。
Negara itu mengalami kesulitan untuk mempersatukan berbagai suku.
その国は様々な民族を統一するのに困難を経験した。
Saya memperkenalkan diri di tempat kerja baru.
私は新しい職場で自己紹介した。
Dia mempertemukan istrinya kepada keluarga besar.
彼は妻を親族に会わせた。

単語 suku 民族，種族

また，同じ語幹をもつ他動詞の meN-(-kan) 派生語が見られるものがある。他者が「meN-(-kan) ＋目的語（動作対象)」という行為をできるようにするという意味をもつ。

memper- 派生語	意味	語幹	対応する語
memperlihatkan	～を見せる	lihat	melihat
memperdengarkan	～を聞かせる	dengar	mendengar
mempertunjukkan	～を上演する	tunjuk	menunjuk(kan)

Ada yang mau saya perlihatkan.　見せたいものがある。
Guru itu memperlihatkan sebuah gambar kepada muridnya.
その教師は生徒に一枚の絵を見せた。
Sebuah gambar diperlihatkan guru itu kepada muridnya.
一枚の絵をその教師は生徒に見せた。
O ya, nanti malam wayang kulit akan dipertunjukkan di téater.
あ，そうだ，今晩影絵芝居が劇場で上演される。

(2) 話題・対象　「～を…する」「～について…する」

目的語（動作対象）についてある動作・行為を行うという意味をもつ。その動作・行為は同じ語幹の動詞（主に基語動詞，ber- 派生語）が表すものと考えることができる。接尾辞 -kan あるいは -i のいずれかが付加する。これらの接尾辞が「～について」といった前置詞の機能を果たしていると考えることができる。

memper- 派生語	意味	語幹	対応する語	
mempelajari	～を学ぶ	ajar	belajar	勉強する
memperhatikan	～に関心を払う	hati	berhati-hati	気をつける
memperjuangkan	～を目指して闘う	juang	berjuang	闘う
mempertanyakan	～について尋ねる	tanya	bertanya	尋ねる
memperingati	～を記念する	ingat	ingat	思い出す，覚える
memperkirakan	～を予測する	kira	mengira	～と思う

24.1 節であげた他動詞の形態からわかるように，他動詞以外（基語動詞や ber- 派生語）は受動文で使うことはできない。たとえば，「～を学ぶ」と言う場合，主語が動作主の場合は，belajar と mempelajari のどちらも使うことができる。しかし，主語が動作対象の場合（つまり受動文）は belajar が使えないことに注意する必要がある。ゼロ形の pelajari か di- 形の dipelajari を用いる。

Saya mempelajari ilmu kedokteran di univérsitas.
私は大学で医学を学んだ。
（cf. Saya belajar（tentang）ilmu kedokteran di univérsitas.）
Téori itu sedang saya pelajari di univérsitas.
その理論は，私は大学で学んでいるところだ。
Téori itu sedang dipelajari oléh mahasiswa S1.
その理論は，学部生が学んでいるところだ。
Ilmu yang saya pelajari di univérsitas adalah ilmu kedokteran.
大学で私が学んだ学問は医学である。
Perhatikanlah apa yang akan dijelaskan sekarang.
今説明されることによく注意しなさい。
Masyarakat Indonésia memperingati Hari Sumpah Pemuda.
インドネシアの民衆は青年の誓いの日を記念する。

単語 téori 理論　S1 学部レベル（=strata satu）
Sumpah Pemuda 青年の誓い（1928 年オランダ支配下の民族主義運動の中で宣言された）

⑶ 語幹としてみなす，語幹のように扱う

目的語（動作対象）を語幹が表す人，もの・こととしてみなす，あるいはそのように扱うという意味をもつ。接尾辞 -kan が付加する語もある。

memper- 派生語	意味	語幹
mempermasalahkan	～を問題とする，問題視する	masalah
mempersoalkan	～を問題とする，問題視する	soal
memperistri(kan)	～を妻とする	istri
memperkuda	～を馬の如く扱う，こき使う	kuda
memperbudak	～を奴隷のように扱う	budak

24

Kami mempermasalahkan kekurangan tenaga kerja di rapat kemarin.
私たちは労働力の不足を昨日の会議で問題にした。
Kekurangan tenaga kerja tidak kami permasalahkan di rapat kemarin.
労働力の不足は，私たちは昨日の会議で問題にしなかった。

Apakah kekurangan tenaga kerja akan dipermasalahkan di rapat bésok?
労働力の不足は明日の会議で問題とされる予定なのか。
Dia baru memperistri adik sahabatnya.
彼は親友の妹を妻としたばかりである。
Pembantu itu diperbudak oléh tuan rumahnya.
その使用人は家主に奴隷のように扱われた。

単語　sahabat 親友

24.3 memper- 派生語と meN--kan 派生語

接頭辞 memper- の per- と接尾辞 -kan は，両方とも使役的機能と前置詞的機能をもっているため，意味が似ている場合がある。語によっては，使い分けが見られる。

memper- 派生語		me--kan 派生語	
mempermasalahkan	～を問題とする， ～を問題視する	memasalahkan	～を問題とする
memperingatkan	～に警告する， ～を注意する	mengingatkan	～に思い出させる， ～に注意する
mempertanyakan	～について尋ねる	menanyakan	～について尋ねる
mempergunakan	～を利用する	menggunakan	～を利用する
memperpanjang	～を延長する	memanjangkan	～を長くする
mempersingkat	～を（さらに）短くする	menyingkat(kan)	～を短くする
memperdalam	～を深める	mendalamkan	～を深くする， ～を深くに入れる
memperbesar	～を拡大する	membesarkan	～を大きくする， ～を育てる

練 習 問 題

1. 例にしたがい，2つの文を作りましょう。そして，日本語にしましょう。

（例）彼ら・団結する

Meréka belum bersatu. 彼らはまだ団結していない。

Meréka perlu dipersatukan. 彼らは団結させる必要がある。

(1) その出発・早い

(2) その住民・働く

(3) その資金・役立つ

(4) その絵・大きい

(5) その写真・多い

(6) 彼ら・会う

2. 次の文を日本語にしましょう。

(1) Ia sering memperingatkan anak-anaknya agar berhati-hati kalau mengendarai sepéda motor.

(2) Pemerintah memperkirakan bahwa jumlah penduduk akan bertambah 2% tahun depan.

(3) Kebijakan kehutanan negara itu akan diperbarui dengan mempertimbangkan kerusakan hutan.

(4) Kebiasaan merokok sedang dipersoalkan baik dari segi keséhatan, maupun dari segi kebersihan.

(5) Dokter itu tidak memperboléhkan pasiénnya menggunakan obat yang lain tanpa izin.

(6) Apakah jam kerja pegawai negeri dipersingkat selama bulan puasa?

単語 agar ～するように　mengendarai 運転する（基 kendara）
kebijakan 政策（基 bijak）　mempertimbangkan 考慮する（基 timbang）
segi 側面　tanpa ～なしに　puasa 断食

3．次の文をインドネシア語にしましょう。

(1) 彼はクラスメートに自己紹介した。

(2) 彼らの安否（安全）はできるだけ早く尋ねる必要がある。

(3) インドネシアの民衆は祖国の独立を目指し闘った。

(4) インドネシアの民衆は毎年8月17日に独立を記念する。

(5) 今度の土曜日にこのホテルで上演されるのはバリ舞踊である。

単語　祖国 tanah air　舞踊 tarian（基 tari）

農作物には何と何があるの。

学習項目 共接辞 per--an, peN--an, pe--an, 疑問詞＋ saja

目 標 主に動作・行為を表す名詞を作る共接辞 per--an, peN--an, pe--an の意味機能を理解する。

54  [会話例]

A：Kampung halaman saya di daérah **pegunungan**. Penduduk di sana kebanyakan bekerja sebagai petani.
B：Hasil **pertanian**nya **apa saja**?
A：Cengkéh, kopi, manggis dan lain-lain. **Penghasilan** yang utama dari cengkéh.

A：Minggu lalu kami mengadakan acara **pertukaran** budaya Indonésia dan Jepang.
B：Katanya dilakukan **perkenalan** kebiasaan, kehidupan sehari-hari dan sebagainya dari kedua negara.
A：Ya. Mémang di antara kedua negara terdapat banyak **perbédaan**, tetapi ada banyak **persamaan** juga.

[会話例の和訳]

A：私の故郷は山地にある。そこの住民は大多数が農民として働いている。
B：農作物には何と何があるの。
A：丁子（チョウジ），コーヒー，マンゴスチンなど。主要な収入源は丁子なんだ。

A：先週，私たちはインドネシアと日本の文化交流のイベントを開催した。
B：両国の習慣，日常生活などの紹介が行われたらしいね。
A：そうなんだ。もちろん両国の間にはたくさんの違いが見られるけど，共通点もまたたくさんある。

語句 55

pegunungan ☺	山地（基 gunung）	pertukaran ☺	交流，交換（基 tukar）
pertanian ☺	農業（基 tani）	perkenalan ☺	紹介（基 kenal）
cengkéh	丁子，クローブ	sehari-hari	日常の（基 hari）
manggis	マンゴスチン	mémang	もちろん，当然
penghasilan ☺	売上，収入（基 hasil）	perbédaan ☺	違い（基 béda）
utama	主要な	persamaan ☺	共通点（基 sama）

慣用表現 55

dan lain-lain	～など
apa saja? ☺	何と何？

25.1 共接辞 per--an, peN--an, pe--an が付加した派生語の形態

共接辞 per--an は，ほとんどの語幹にはそのまま付加し，音韻変化はない。しかし，接頭辞 ber- に準じて per- が pel-, pe- になることがある（第 9 課参照）。

共接辞 peN--an は，語幹の頭音に応じて接頭辞 meN- に準じた鼻音変化が起きる（第 14 課参照）。

共接辞 pe--an は，語幹にそのまま付加される。

per- + dagang + -an → perdagangan（商売）
per- + kerja + -an → pekerjaan（仕事）
per- + ajar + -an → pelajaran（学習）
peN- + baca + -an → pembacaan（読むこと）
peN- + rasa + -an → perasaan（感情）
pe- + désa + -an → pedésaan（村落地）
pe- + gunung + -an → pegunungan（山地）

25.2 共接辞 per--an, peN--an, pe--an の意味機能

共接辞 per--an, peN--an, pe--an の意味機能は，主に，動作・行為，過程を表す名詞を作ること，場所を表す名詞を作ることの２つである。

(1) 動作・行為，過程を表す名詞
(2) 語幹が集合している場所

前者の機能は per--an, peN--an で表され，後者の機能は pe--an, peN--an によって表される。以下，２つの機能を解説する。

(1) 動作・行為，過程を表す名詞

この意味機能は共接辞 per--an と peN--an が担う。主に動作・行為やその過程を表す名詞を作る。その動作・行為は同じ語幹をもつ動詞が表すものと考えられる。共接辞 per--an は主に ber- 派生語，memper- 派生語に対応し，共接辞 peN--an は meN- 派生語（接尾辞 -kan, -i がともなうことがある）に対応すると考えられる。ただし，語によっては，動作や過程ではなく，動作や過程にかかわるもの・ことや場所を表すこともある。

［per--an 派生語］

per--an 派生語	意味	語幹	対応する語	
perjalanan	旅行，行程	jalan	berjalan	歩く
pertanian	農業	tani	bertani	農業を営む
perdagangan	商売，貿易	dagang	berdagang, memperdagangkan	商売をする， 貿易をする
perjuangan	闘争	juang	berjuang, memperjuangkan	闘う
permainan	遊び，プレー	main	bermain	遊ぶ，プレーする
pertemuan	会合	temu	bertemu	会う
pekerjaan	仕事	kerja	bekerja	働く
pelajaran	勉強，レッスン	ajar	belajar, mempelajari	学ぶ
perpisahan	別れ	pisah	berpisah	別れる
pertambahan	増加	tambah	bertambah	増える
perbédaan	違い	béda	berbéda	異なる
pertandingan	試合	tanding	bertanding	試合する

per--an 派生語	意味	語幹	対応する語	
perubahan	変化	ubah	berubah	変わる
perkembangan	発展，成長	kembang	berkembang	発展する
pertanyaan	質問	tanya	bertanya, mempertanyakan	尋ねる
perhentian	停留所	henti	berhenti	止まる
perkataan	ことば，発言	kata	berkata	言う
perjanjian	約束，協定	janji	berjanji	約束する
perbelanjaan	支出，買い物	belanja	berbelanja	買い物する
persiapan	準備	siap	bersiap, mempersiapkan	用意する
perpanjangan	延長	panjang	memperpanjang	延長する
perkenalan	紹介	kenal	memperkenalkan	紹介する
perhatian	関心，注意	hati	memperhatikan	注意を払う
peringatan	注意，警告； 記念	ingat	memperingatkan; memperingati	注意･警告する； 記念する
perbaikan	修理	baik	memperbaiki	修理する
pertukaran	交換	tukar	bertukar, menukar	交換する
permintaan	要求，依頼，需要	minta	meminta	頼む
permohonan	要求，依頼，申請	mohon	memohon	頼む
pernikahan	結婚	nikah	menikah	結婚する
persamaan	類似（点）	sama		同じ
perusahaan	企業	usaha		事業
perkawinan	結婚	kawin		結婚する
pertengahan	中旬，中期	tengah		中
perikanan	漁業	ikan		魚
perékonomian	経済（事情）	ékonomi		経済
perbankan	銀行業	bank		銀行

［peN--an 派生語］

peN--an 派生語	意味	語幹	対応する語	
pembacaan	読むこと，朗読	baca	membaca（kan）	読む
pemeriksaan	検査	periksa	memeriksa	検査する
pemakaian	使用	pakai	memakai	使う

peN--an 派生語	意味	語幹	対応する語	
pemilihan	選出，選挙	pilih	memilih	選ぶ
pembuatan	作成	buat	membuat	作る
pembangunan	建設	bangun	membangun	建設する
pengajaran	教授すること	ajar	mengajar	教える
penulisan	執筆	tulis	menulis	書く
pengiriman	送付	kirim	mengirim	送る
pendidikan	教育	didik	mendidik	教育する
penanaman	植え付け	tanam	menanam(kan)	植える
pengalaman	経験	alam	mengalami	経験する
pembersihan	清掃	bersih	membersihkan	きれいにする
pengembalian	返却	kembali	mengembalikan	返す
penerbitan	出版	terbit	menerbitkan	出版する
penghasilan	売り上げ	hasil	menghasilkan	生み出す
penjelasan	解説，説明	jelas	menjelaskan	説明する
pemandangan	景色	pandang	memandang(i)	見る
pengetahuan	知識	ketahu（基 tahu）	mengetahui	知る
pendapatan	収入	dapat	mendapat(kan)	得る
perasaan	感情，気持ち	rasa	merasa(kan)	感じる

pertemuan tingkat tinggi antara Ménlu Viétnam dan Ménlu Thailand
　ベトナムとタイの外務大臣の大臣級会談

pusat perbelanjaan　　シヨッピングセンター

perusahaan swasta　　民間企業

pertengahan tahun depan　　来年中旬

pendidikan dasar dan menengah　　初等中等教育

pengiriman uang　　送金

Panitia melakukan pemilihan ketua.　　委員会は委員長の選出を行った。

Perkataan itu menyinggung perasaan saya.
　その発言は私の気持ちを傷つけた。

Ia ingin memperdalam pengetahuan mengenai kebudayaan Indonésia.
　彼はインドネシア文化についての知識を深めたい。

単語　ménlu 外務大臣（=menteri luar negeri）　swasta 私立の
menengah 中くらいの（基 tengah）　panitia 委員会
menyinggung 気を害する（基 singgung）

⑵ 語幹が集合している場所

この意味機能は共接辞 per--an と pe--an が担う。語幹が表す場所や区域に per--an もしくは pe--an が付加され，その場所などが集合しまとまりをなしている場を意味する名詞が作られる。

pe--an 派生語	意味	語幹	
pedésaan	村落地帯，村落部	désa	村
pegunungan	山岳地帯，山地	gunung	山
pedalaman	奥地，内陸地	dalam	中，奥
perkotaan	市街地	kota	町，都市
perumahan	住宅地，集合住宅	rumah	家
perkantoran	オフィス街，官庁街	kantor	オフィス
pertokoan	商店街，商業地区	toko	店
perkebunan	農園，プランテーション	kebun	畑
perpustakaan	図書館	pustaka	文献

kompléks perkantoran　　オフィス集約区域

Di perumahan ini disediakan perpustakaan.
　この住宅地には図書館が用意されている。

daérah pedésaan dan daérah perkotaan　　村落部と都市部

単語　kompléks 複合体，団地　disediakan 用意する（基 sedia）

25.3 疑問詞 + saja（何と何；何でも）

25

「疑問詞 + saja」は疑問詞疑問文と平叙文の両方に現れ，意味が異なる。

⑴ 疑問詞疑問文における「疑問詞 + saja」

疑問詞を用いる疑問文において，疑問詞 apa，siapa，mana に saja（〜だけ）が続く場合，複数の答えが推測され，それらの列挙を求めることを表す。

apa saja	何（何と何）
siapa saja	誰（誰と誰）
di / ke / dari mana saja	どこ（どことどこ）で／へ／から

Ibu mau keluar dengan siapa saja? –Dengan teman-teman kantor.
誰といっしょに出かけますか。—会社の友人たちとです。
（cf. Kamu naik sepéda motor dengan siapa tadi? –Dengan adikku.）
（さっき誰とバイクに乗ってたの。—妹と。）

Sudah pernah ke mana saja di Indonésia? –Saya sudah pernah ke Jakarta, Yogyakarta, dan Bali.
インドネシアではどこに行ったことがありますか。—ジャカルタ，ヨグヤカルタ，バリに行ったことがあります。
（cf. Mampir ke mana sebelum masuk kantor? –Saya mampir ke kantor pos untuk mengirim surat.）
（出社する前にどこに寄ったの。—手紙を送るのに郵便局に寄りました。）

⑵ 平叙文における「疑問詞 + saja / pun」

上記の「疑問詞 + saja」の句は，平叙文においても用いられる。疑問詞 apa，siapa，di / ke / dari mana，berapa，kapan に saja が続くと，ありうる範囲すべてを表し，たとえば apa saja は「何でも」という意味になる。「疑問詞 + pun」（pun：〜さえ，〜も）も同じ意味になる。

apa saja, apa pun	何でも
siapa saja, siapa pun	誰でも
di mana saja, di mana pun	どこででも
ke mana saja, ke mana pun	どこへでも
dari mana saja, dari mana pun	どこからでも
berapa saja, berapa pun	いくつでも
kapan saja, kapan pun	いつでも

Anda boléh bertemu dengan siapa saja.
あなたは誰とでも会ってもよい。

Silakan ambil berapa saja.　どうぞいくつでも取ってください。
Siapa pun boléh masuk.　誰でも入ってもよい。
Di mana pun saya bisa hidup.　私はどこでも生きていける。
Silakan hubungi kapan saja.　どうぞいつでも連絡してください。

疑問詞 bagaimana には pun が続く。

bagaimana pun　どのようでも，いかにしても

Bagaimana pun juga saya mau ikut lomba.
どうしても私はコンテストに参加したい。

apa，siapa，mana に pun が続く場合，否定詞とともに現れることもある。疑問詞の重複によって同じ意味を表す（第 27 課参照）。

Di sini tidak ada siapa pun.　ここには誰もいない。
（=Di sini tidak ada siapa-siapa.）
Saya tidak akan ke mana pun.　私はどこにも行かない予定だ。
（=Saya tidak akan ke mana-mana.）

単語　Yogyakarta ヨグヤカルタ（ジョグジャカルタ）（中部ジャワの都市名）

練 習 問 題

1．例にしたがい，2つの文を作りましょう。

（例）選ぶ・クラス委員長

Meréka memilih ketua kelas.

彼らはクラス委員長を選んだ。

Meréka melakukan pemilihan ketua kelas.

彼らはクラス委員長の選出を行った。

(1) 植える・稲

(2) 出版する・雑誌

(3) 清掃する・部屋

(4) 検査する・町の治安

(5) 送る・服

(6) 設立する・学校

(7) 説明する・日本の生活と習慣

(8) 作成する・工芸品

2．例にしたがい，per--an, peN--an, pe--an 派生語を使って言い換えましょう。そして，日本語にしましょう。

（例）Kami bermain gitar.

→Kami melakukan permainan gitar.

私たちはギターの演奏を行った。

(1) Dia bersiap untuk pésta ulang tahunnya.

(2) Penduduk itu bertanya tentang kebijakan pemerintah daérah kepada gubernur.

(3) Guru SD itu mengajar bahasa daérah kepada anak-anak.

(4) Mengapa pembantu itu tidak memohon kenaikan gaji kepada tuan rumah?

(5) Indonésia berjuang keras untuk memperoléh kemerdékaan.

(6) Penyanyi lagu pop itu memperkenalkan diri kepada penonton.

(7) Dinas Perikanan memperbaiki kapal patroli.

単語　pésta パーティー　lagu pop ポップソング　dinas 局　patroli パトロール

3．次の文をインドネシア語にしましょう。

⑴ ジャカルタと大阪の間の行程はおよそ7時間かかる。

⑵ 頂上からの景色は大変印象深いものだった。

⑶ 彼は様々な企業でのたくさんの経験をもっている。

⑷ その州における国際空港の建設は来年の5月に始められる予定である。

⑸ 彼女の農業と畜産に関する知識は大変広い。（「畜産をする」をもとに派生語を作る）

⑹ その子供はまだ両親の関心を必要としている。

⑺ 彼らの結婚式は今月の中旬に行われる。

⑻ 商業大臣はその協定に署名した。

⑼ 気候変動は漁業にとても影響を与える。

⑽ なぜその作家はすでに20年間奥地に住んでいるのか。

⑾ いつインドネシア民族の統一は達成されたのか。（「統一する，まとまる」をもとに派生語を作る）

⑿ 彼らはその病気についての議論をまだ行っていない。（「話す」をもとに派生語を作る）

単語　印象深い mengesankan（基 kesan）
必要としている memerlukan（基 perlu）　気候 iklim　民族 bangsa

25

Pelajaran 26 キャッサバはイモ類の植物だ。

学習項目 接尾辞 -an

目 標 主に動作・行為の対象や結果を表す名詞を作る接尾辞 -an の意味機能を理解する。

56  [会話例]

A：**Makanan** apa yang paling Maki sukai di Indonésia?
B：Singkong. Singkong goréng, kripik singkong dan sebagainya.
A：Singkong adalah **tanaman umbi-umbian** yang biasa kita temui di pekarangan. Résép **masakan**nya bisa sampai **puluhan** buah.

A：Mengapa Rudi memilih **jurusan** bahasa Jepang? Apa **alasan**nya?
B：Karena saya suka menonton film Jepang sejak masa kecil dan berminat pada kebudayaan Jepang. Misalnya **pakaian** adat Kimono, **tulisan** Kanji, **tarian** dan lain-lain.

[会話例の和訳]

A：マキがインドネシアで最も好きな食べ物は何。
B：キャッサバ。キャッサバの素揚げ，キャッサバのチップスとか。
A：キャッサバは家の敷地で普通に見るイモ類の植物だ。料理のレシピは何十にもなる。

A：ルディはどうして日本語専攻を選んだの。何が理由なの。
B：小さい時から日本の映画を見るのが好きで，日本の文化に関心があったから。たとえば，伝統衣装の着物，漢字，舞踊などなど。

語句 57 

makanan ☺	食べ物（基 makan）	jurusan ☺	専攻（基 jurus）
singkong	キャッサバ	alasan ☺	理由，言い訳（基 alas）
kripik	チップス	misalnya	たとえば（基 misal）
umbi-umbian ☺	イモ類（基 umbi）	Kimono	着物
résép	レシピ	tulisan ☺	文字，文章（基 tulis）
puluhan ☺	何十もの（基 puluh）	Kanji	漢字

26.1 接尾辞 -an が付加した派生語の形態

接尾辞 -an は，形態変化を起こすことなく，そのまま語幹の後ろに付加する。語幹の語末が子音の場合，その子音と音節を形成する。

接尾辞 -an の語幹は，ほとんどの場合基語と一致する。しかし，語幹が基語と一致せず，派生語の場合がある。基語に接頭辞が付加した語幹に接尾辞 -an が付加する場合と，基語が重複し接尾辞 -an が付加する場合である（重複がともなう -an 派生語は第 27 課で詳述する）。

makan ＋ -an → makanan（食べ物）
seribu ＋ -an → seribuan（千ルピア札／硬貨，基 ribu）
buah ＋ 重複 ＋ -an → buah-buahan（果物類）

26.2 接尾辞 -an の意味機能

接尾辞 -an の意味機能は，次の 6 つに分けることができる。このうち主要な機能は，ものを表す名詞，特に動作・行為の結果できたものを表す名詞を作ることである。共接辞 per--an，peN--an は同じく名詞を作るが，接尾辞 -an は動作・行為を表す名詞を作るという点で異なる。以下，順に解説する。

⑴ 動作・行為の対象，動作・行為の結果できたもの
⑵ 名詞の意味の特殊化
⑶ ある性質を帯びたもの
⑷ 単位を表す語
⑸「～まみれ」「～だらけ」（口語的）

(6)「やや～」「～め」(口語的)

(1) 動作・行為の対象，動作・行為の結果できたもの

主に動作・行為の対象あるいはその結果できたもの・ことを表す名詞を作る。その動作・行為は同じ語幹をもつ他動詞の meN- 派生語（接尾辞 -kan, -i がともなうことがある）が表すものであると考えることができる。

-an 派生語	意味	語幹	対応する語	
makanan	食べ物	makan	makan	食べる
minuman	飲み物	minum	minum	飲む
pakaian	着るもの，衣服	pakai	memakai	着る
bacaan	読み物	baca	membaca	読む
jualan	売り物	jual	menjual	売る
ajaran	教え	ajar	mengajar(kan)	教える
tujuan	目的，行き先	tuju	menuju	向かう
jurusan	専攻，行き先	jurus	menjurus	向かう
mainan	おもちゃ	main	memainkan, bermain	操作する，遊ぶ
kendaraan	乗りもの	kendara	mengendarai	運転する
kiriman	送りもの	kirim	mengirim(kan)	送る
tanaman	植物，作物	tanam	menanam(kan)	植える
tulisan	文章，文字	tulis	menulis	書く
masakan	料理	masak	memasak	料理する
lukisan	絵画	lukis	melukis	絵を描く
tarian	踊り	tari	menari	踊る
bungkusan	包み	bungkus	membungkus	包む
bagian	部分	bagi	membagi	分ける
bangunan	建物	bangun	membangun	建てる
buatan	作られたもの，～製	buat	membuat	作る
hubungan	関係	hubung	menghubungkan	つなげる
siaran	放送	siar	menyiarkan	放送する
campuran	混ざったもの	campur	mencampur(kan)	混ぜる
singkatan	略語	singkat	menyingkat(kan)	短くする
jawaban	答え	jawab	menjawab	答える
bantuan	助け	bantu	membantu	手伝う

-an 派生語	意味	語幹	対応する語	
undangan	招待	undang	mengundang	招く
panggilan	呼び出し，呼び名（人の）	panggil	memanggil	呼ぶ
tambahan	追加分	tambah	menambah（kan）	加える
ucapan	発音，表現，あいさつ	ucap	mengucapkan	述べる
sebutan	呼び名（もの・ことの）	sebut	menyebut（kan）	言及する
titipan	預かりもの	titip	menitip	預ける
harapan	期待	harap	mengharap（kan）	望む
kenalan	知り合い	kenal	mengenal	知る
laporan	報告，報告書	lapor	melapor（kan）	報告する

Makanan apa yang paling Maki sukai di Indonésia?
マキがインドネシアで最も好きな食べ物は何。

Singkong adalah tanaman umbi-umbian yang biasa kita temui di pekarangan.
キャッサバは家の敷地で普通に見るイモ類の植物だ。

Mengapa Rudi memilih jurusan bahasa Jepang?
ルディはどうして日本語専攻を選んだの。

Misalnya pakaian adat Kimono, tulisan Kanji, tarian dan lain-lain.
たとえば，伝統衣装の着物，漢字，舞踊などなど。

buatan luar negeri　外国製
siaran langsung　生放送
kartu ucapan selamat　グリーティングカード

Kenyataan dan harapan ternyata sangat berbéda.
現実と希望は果たしてとても異なっていた。

Yang kami butuhkan bukan bantuan uang, melainkan bantuan tenaga ahli.
私たちが必要としているのは金銭的援助ではなく，専門家の支援である。

単語　ternyata 果たして～である（基 nyata）　ahli 専門家

⑵ 名詞の意味の特殊化

名詞的な意味をもつ語幹に -an が付加され，語幹とは別の意味の名詞を形成する。

-an 派生語	意味	語幹	
awalan	接頭辞	awal	初め
akhiran	接尾辞	akhir	終わり
atasan	上司	atas	上
bawahan	部下	bawah	下
alasan	理由	alas	基盤
lautan	大洋	laut	海
daratan	大陸	darat	陸
liburan	休暇	libur	休み
pasangan	ペア	pasang	～組み

Apa alasannya? 何が理由なの？
Lautan Pasifik 太平洋
daratan Cina 中国大陸
pasangan suami istri 夫婦（のペア）

単語 Pasifik 太平洋の

⑶ ある性質を帯びたもの

性質を表す語幹に接尾辞 -an が付加され，その性質を帯びたものという意味の名詞を作る。

-an 派生語	意味	語幹	
lapangan	広場，フィールド	lapang	広がった
dataran	平地，平野	datar	平らな
manisan	砂糖漬け，飴	manis	甘い
asinan	漬け物	asin	塩辛い
kotoran	汚物	kotor	汚い

lapangan sépak bola　サッカー場
dataran tinggi Diéng　ディエン高原（中部ジャワ）
sayur asinan　野菜の漬物

(4) 単位を表す語

数詞や単位を表す語幹に -an が付加され，語幹が表すものを単位とするという意味の語を形成する。語幹が数詞の場合，「その数を単位とする」「その桁の倍数である」「～年代，～歳代」という意味の語となる。

表記する際，-an の語幹としてアラビア数字を用いることもある。その場合，接辞の前にハイフンを入れる。

[語幹：数詞]

-an 派生語	意味	語幹
satuan	単位	satu
belasan	十数，十代	belas
puluhan	何十もの，数十もの，～十代	puluh
ratusan	何百もの，数百もの，～百代	ratus
ribuan	何千もの，数千もの，～千代	ribu
puluhan ribu	何万もの，数万もの，～万代	puluh ribu
ratusan ribu	何十万もの，数十万もの，～十万代	ratus ribu
jutaan	何百万もの，数百万もの，～百万代	juta

Résép masakannya bisa sampai puluhan buah.
料理のレシピは何十にもなる。

satuan mata uang　通貨単位

Ia masih berusia belasan tahun.　彼はまだ十代である。

Puluhan orang penduduk terpaksa mengungsi ke tempat lain.
何十人もの住民が他の場所に避難せざるを得なかった。

Pada tahun 1950-an wilayah ini masih menjadi hutan.
1950 年代にはこの地域はまだ森であった。

単語　mata uang 通貨　berusia ～の年齢である（基 usia）
mengungsi 避難する（基 ungsi）

「何～もの」という意味の場合，重複がともなう接頭辞 ber- 派生語と同じ意味をもつ（第 9 課参照）。

puluhan tahun（=berpuluh-puluh tahun）
ratusan ribu orang（=beratus-ratus ribu orang）

また，特定の数詞に限り，その金額の硬貨や紙幣を表す名詞を形成する。

-an 派生語	意味	語幹
seratusan（100-an）	百ルピア硬貨	seratus
seribuan（1.000-an）	千ルピア札／硬貨	seribu
sepuluh ribuan（10.000-an）	1 万ルピア札	sepuluh ribu
seratus ribuan（100.000-an）	10 万ルピア札	seratus ribu

Tidak ada uang kecil?　–Saya hanya mempunyai sepuluh ribuan saja.
小銭はない？　―1 万ルピア札しかもっていない。

[語幹：単位]

-an 派生語	意味	語幹
kiloan	キロ単位	kilo
harian	日ごとの；日刊紙	hari
mingguan	週ごとの；週刊誌	minggu
bulanan	月ごとの	bulan
tahunan	年ごとの	tahun

（koran）harian Kompas　　コンパス紙
（majalah）mingguan　　週刊誌
laporan bulanan　　月次報告
rapat tahunan　　年次会議

⑸「～まみれ」「～だらけ」（口語的用法）

口語的な用法であることが多いが，「語幹が表すものにまみれている」「語幹が表すものの性質を帯びている」という意味の語を作る。口語的な語はフォーマルな文体では ber- 派生語を用いて表す。

-an 派生語	意味	語幹
keringatan (=berkeringat)	汗だらけ	keringat　汗
ingusan (=beringus)	鼻水が出ている	ingus　鼻水
ubanan (=beruban)	白髪まじり	uban　白髪
karatan (=berkarat)	さびついた	karat　錆び
kampungan	田舎っぽい	kampung　田舎
sampingan	副次的	samping　横
durian	ドリアン	duri　棘
rambutan	ランブータン	rambut　髪

Pintu ini sudah karatan.　このドアはもうさびついている。
pekerjaan sampingan　副業

(6)「やや〜」「〜め」(口語的用法)

口語的な用法であるが,「語幹の表す性質をやや帯びている」という意味の語を作る。フォーマルな文体では agak を用いて表す。

-an 派生語	意味
besaran (=agak besar)	大きめ
murahan (=agak murah)	安め
panjangan (=agak panjang)	長め

Rok ini panjangan bagi saya.　このスカートは私にはやや長めである。

単語　rok スカート

(7) その他

-an 派生語	意味	語幹
duluan	より先に	dulu　まず，先に
sendirian	1人で	sendiri　1人，〜自身

Dia selalu pulang sendirian.　彼はいつも1人で帰る。

練　習　問　題

1．例にしたがい，やりとりを作りましょう。

（例）雑誌・月刊

Majalah itu terbit setiap bulan?　　その雑誌は毎月刊行されるの。
–Ya. Itu majalah bulanan.　　—はい。それは月刊誌です。

(1) 経済雑誌・週刊
(2) 報告書・年刊
(3) 新聞・日刊
(4) 女性雑誌・隔月刊

2．次の文をインドネシア語にしましょう。

(1) 何百人もの選手がその試合に参加した。
(2) PBB（国連）とは Perserikatan Bangsa-Bangsa の略語です。
(3) 私はおばから送られた招待状を受け取った。
(4) 北朝鮮とアメリカ合衆国の関係は良くなるだろうか。
(5) この品物は国内産ではなく，ベトナム製です。
(6) その国の指導者は謹賀新年の挨拶を国民にラジオ放送を通して伝えた。
(7) その大きな包みは外国製のおもちゃが入っている。
(8) 私の部下は私の呼び出しに答えようとしない。
(9) 私の上司は健康上の理由ですでに退職した。
(10) 私の来日の目的は，すなわち，日本の伝統家屋の調査をするためである。
(11) どうか 10,000 ルピア札を 5,000 ルピア札と交換してください。
(12) このチームのメンバーの大多数は 20 歳代である。
(13) その子供は他の人の考えをつかむのにたけている。（「考える」をもとに派生語を作る）
(14) 今日も私の父の血圧はとても高い。（「圧す（menekan）」をもとに派生語を作る）
(15) この単語の綴りは正しくない。（「綴る（mengéja）」をもとに派生語を作る）

単語　perserikatan 連合，連盟（基 serikat）
～を通して melalui（基 lalu）　退職する pénsiun　伝統的 tradisional

今か今かと待っている。

学習項目　重複

目　標　重複は接頭辞 ber- や同等の表現などですでに用いられていたが，改めて重複の機能を全体的に捉え直す。

[会話例]

A：Saya **menunggu-nunggu** jawaban hasil wawancara béasiswa, tetapi belum **datang-datang**.
B：**Mudah-mudahan** Yudi akan mendapat béasiswa.

A：**Akhir-akhir ini** gempa bumi sering terjadi di daérah ini. Dalam bulan ini saja sudah **berkali-kali**.
B：Gempa bumi terjadi di **mana-mana**. Kita harus selalu **bersiap-siap** untuk menghadapi kejadian bencana alam.

[会話例の和訳]

A：僕は奨学金の面接結果の答えを今か今かと待っているのに，まだ一向に来ない。
B：願わくばユディが奨学金をもらえますように。

A：最近地震がよくこの地域で起こる。今月だけでももう何度も起こっている。
B：地震はどこにでも起きる。私たちは自然災害の発生に対処するために常に備えていないといけない。

語句

59 

menunggu-nunggu ☺	首を長くして待つ（基 tunggu）	berkali-kali ☺	何度も（基 kali）
wawancara	面接	bersiap-siap ☺	ちゃんと準備している（基 siap）
béasiswa	奨学金		

慣用表現

59 

belum datang-datang ☺	まだ一向に来ない	akhir-akhir ini ☺	最近

27.1 重複の形態

インドネシア語では，語幹をもとに語を作るとき，語幹に接辞をつけるというやり方のほかに，語幹を重複させるというやり方もある。重複は，完全重複，部分重複，音の変化がともなう重複，接辞付加がともなう重複に分けられる。

表記上は，重複してできた2つの要素の間にハイフン（-）を置く。

(1) 完全重複

完全重複は，語幹がそのままの形で繰り返される。語幹は，基語と一致する場合と接辞が付加された派生語の場合がある。

重複語	語幹
orang-orang	orang
baik-baik	baik
makanan-makanan	makanan（基 makan）

(2) 部分重複

部分重複は，語幹の語頭子音のみが繰り返される。その繰り返された子音に中舌母音 e /ə/ が後続し，新たな音節を形成する。たとえば，luhur の語頭の子音である l が繰り返され，l の後に中舌母音の e が続くことで，leluhur となる。

27

重複語	語幹
beberapa	berapa
leluhur	luhur

⑶ 音の変化のともなう重複

語幹が重複する際に一部の音の変化がともなう語がある。母音が他の母音に変化する，子音が他の子音に変化する，母音と子音の間で変化する場合などがある。語幹は，1つ目の要素の場合と2つ目の要素の場合がある。変化のパタンは様々である。

重複語	語幹	変化した音
sayur-mayur	sayur	s → m
bolak-balik	balik	a → o，i → a
warna-warni	warna	a → i

⑷ 接辞付加がともなう重複

語幹の重複に接辞の付加がともなうことがある。接辞が付加された派生語が重複したと考えられるものもある。

重複語	語幹
bermacam-macam	macam
membesar-besarkan	besar
kemérah-mérahan	mérah
kedua-duanya	dua
sebisa-bisanya	bisa
buah-buahan	buah

接頭辞 meN- が重複の第1要素に付加する場合，p，t，s，k に生じる鼻音変化は第2要素にも現れる。語幹がその他の子音および母音で始まる場合には鼻音変化の影響が第2要素まで及ばない。

重複語	語幹	対応する語
menunggu-nunggu	tunggu	menunggu
memukul-mukul	pukul	memukul
mengingat-ingat	ingat	mengingat

接頭辞 meN- が重複の第2要素に現れる語がある。その場合，第1要素には鼻音変化が起きない。

重複語	語幹	対応する語
pukul-memukul	pukul	memukul
cinta-mencintai	cinta	mencintai

27.2 重複の意味機能

重複の意味機能はとても多様である。そのうち，「複数性，多様性」「類似・比喩」「繰り返し，多方向，非集中」「強調・誇張」が主要な意味機能としてあげられる。これらを含め，重複の多様な意味機能を以下で解説する。

(1) 複数性，多様性
(2) 類似・比喩
(3) 繰り返し，多方向，非集中
(4) 強調・誇張
(5) 副詞化
(6) それぞれ
(7) 相互
(8) 疑問詞の重複
(9) 重複形でしか用いられない語

(1) 複数性，多様性

重複によって，語幹が表す人やもの・ことが多いことを意味し，多様であることが含意される。

重複語	意味	語幹	
rumah-rumah	家々	rumah	家
orang-orang	人々	orang	人

重複語	意味	語幹
kejadian-kejadian	数々の出来事	kejadian（基 jadi） 出来事
buah-buahan	種々の果物，果物類	buah 果物
sayur-sayuran	種々の野菜，野菜類	sayur 野菜
tumbuh-tumbuhan	種々の植物	tumbuh 成長する
umbi-umbian	イモ類	umbi イモ
sayur-mayur	種々の野菜，野菜類	sayur 野菜
lauk-pauk	種々のおかず，おかず類	lauk おかず
(ber)warna-warni	色とりどり	warna 色

Rumah-rumah yang besar itu dihuni oléh pejabat.
それらの大きな家々は役人が住んでいる。

perkebunan buah-buahan　果樹園

Sayur-sayuran ini bisa hidup di daérah yang sejuk.
これらの野菜類は涼しい地域で育つ。

単語 dihuni 住む（基 huni）

重複によって複数を表す場合は，数量を表す語と共起しない。たとえば「たくさんの友人」と言う場合，banyak teman-teman は誤りで，正しくは banyak teman である。

Dia kedatangan banyak teman.
彼は思いがけずたくさんの友人に来られた。

述語を構成する性質・状態を表す語が重複することによって，その主語が複数であることを表す。「（主語の）どれもみな～」という意味になる。

Barang di toko ini bagus-bagus.　この店の品物はどれも皆素晴らしい。
tanah yang mahal-mahal　どれも値が高い土地

また，複合語が重複する場合，2通りの構造がある。1つは複合語全体が繰り返されるもの，もう1つは複合語の1つ目の要素のみが繰り返されるものである。

たとえば，surat kabar（新聞）の場合，1つは，複合語全体が繰り返され，表記上分かち書きされていた2つの要素が1つの単語として書かれる。もう1つは，surat kabar の1つ目の要素，つまり被修飾語の surat のみが繰り返される。

surat kabar → suratkabar-suratkabar / surat-surat kabar

接頭辞 ber- をともなう数詞，単位などの重複も，複数性，多様性の意味機能をもつと言える（第9課参照）。

berpuluh-puluh　　何十もの
bermacam-macam　　何種類もの
berkali-kali　　何回も

Dalam bulan ini saja sudah berkali-kali.
今月だけでもすでに何度もである。

⑵ **類似・比喩**

主に名詞の語幹が重複し，「語幹が表すものに類似するもの」「語幹が表すものが比喩となり表されるもの」を意味する語を作る。

重複語	意味	語幹	
langit-langit	天井	langit	空
mata-mata	スパイ	mata	目
mobil-mobilan	車のおもちゃ	mobil	車
orang-orangan	かかし	orang	人
layang-layang	凧	layang	飛ぶ

Langit-langit rumah ini sangat tinggi.
この家の天井はとても高い。

Petani itu memasang orang-orangan di sawah.
その農民は田んぼにかかしを立てた。

Karyawan itu ternyata menjadi mata-mata dari negara komunis.
その社員は実は共産主義国のスパイであった。

単語 memasang つける（基 pasang） komunis 共産主義の

⑶ 繰り返し，多方向，非集中

「何度も（繰り返し）～する」「継続して（断続的に）～する」，また「あちこち／あれこれ～する」「明確な目的をもたずに～する」といった動作・行為を表す。その動作・行為は同じ語幹をもつ動詞が表すものであると考えられる。

重複語	意味	語幹	対応する語
menunggu-nunggu	首を長くして待つ	tunggu	menunggu　待つ
memukul-mukul	ぽかぽか殴る	pukul	memukul　殴る
memanggil-manggil	何度も呼ぶ	panggil	memanggil　呼ぶ
melihat-lihat	あれこれ見る	lihat	melihat　見る
berjalan-jalan	散歩する，あちこち歩く	jalan	berjalan　歩く
bertanya-tanya	何度も尋ねる	tanya	bertanya　尋ねる
berpikir-pikir	よく考える，あれこれ考える	pikir	berpikir　考える
bersiap-siap	あれこれ準備する，ちゃんと準備する	siap	bersiap　準備する
bolak-balik	行ったり来たりする	balik	balik　戻る
tertawa-tawa	あははと笑う	tawa	tertawa　笑う
duduk-duduk	のんびり座る	duduk	duduk　座る

Saya menunggu-nunggu jawaban hasil wawancara béasiswa.
奨学金の面接結果の回答を今か今かと待っている。

Kepalanya dipukul-pukul dengan kayu.　頭を木で何度も殴られた。

Nama Tuti sudah dipanggil-panggil dari tadi.
トゥティの名前はさっきから何度も呼ばれている。

Wanita itu melihat-lihat lukisan di muséum.
その女性は美術館の絵画をあれこれ見ている。

Kita harus selalu bersiap-siap untuk menghadapi kejadian bencana alam.
私たちは自然災害の発生に対処するために常に備えていないといけない。

単語 kayu 木，木材

そのほか，動作以外では，共接辞 ke--an の付加をともなう重複によって，「～がかっている」という意味を表す語がある（第 21 課参照）。

kemérah-mérahan　赤みがかっている
kekanak-kanakan　子供っぽい

⑷ 強調・誇張

重複により，語幹や対応する語句の意味の強めが生じる。程度の過度や，誇張（わざと～する）などがある。重複に接辞の付加がともなうことがある（secepat-cepatnya などの「できる限り～」，kedua-duanya などの「～つとも（全て）」についてはそれぞれ第 13 課，第 20 課を参照）。また否定詞がともなうこともある。

重複語	意味	対応する語句／語幹	
satu-satunya	唯一の	satu	1
tidak datang-datang	なかなか来ない	tidak datang	来ない
membesar-besarkan	誇張する	membesarkan（基 besar）	大きくする
mengada-ada	大げさに言う，ありもしないことを言う	mengadakan（基 ada）	開催する，あらしめる
pagi-pagi	朝早く	pagi	朝
malam-malam	夜遅く	malam	夜
akhir-akhir ini	最近	akhir	終わり
sebesar-besarnya	最大限	besar	大きい
setidak-tidaknya	少なくとも	tidak	～ない
kedua-duanya	2 つとも	dua	2

Mahasiswa itu satu-satunya laki-laki dalam kelas ini.
　その学生はこのクラスで唯一の男子である。
Jawabannya belum datang-datang.　回答がまだ全然来ない。
Akhir-akhir ini gempa bumi sering terjadi di daérah ini.
　最近地震がこの地方でしばしば起こる。

⑸ 副詞化

主に性質や状態などを表す語が重複することにより，副詞的に用いられるものがある（8.6 節も参照）。

27

重複語	意味	語幹	
baik-baik	よく，しっかりと	baik	良い
cepat-cepat	早く，急いで	cepat	早い
diam-diam	こっそりと	diam	黙っている
tahu-tahu	知らぬ間に	tahu	知っている
lama-lama	いずれ，そのうち	lama	時間が長い
besar-besaran	大規模に	besar	大きい
mati-matian	必死に	mati	死ぬ
paling-paling	せいぜい	paling	最も

Belajarlah baik-baik.　　ちゃんと勉強しなさい。

Keluarga itu meninggalkan kota ini secara diam-diam.
その家族はこっそりとこの街を去った。

Kami berpikir bahwa dia masih tinggal di Jakarta, tahu-tahu sudah pindah ke Bali.
私たちは彼はまだジャカルタに住んでいると考えていたが，実はすでにバリに移っていた。

単語　secara ～的に（基 cara）

(6) それぞれ

「それぞれ」「めいめい」「ひとつずつ」といった意味をもつ。

重複語	意味	語幹
masing-masing	それぞれ	masing
tiap-tiap	それぞれ	tiap
sendiri-sendiri	一人一人	sendiri
satu-satu	一つ一つ	satu
kadang-kadang	時々	kadang

Pemain-pemain tersebut kembali ke kamarnya masing-masing.
その選手たちはそれぞれ部屋に戻った。

Kemarin kita pergi sendiri-sendiri.
昨日私たちは一人一人行った。
Pengunjung berdatangan satu-satu.
訪問者は1人ずつ入れ替わり立ち替わりやってきた。

(7) 相互

動作・行為を表す語を重複することにより，その動作・行為を「互いに〜する，〜し合う」という相互の動作を意味する。meN- 派生語が対応する場合は，接頭辞 meN- が重複の第2要素に現れる。saling（互いに〜する）を用いて言い換えられることがある。

重複語	意味	語幹	対応する語
bantu-membantu	助け合う	bantu	membantu
cinta-mencintai	愛し合う	cinta	mencintai
pukul-memukul	殴り合う	pukul	memukul
berpeluk(-peluk)an	抱き合う	peluk	
bercium(-cium)an	キスし合う	cium	

Para warga bantu-membantu di tempat pengungsian.
住民たちは避難場所で互いに助け合った。
（=Para warga saling membantu di tempat pengungsian.）
Dia berpeluk-pelukan dan bercium-ciuman dengan pacarnya.
彼は恋人と抱き合いキスし合った。

単語 pengungsian 避難（基 ungsi）

(8) 疑問詞の重複

疑問詞は，bagaimana, berapa を除いて，重複により「何／誰／どこでも」といった意味を表す。このような疑問詞の重複は，「疑問詞 + saja / pun」とほぼ同じ意味となる場合もある（第25課参照）。

重複語	意味	対応する語句／語幹
apa-apa	何にも（tidak を伴い），何か	apa
siapa-siapa	誰も（tidak を伴い），誰か	siapa
kapan-kapan	いつか（口語的）	kapan
di mana-mana	どこにも（tidak を伴い），どこでも	di mana
ke mana-mana	どこへも（tidak を伴い），どこへでも	ke mana

Gempa bumi bisa terjadi di mana-mana.
地震はどこでも起き得る。
（=Gempa bumi bisa terjadi di mana saja.）
Saya bisa makan apa-apa.
私は何でも食べることができる。
（=Saya bisa makan apa saja.）
Mohon maaf. Saya terlambat.
ごめんなさい。遅刻してしまいました。
–Tidak apa-apa.　一何でもありません。
Saya bisa tidur di mana-mana kalau sudah mengantuk.
私は眠ければ，どこでも寝ることができる。

疑問詞の重複は，否定詞とともに用いられることが多い。pun を用いて同じ意味を表す（25.3 節参照）。

Tidak ada apa-apa di dalam kotak itu.
その箱の中には何もない。
（=Tidak ada apa pun di dalam kotak itu.）
Saya tidak mau bertemu dengan siapa-siapa.
私は誰とも会いたくない。
Hari Minggu yang lalu saya tidak keluar ke mana-mana.
前の日曜日，私はどこにも出かけなかった。

単語　kotak 箱

⑼ 重複形でしか用いられない語

重複語の中には，形式の上では語幹の重複であるが，語幹が表す意味に基づいて別の意味をもつ語が形成されたとは考えにくいものがある。つまり，重複によって初めて語としての意味をもつと考えられる。

重複語	意味	語幹
kupu-kupu	蝶	kupu
labah-labah	クモ	labah
kura-kura	亀	kura
cumi-cumi	イカ	cumi
oléh-oléh	みやげ	oléh
cita-cita	理想	cita

Kupu-kupu seperti ini jarang terdapat di daérah perkotaan.
　このような蝶は都市部にはほとんど見られない。

Cita-cita saya adalah untuk menjadi pemain bola baskét.
　私の夢はバスケットボールの選手になることだ。

単語　jarang めったに〜ない　bola baskét バスケットボール

また，部分重複は基本的に決まった語にしか見られず（非生産的），用例は限られている。

重複語	意味	語幹	
beberapa	いくつか	berapa	いくつ
leluhur	祖先	luhur	高貴な
tetangga	隣人	tangga	階段

⑽ 慣用的表現

よく用いられる慣用的表現をあげておく。

mudah-mudahan　　～でありますように
baik-baik saja　　（いたって）元気です［挨拶］

sama-sama　　どういたしまして

Mudah-mudahan Yudi akan mendapat béasiswa.
　ユディが奨学金をもらえますように。

練　習　問　題

1．次の文を日本語にしましょう。

(1) Wisatawan itu melihat-lihat barang-barang kerajinan yang terbuat dari kayu.

(2) Rumah-rumah itu bagus-bagus semua.

(3) Kalau ada apa-apa, hubungi saya kapan saja.

(4) Saya bekerja mati-matian untuk mencari uang sebanyak-banyaknya.

(5) Namanya dipanggil-panggil oléh ibunya, tetapi tidak terdengar oléh Joko.

(6) Waktu saya pulang dari sekolah, tidak ada siapa-siapa di rumah.

(7) Adik saya tertawa-tawa menonton film komédi.

(8) Ia ingin mempelajari ilmu tumbuh-tumbuhan di univérsitas.

(9) Kain berwarna-warni dijual di pasar.

(10) Anak-anak bermain layang-layang di pantai.

単語　komédi コメディー

2．次の文をインドネシア語にしましょう。

(1) 私たちはもう何時間も待っているが，彼は全然来ない。

(2) その亀はいたずら好きの子供たちに何度も蹴られた。(「蹴る」をもとに派生語を作る)

(3) 私たちはレストランでそれぞれ支払った。

(4) この間の土曜日，君はどことどこに行ったの。

(5) 一私はどこにもでかけなかった。せいぜい散歩しただけだ。

(6) 私は街の中心に向かって歩いていたが，知らぬ間に街の外れに来ていた。

単語　蹴る menyépak（基 sépak）　中心 pusat　外れ（端）pinggir

本当は見たかった。

学習項目　接頭辞 se-

目　標　接頭辞 se- は数詞，助数詞，同等の表現などですでに用いられていたが，改めてこの接辞の機能を全体的に捉え直す。

［会話例］

A：Agus kelihatan kurang tidur. Menonton siaran langsung pembukaan Olimpiade **semalam**?

B：Tidak. **Sebenarnya** saya ingin menonton karena Olimpiade adalah pésta olahraga **sedunia**, tetapi harus mengerjakan tugas.

A：Kapan perbaikan gedung administrasi akan selesai? Perbaikannya dilakukan **secara** besar-besaran.

B：**Setahu** saya Agustus tahun depan baru bisa digunakan lagi seperti **sebelumnya**.

［会話例の和訳］

A：アグスは寝不足に見えるけど。昨晩オリンピックの開会式の生中継を見たの？

B：いや。オリンピックは全世界のスポーツの祭典だから，本当は見たかったんだけど，課題をやらないといけなかったんだ。

A：いつ事務棟の修理が終わるんだろう。修理が大規模になされている。

B：私が知る限り，来年の８月にやっと以前のように使えるようになる。

語句

61 

pembukaan	開会（[基] buka）	sedunia ☺	全世界（[基] dunia）
Olimpiade	オリンピック	setahu ☺	知る限り（[基] tahu）
semalam ☺	昨夜（[基] malam）	sebelumnya ☺	以前（[基] belum）
sebenarnya ☺	本当は（[基] benar）		

慣用表現

61

setahu saya ☺　　私が知る限り

28.1 接頭辞 se- が付加した派生語の形態

接頭辞 se- が付加する語幹は，ほぼ基語と一致するが，接辞の付加を経た派生語の場合がある。また，接頭辞 se- とともに -nya が付加する語や，基語が重複し -nya が付加する語もある。

se- ＋ puluh → sepuluh（10）
se- ＋ pendapat → sependapat（[基] dapat）（同じ意見である）
se- ＋ benar ＋ -nya → sebenarnya（本当は）
se- ＋ cepat の重複＋ -nya → secepat-cepatnya（できるだけ早く）

28.2 接頭辞 se- の意味機能

接頭辞 se- は，「1 つの」「共通の」「同じくらい」という satu「1」あるいは sama「同じ」に類似する基本的な意味をもつ。そのほかに，「全体の」「～の範囲・限りにおいて」「可能な限り」「～するやいなや」という範囲・限界にかかわる意味も表す。以下，順に解説する。

⑴ 数詞，単位，助数詞に付加する場合（詳しくは第 11 課参照）
⑵ 共有・共通
⑶ 同等（詳しくは第 20 課参照）
⑷ 全体（包括的）
⑸「可能な限り～」（詳しくは第 20 課参照）

(6) 範囲・限界
(7)「～するやいなや」
(8) 接続詞，副詞の形成（一部第 29 課参照）

(1) 数詞，単位，助数詞に付加する場合

語幹が数詞，単位，助数詞である場合，接頭辞 se- は数詞の satu「1」「1 つの」と同じ意味を表す（詳しくは第 11 課を参照）。

se- 派生語	意味	語幹
sebelas	11	belas
sepuluh	10	puluh
seorang	1 人	orang
sebuah	1 つ	buah
selembar	1 枚	lembar
sejam	1 時間	jam
sekali	1 回	kali
sekilo	1 キロ	kilo
seperempat	4 分の 1	（per）

時に関連する意味を表す語幹に接頭辞 se- がつき，「一瞬」「すぐ」などを表す語が見られる。

se- 派生語	意味	語幹
seketika	すぐ，直ちに	ketika　　～の時
sesaat	一瞬	saat　　瞬間，～の時

Pengendara sepéda motor téwas seketika akibat tabrakan dengan truk.
バイクの運転者はトラックとの衝突によって即死した。

Bunyi témbakan hanya sesaat terdengar.
銃撃の音がほんの一瞬聞こえた。

単語 pengendara 運転者（基 kendara） tabrakan 衝突（基 tabrak）
témbakan 銃撃（基 témbak）

⑵ 共有・共通

接頭辞 se- が主に名詞である語幹につき，「語幹が表すものをともにもつ」ことを表す。

se- 派生語	意味	語幹	
sekelas	同級生である	kelas	クラス
sebangku	同級生である	bangku	長椅子
sekamar	同室である	kamar	部屋
sekampung	同村である	kampung	村
sebaya	同い年である	baya	
sependapat	同意見である	pendapat（基 dapat）	意見
setuju	賛成である	tuju	

teman sekelas saya　　私の同級生
teman sebangku　　同級生（椅子をともにする友達）

「…と～をともにもつ」のように述語の中心的な要素となる場合は，共有する相手を dengan で導く。

Dia sekelas dengan saya waktu SD.
彼は小学校のとき私と同じクラスだった。
Saya sependapat dengan meréka.　　私は彼らと同意見である。

⑶ 同等

接頭辞 se- が形容詞に付加し，性質や状態が同じくらいであることを表す。se- 派生語は主に述語に現れ，「主語＋ se- ＋形容詞＋比較の対象」という語順をとる（詳しくは第 20 課を参照）。

Gedung itu setinggi gedung ini.

特に数量の程度を述べる場合などに，名詞句内の修飾語として，また動詞などを修飾する副詞句として用いられる。語幹が形容詞以外のものもある。

se- 派生語	意味	語幹
sebanyak	同じ位の多さの，～の量の	banyak
sebesar	同じ位の大きさの，～の大きさの	besar
seberat	同じ位の重さの，～の重さの	berat
setinggi	同じ位の高さの，～の高さの	tinggi
sejumlah	同じ位の数の，～の数の	jumlah
seharga	同じ位の値段の，～の値段の	harga

⑷ 全体（包括的）

接頭辞 se- が主に地域・国などの名詞の語幹に付加することによって，「語幹が表す場全体」という意味を表す。seluruh「全体の」という語で置き換えることができる。

固有名詞など大文字で始まる語が語幹の場合は，接辞の後にハイフンを入れる。

se- 派生語	意味	語幹
sedunia	全世界	dunia
sekampung	村全体	kampung
se-Indonésia	全インドネシア	Indonésia
sekeluarga	家族全員，一家	keluarga

Olimpiade adalah pésta olahraga sedunia.
　オリンピックは全世界のスポーツの祭典だ。

kongrés pemuda sedunia（=kongrés pemuda seluruh dunia）
　全世界青年会議

Berita besar tersebut tersebar di sekampung.
　その大きなニュースは村全体に広がった。
　（=Berita besar tersebut tersebar di seluruh kampung.）

Kami sekeluarga mengucapkan terima kasih yang sebesar-besarnya.
　私たち家族一同大きな感謝を申し上げます。

⑸「可能な限り～」

「接頭辞 se- ＋形容詞＋比較の対象」と，「接頭辞 se- ＋形容詞の重複＋ -nya」の２種類の構造が見られ，「できる限り～」という副詞句を作る。語によっては譲歩の意味を表す。「接頭辞 se- ＋形容詞の重複＋ -nya」の場合は，重複が起きないこともある（詳しくは第20課を参照）。

「可能な限り～」	意味	語幹
sekuat-kuatnya	できるだけ懸命に，頑張って	kuat
sekuat mungkin	できるだけ懸命に，頑張って	kuat
sedapat-dapatnya	できる限り	dapat
sedapat mungkin	できる限り	dapat
setidak-tidaknya	少なくとも	tidak
sepuas hati	心ゆくまで，満足するまで	puas

(6) 範囲・限界

「可能な限り」の意味と連続的である。接頭辞 se- が動詞を表す語幹に付加し，さらに補語が続き，「～の範囲では」「～の限り・まで」という副詞（節）を形成する。用例は限られている。

「～の範囲では」	意味	語幹
setahu	～が知る限り	tahu
seingat	～が覚えている限り	ingat

Setahu saya Agustus tahun depan baru bisa digunakan lagi.
私が知る限り，来年の8月にやっと使えるようになる。

(7) 「～するやいなや」

接頭辞 se- が動詞を表す語幹に付加し，たいてい場所を表す前置詞句が後続し，「語幹が表す行為をした時点で」という従属節を形成する。さらに -nya が付加することもある。

「～するやいなや」	意味	語幹
setiba(-nya)	着いてすぐに	tiba
sesampai(-nya)	着いてすぐに	sampai
sepulang(-nya)	帰るとすぐに	pulang

Setiba di rumah, hujan deras mulai turun.
家に着くとすぐに，大雨が降り始めた。

Biasanya sepulangnya dari sekolah, meréka membantu ibunya.
普通は学校から帰るとすぐに，彼らは母親を手伝う。

単語 deras（雨が）激しい

⑻ 接続詞，副詞の形成

時の変化にかかわる助動詞などの語幹に接頭辞 se- が付加し，接続詞や前置詞を形成する（詳しくは第 29 課参照）。

se- 派生語	意味	語幹	
setelah	～する後で，～の後で	telah	すでに～している
sesudah	～する後で，～の後で	sudah	すでに～している
sebelum	～する前に，～の前に	belum	まだ～していない
sehingga	したがって	hingga	～まで

Sebelum berangkat, saya menonton warta berita.
出発する前に，私はニュースを見た。

Dia masih sakit kepala, sehingga dia tidak bisa keluar.
彼はまだ頭痛がするので，外出できない。

同じく，時の変化にかかわる助動詞，形容詞などの語幹に接頭辞 se- と -nya が付加することによって，副詞を形成する。名詞の修飾語として用いられることもあり，その際 yang をともなうことが多い。

se- 派生語	意味	語幹	
sesudahnya	その後に，その後の	sudah	すでに～している
sebelumnya	その前に，その前の，以前	belum	まだ～していない
selanjutnya	それから，その後の	lanjut	続く
sebaiknya	～した方が良い	baik	良い
sebenarnya	本当は，本当の	benar	本当の
sebetulnya	本当は，本当の	betul	本当の
saharusnya	本来は～であるべき，本来の	harus	～しなければならない
sebaliknya	逆に，逆の	balik	逆，裏

Sebenarnya saya ingin menonton, tetapi harus mengerjakan tugas.
本当は見たかったんだけど，課題をやらないといけなかった。

Sebaiknya kamu pulang sekarang dan lukanya segera diobati.
君は今帰って，傷をすぐに治療をしたほうがいい。

Itu salah! Seharusnya begini.
それは誤りです！ 本来はこのようであるべきだ。

Agustus tahun depan baru bisa digunakan lagi seperti sebelumnya.
来年の８月にやっと以前のように使えるようになる。

Ia tidak mau menceritakan kejadian yang sebenarnya.
彼は本当に起こったことを話そうとしなかった。

単語 warta berita ニュース luka 傷 diobati 治療する（基 obat）
begini このような

⑼ その他

以上の事例のほかに，よく用いられる se- 派生語をあげる。

setempat（現地の，地元の）
sekian（～ほどの，以上）
selain（～のほかに）
secara（～的に）
sebagai（～として）
semalam（昨夜）
semula（初め）
tidak seberapa（大した数ではない）

Perbaikannya dilakukan secara besar-besaran.
修理が大規模になされている。

Menonton siaran langsung pembukaan Olimpiade semalam?
昨晩オリンピックの開会式の生中継を見たの？

Sekian dulu warta berita hari ini.
本日のニュースは以上です。

練　習　問　題

1．次のインドネシア語を日本語にしましょう。

(1) Sepulang dari kantor, dia langsung mandi.
(2) Setiap tahun Kongrés Pemuda se-Asia Pasifik diadakan.
(3) Hubungan antara pelatih dan para anggota tim itu dikira sangat baik, tetapi sebetulnya justru sebaliknya.
(4) Tanaman itu tidak pernah disiram, sehingga akhirnya mati.
(5) Ketua yang sebelumnya sangat bijaksana.
(6) Perbédaan harganya tidak seberapa.
(7) Di dekat hotél ini ada toko kerajinan tangan. Selain itu ada juga rumah makan yang menyajikan masakan tradisional Bali.
(8) Ia sebaya dengan keponakan saya.
(9) Di mana pun kita berada, kita harus menghormati dan mengikuti adat dan budaya setempat.

単語　kongrés 会議　dikira 思う（基 kira）　justru（～に反して）まさに
disiram 水をやる（基 siram）　bijaksana 有能な　menyajikan 供する（基 saji）
keponakan 甥・姪　berada いる，滞在する（基 ada）

2．次の文をインドネシア語にしましょう。

(1) 私はこの１か月の間できるだけ頑張って勉強した。
(2) バリ旅行の団体は少なくとも５人から成っていなくてはならない。
(3) 本当はその答えは間違っている。
(4) 本来は彼が非難されるべきである。
(5) 私ども一家みな，いたって健康です。
(6) その会合が始まる前に，私はできるだけ多くの質問を用意した。
(7) 私たちは初めの場所に戻ったほうがいい。
(8) 私が覚えている限りでは，この企業には日本人はいない。
(9) 私たちは高校のとき同じクラスだった。

単語　非難する menyalahkan（基 salah）

インドネシア語と地方語

学習項目　接続詞，前置詞，直接話法と間接話法

目　標　これまで散発的に出てきた接続詞，前置詞，直接話法と間接話法を全体的に捉え直す。

[作文例]

Dalam percakapan sehari-hari di Indonésia saya sangat tertarik **pada** pemakaian bahasa Indonésia **dan** bahasa daérah. **Waktu** berkunjung ke Bali, saya sering mendengar kata-kata bahasa Bali dalam percakapan bahasa Indonésia, **dan** juga sebaliknya mendengar kata-kata bahasa Indonésia dalam percakapan bahasa Bali. **Selain itu**, saya menemukan **bahwa** orang Bali memilih bahasa **berdasarkan** lawan bicara, tempat, topik dan sebagainya. Pemakaian bahasa **seperti** ini dapat terjadi **karena** kebanyakan orang Bali merupakan penutur dwibahasa, yaitu bahasa Bali dan bahasa Indonésia. **Menurut** teman saya dari Jawa, di Jawa juga keadaannya mirip **dengan** Bali.

[作文例の和訳]

インドネシアでの日常会話の中で，私はインドネシア語と地方語の使用にとても興味をもちました。バリを訪ねたとき，しばしばインドネシア語の会話の中にバリ語の単語が聞こえ，また逆にバリ語の会話の中にはインドネシア語の単語が聞こえました。そのほかに，バリ人は話し相手，場所，話題などに基づいて，言語を選んでいることに気づきました。このような言語使用が起きるのは，大多数のバリ人がバリ語とインドネシア語の二言語話者だからです。ジャワの友達が言うには，ジャワでも状況はバリと似ているとのことです。

語句

63

percakapan	会話（基 cakap）	dwibahasa	二言語の
merupakan	～である（基 rupa）	yaitu	すなわち
penutur	話者（基 tutur）	mirip	似ている

慣用表現

63

lawan bicara　　聞き手

29.1 接続詞

29.1.1 等位接続詞

等位接続詞は，接続詞の前と後ろの文法的に等しい単位を結びつける。語と語，句と句，節と節をつなぐ。等位接続詞によって結びつけられる語，句，節が3つ以上並ぶ場合には，接続詞の前にコンマを置く。

(1) 並列（dan, serta）

2つ以上の事物を並べる（そして，～と…）。

Yuli dan Ami menonton film baru di bioskop.
ユリとアミは映画館で新しい映画を見た。

Ibu memasak di dapur, dan saya menyapu halaman.
母は台所で料理をし，私は庭を掃いた。

(2) 逆接（tetapi, akan tetapi, namun）

後続する句や節の内容が，先行する句や節の内容とは異なる（しかし，だが）。

Hari ini dingin sekali, tetapi cerah.　　今日はとても寒いが，晴れている。

Meréka tidak bisa makanan yang pedas, namun kami bisa.
彼らは辛いものが食べられないが，私たちは食べられる。

⑶ **選択（atau）**

2つ以上の同種の事物のうちどれか1つを選ぶ（または，あるいは)。

Yang mana Anda sukai, daging ayam atau daging sapi?
あなたはどっちが好きですか，鶏肉それとも牛肉ですか。

Apakah Anda menunggu di sini saja atau pergi bersama saya?
あなたはここで待ちますか，それとも私と一緒に行きますか。

選択のほかに，言い換え（つまり，すなわち）も表す。

Saya mau melamar program BIPA atau “Bahasa Indonésia untuk Pelajar Asing”.
私はBIPAプログラム，すなわち「外国人向けインドネシア語」講座を申し込みたい。

⑷ **順接，展開**

jadi, maka（だから，それで，したがって）

Tadi pagi saya sakit kepala, jadi tidak bisa bangun.
今朝私は頭痛がしたので，起きられなかった。

Batuknya tidak hilang-hilang, maka dia diperiksa dokter.
咳がなかなか消えないので，彼は医者に診てもらった。

sehingga（その結果）

Film itu terlalu panjang, sehingga saya mengantuk.
その映画は長すぎて，そのため私は眠くなった。

lalu, kemudian（それから，その後）

Saya masuk ke kamar, lalu menghidupkan lampu.
私は部屋に入り，それから明かりをつけた。

Ia menarik uang di ATM, kemudian menuju ke pasar.
彼はATMでお金を引き出し，その後市場へ向かった。

sedangkan, sementara（一方）

Di Jepang sekarang musim panas, sedangkan di Australia sekarang musim dingin.

日本では今は夏であるが，一方オーストラリアでは今は冬である。

単語　cerah 晴れた　sapi 牛　melamar 申し込む（基 lamar）　batuk 咳
Australia オーストラリア

(29.1.2) 従位接続詞

従位接続詞は，従属節を導き，文において主節と従属節をつなぐ。従位接続詞によって導かれる従属節は，主節に対し従属的な役割を担う。従位接続詞には，時，条件，理由などを表す副詞節をなすものと，名詞節をなす bahwa, apakah, 疑問詞 apa, di mana などがある。

主節と従属節の主語が同一の場合には，基本的には従属節の主語は述べられない。

Pak Budi terpaksa berhenti bekerja karena menderita sakit berat.

ブディさんは重病にかかったために，仕事を辞めざるを得なかった。

Waktu berkunjung ke Bali, saya sering mendengar kata-kata bahasa Bali dalam percakapan bahasa Indonésia.

バリを訪ねたとき，私はしばしばインドネシア語の会話の中にバリ語の単語を聞きました。

従位接続詞は節の最初に現れる。従属節が文頭に置かれる場合には，節の最後にコンマをつける。

Saya menyikat gigi sebelum tidur.

私は寝る前に歯を磨いた。

Waktu tinggal di perumahan itu, saya masuk kantor dengan mobil.

私はその住宅地に住んでいたとき，車で出勤していた。

Pemakaian bahasa seperti ini dapat terjadi karena kebanyakan orang Bali merupakan penutur dwibahasa, yaitu bahasa Bali dan bahasa Indonésia.

このような言語使用が起きるのは，大多数のバリ人がバリ語とインドネシア語の二言語話者だからです。

また前置詞的に使用するものもある。

Sejak bulan lalu peraturan itu tidak berlaku lagi.

先月からその規則はもう有効ではない。

Karena itu meréka tidak mengakui kesalahannya.

そのために，彼らは誤りを認めなかった。

単語 menyikat 磨く（基 sikat） peraturan 規則（基 atur）
mengakui（自分のこととして）認める（基 aku）

⑴ **時間**

waktu, ketika（～する時，～の時）

Saya suka berenang di sungai waktu masih belajar di SD.

私はまだ小学校のとき，川で泳ぐのが好きだった。

Ketika kecelakaan itu terjadi, kebetulan saya ada di sana.

その事故が起こったとき，たまたま私はそこにいた。

Waktu itu kami masih dipekerjakan di pabrik perikanan.

そのとき私たちはまだ魚工場に雇われていた。

sesudah, setelah（～した後，～の後）

Sesudah Anda selesai makan siang, mari kita pergi.

あなたが昼食をすませたら，行きましょう。

Saya menjadi khawatir setelah mendengar kejadian yang sebenarnya.

私は本当の出来事を聞いた後，心配になった。

Sesudah itu langsung kami kembali ke kantor.

その後すぐに私たちは事務所に戻った。

sebelum（〜する前，〜の前）

Dia sudah mendapat pekerjaan di Tokyo sebelum tamat dari univérsitas.

彼は大学を卒業する前に東京で仕事を得た。

Pembantu saya sudah pulang ke kampungnya sebelum hari raya itu.

私の使用人はその祝日の前に田舎に帰った。

selama（〜する間，〜の間）

Saya berolahraga setiap hari selama tinggal di Indonésia.

私はインドネシアに住んでいる間毎日運動をした。

Anak saya tidak pernah masuk angin selama satu tahun ini.

私の子供はこの1年間風邪を引いたことがない。

sejak（〜以来）

Dia belajar bermain piano sejak masih kecil.

彼女はまだ小さい頃からピアノを習っている。

Anda mulai tertarik pada kebudayaan Jawa sejak kapan?

あなたはいつからジャワの文化に興味をもち始めましたか。

sambil（〜しながら）

Tidak boléh menyetir mobil sambil memakai HP.

携帯電話を使いながら車を運転してはいけない。

begitu（〜するやいなや）

Begitu membuka pintu depan, ia langsung diancam perampok dengan pisau.

彼女は表のドアを開けた途端，ナイフで強盗に脅された。

sampai（〜するまで，〜まで）

Ibu itu berusaha menghémat uang sampai anak-anaknya menyelesaikan kuliah.

その母親は子供たちが大学を終えるまでお金を節約するよう努めた。

Kita sudah membaca cerita itu sampai halaman 120.

私たちはもう120ページまでその話を読んだ。

Kami dapat duduk di dalam keréta sampai tujuan terakhir.
私たちは終点まで汽車で座ることができた。

単語 kecelakaan 事故（基 celaka） kebetulan 偶然（基 betul）
dipekerjakan 雇う（基 kerja） pabrik 工場 tamat 卒業する
masuk angin 風邪を引く diancam 脅す（基 ancam）
perampok 強盗（基 rampok） pisau ナイフ
menghémat 節約する（基 hémat） halaman ページ
terakhir 最後（基 akhir）

⑵ **条件，譲歩**

kalau, jika（もし～ならば，～の場合）

Kalau ada télépon dari dia, tolong beritahu saya.
彼から電話があったら，私に知らせてください。

Jika berusaha dengan sungguh-sungguh, pasti akan tercapai cita-citamu.
真剣に努力したら，きっとお前の願いが叶うだろう。

asal（～である限り）

Anda boléh keluar asal pulang cepat.
早く帰ってくるなら，外出してよい。

walaupun, meskipun, walau, meski（～だとしても，～にもかかわらず）

Walaupun harganya mahal, saya mau membeli kalung ini.
値段が高くても，私はこのネックレスを買いたい。

Saya masih teringat akan wajah ibu saya yang selalu tersenyum meskipun sudah meninggal 20 tahun yang lalu.
母は20年前にもう亡くなっているにもかかわらず，私はいつも微笑んでいた母の顔をまだふと思い出す。

padahal（（主節の内容に反して）～だとしても，～であるのだが）

Kakak saya menjual mobil lagi, padahal baru membeli mobil itu.
私の兄はまた車を売った。その車は買ったばかりなのに。

Politikus itu menyatakan sudah tamat dari sebuah univérsitas Amérika, padahal ternyata belum lulus.
その政治家はアメリカのある大学を卒業したと言っている。しかし，実はまだ卒業していない。

単語 sungguh-sungguh 真剣に（基 sugguh） politikus 政治家
menyatakan 述べる（基 nyata）

⑶ 理由

karena, sebab（なぜならば～なので，～だから）

Karena turun salju tadi pagi, maka pesawat terbang dari Hanéda terlambat.
今朝雪が降ったので，羽田発の飛行機が遅れた。

Dia dilarang merokok oléh dokter karena alasan keséhatan.
彼は健康上の理由のため，医者に喫煙を禁じられた。

Mengapa meréka belum datang? –Karena jalannya macét.
なぜ彼らはまだ来ないのか。―道が混んでいるからだ。

Kehidupan dia sekarang sudah kaya sebab usahanya maju.
彼はビジネスがうまくいっているので，生活は今はもう豊かだ。

karena の場合は前置詞 oléh が前に現れることがある。

Oléh karena itu kami perlu memperhatikan perkembangan kota itu.
そのために，私たちはその町の発展に注意する必要がある。

単語 salju 雪

⑷ 目的

agar, supaya（～するように）

Mahasiswa itu belajar sekuat tenaga agar bisa lulus ujian.
その学生は試験に通るように力の限り勉強した。

Hati-hati supaya tidak terlambat.
　遅刻しないように気をつけて。

⑸ 名詞節を導く接続詞

bahwa（～であると（述べる））

bahwa の後は「主語＋述語」からなる節が続く。bahwa は必須ではないが，フォーマルな文体では現れる。

Saya menemukan bahwa orang Bali memilih bahasa.
　私はバリ人が言語を選んでいることに気づいた。

Saya tahu bahwa meréka sudah menikah.
　私は彼らがもう結婚したことを知っている。

Ia mengatakan bahwa dirinya akan mencalonkan diri sebagai anggota parlémén DPR.
　彼は自身が国会議員に立候補する予定であると述べた。

（cf. Dia bilang meréka sudah pergi.）
　（彼は，彼らはもう行ったと言った。）

apakah（～であるかどうか）

apakah は「はい／いいえ」の答えを求める疑問文（諾否疑問文）の文頭に現れるが，「知る」「尋ねる」などの動詞に続き「～かどうか」という名詞節を導く接続詞としても用いられる。

Saya tidak tahu apakah rapat itu betul-betul akan diadakan.
　その会議は本当に行われる予定なのか私は知らない。

（cf. Apakah rapat itu betul-betul akan diadakan?）

疑問詞（apa, siapa, di mana, kapan, yang mana）

Waktu itu masyarakat belum mengetahui siapa yang akan menjadi ketua.
　そのとき民衆は誰が委員長になるのかまだ知らなかった。

Pemerintah telah mengumumkan kapan menteri luar negeri akan tiba di bandara.
　政府はいつ外務大臣が空港に到着するのかすでに発表していた。

Saya sedang berpikir jalan yang mana paling tepat di antara pilihan-pilihan yang ada.
私は存在する選択肢の中でどの道が最も適切なのか考えているところだ。

単語 mencalonkan 推薦する（基 calon） bilang 言う（口語的）
parlémén 議会 DPR 国会（=Déwan Perwakilan Rakyat）
mengumumkan 公表する（基 umum） tepat ぴったりな
pilihan 選択（肢）（基 pilih）

(29.1.3) 組み合わせで用いられる接続詞

bukan A, melainkan / tetapi B　　Aではなく B
tidak A, melainkan / tetapi B　　Aではなく B

Ia tidak terjatuh, melainkan dijatuhkan.
彼は転んだのではなく，転ばされたのだ。

baik A, maupun B　　AもBも

Sépak bola sangat disukai baik di kota, maupun di désa.
サッカーは町でも村でもとても好まれている。

bukan hanya（saja）A, melainkan / tetapi juga B　　AだけでなくBも
tidak hanya（saja）A, melainkan / tetapi juga B　　AだけでなくBも

Indonésia bukan hanya kaya dengan sumber alam, tetapi juga dengan sumber daya manusia.
インドネシアは天然資源だけでなく，人的資源も豊富である。

単語 dijatuhkan 落とす，転ばす（基 jatuh） sumber 源 manusia 人間

29.2 前置詞

第6課で扱った di, ke, dari 以外によく用いられる前置詞をあげる。接続詞としても使われるものがある。

29.2.1 dengan

(1)「〜と（ともに）」（同伴，付随）

Anak saya bermain dengan teman sekolah.
私の子供は学校の友達と遊んだ。

Dia makan di réstoran Thailand bersama dengan keluarganya.
彼は家族と一緒にタイ料理レストランで食事をした。

(2)「〜と（会う，話す）」（相手）

Adik saya senang sekali karena bisa berbicara dengan artis itu.
私の弟はその芸能人と話すことができたので，とても喜んでいる。

Saya tidak sempat bertemu dengan nénék yang tinggal jauh.
私は遠く離れて住んでいる祖母と会う機会がない。

「〜と同じ（等しい）」という場合，sama dengan 〜と表現する。

Arti “kamar kecil” sama dengan “toilet” atau “WC”.
“kamar kecil” の意味は “toilet” や “WC” と同じだ。

(3)「〜を用いて，〜によって」（手段）

Biasanya guru itu pergi ke sekolah dengan mobil.
普通はその先生は車で学校に行く。

Surat ini harus dikirim dengan pos kilat.
その手紙は速達で送らなければならない。

(4) 副詞化（第8課参照）

Meréka pulang ke kampung dengan cepat.
彼らは急いで田舎に帰った。

「dengan＋形容詞」のほかに，形容詞の重複によっても副詞として機能させることができるが，形容詞の重複にさらに dengan がともなうこともある。

Berpikir（dengan）sungguh-sungguh!　真剣に考えなさい！

単語　artis 芸能人　toilét トイレ　WC トイレ　pos kilat 速達

(29.2.2) pada, kepada

一般的に pada, kepada は主に人もしくは人とみなされるものを導くときに使う。場所を導く前置詞 di, ke にそれぞれ対応していると考えられる。

Dia bekerja pada bagian keuangan.　彼女は経理部で働いている。
（cf. Dia bekerja di Jepang.）
Uang itu ada pada saya.　そのお金は私のもとにある。
（cf. Uang itu ada di laci.）
Wanita itu sangat setia pada suaminya.　その女性は夫にとても誠実だ。
Saya tidak percaya pada perkataan meréka.
私は彼らの発言を信じない。
Laki-laki itu cinta padanya.　その男は彼女を好きである。
Ia mengirim surat kepada orang tuanya.　彼は両親に手紙を送った。
（cf. Ia mengirim surat ke Amérika Serikat.）
Tolong sampaikan salam saya kepada keluarga Anda.
あなたの家族によろしくお伝えください。

pada は「面」（壁など）を導くときにも使う。

Lukisan terkenal digantung pada dinding kamar depan.
有名な絵が客間の壁にかかっている。

pada は時間を表す語句を導くときにも用いられる（第 12 課参照）。

Kami akan bertemu pada hari Kamis.
私たちは木曜日に会う予定である。

(29.2.3) untuk, buat, demi, bagi

⑴「～のために，～するため」（目的），「～にとって，～用」（受容者）

Ini oléh-oléh untuk kamu.　これはお前のための土産だ。

Olahraga itu baik untuk kesέhatan badan.
そのスポーツは身体の健康に良い。

Ini pakaian untuk pria.　これは男性用の服だ。

Om saya bekerja siang malam untuk membayar hutang.
私のおじは借金を返すために昼夜働いた。

Kado ini buat kamu.　このプレゼントは君のためのものだ。

Dia bekerja keras demi anak istrinya.
彼は妻子のために懸命に働いた。

Soal ujian ini sukar bagi saya.　このテストの問題は私には難しい。

⑵ 期間，～回目

untuk は期間や回数を導く（13.5 節を参照）。

Tamu itu memesan satu kamar untuk tiga malam.
その客は一部屋 3 泊分予約した。

Beliau dipilih sebagai lurah untuk kedua kalinya.
あの方が村長に選ばれるのは 2 回目である。

単語　siang malam 昼夜　kado 贈り物

(29.2.4) その他の前置詞

以上の前置詞のほかに，よく用いられる前置詞をあげる。接頭辞 meN- や ter- などが付加している派生語のものもある。

tentang, mengenai（～について）

Boléh saya berbicara tentang hal ini?
このことについて話してもいいですか。

Mengenai perusahaan itu, lebih baik bertanya kepada Ibu Dévi.
その企業については，デフィさんに尋ねた方がよい。

akan（～について，～を）

Meréka tidak sadar akan kesalahannya.

彼らは誤りを自覚していない。

Saya tetap percaya akan perjanjian tersebut.

私はその約束を依然として信じている。

terhadap（～に対して）

Dia tidak peduli terhadap kekurangan dana.

彼女は資金不足を気にしていない。

単語 peduli 構う，気にする

atas（～に関して，～（名義）で）

「上」という意味の語であるが，前置詞としても用いられる（7.2 節参照）。

Saya mengucapkan terima kasih atas kebaikan Anda.

私はあなたのご親切に感謝申し上げます。

Saya mau memesan satu kamar untuk satu malam. –Atas nama siapa?

一部屋一泊分を予約したいのですが。—お名前は？

dalam（～の中に，～において，～のうちに，～（語）で）

「中」「深い」という意味の語であるが，前置詞としても用いられる（7.2 節参照）。

Dalam percakapan sehari-hari di Indonésia saya sangat tertarik pada pemakaian bahasa Indonésia dan bahasa daérah.

インドネシアでの日常会話の中で，私はインドネシア語と地方語の使用にとても興味をもちました。

Sebuah gagasan baru tiba-tiba muncul dalam hati saya.

新しい考えが突然私の心に浮かんだ。

Foto-foto dalam majalah itu menggambarkan keadaan yang menakutkan setelah bencana.

その雑誌にある写真は災害後の恐ろしい状況を描き出している。

Hubungan antar kedua negara sangat erat dalam menjalankan proyék ini.

両国間の関係はこのプロジェクトを進めることにおいて非常に密接である。

Targét ini harus dicapai dalam minggu ini.
この目標は今週中に達成しなければいけない。

Wartawan itu mewawancarai artis dari India dalam bahasa Inggris.
その記者はインドの芸能人を英語でインタビューした。

単語　gagasan 構想（基 gagas）　muncul 現れる　menggambarkan 描く（基 gambar）　menakutkan 怖がらせる（基 takut）　antar 間　erat 密な　targét ターゲット　mewawancarai インタビューする（基 wawancara）

seperti（～のような）

Dia berpikir seperti orang déwasa.
彼は大人のような考え方をする。

sebagai（～として）

Beliau mengikuti konferénsi itu sebagai wakil negara.
あの方は国の代表としてその会議に参加した。

melalui（～を通って，通じて）

「～を通る」という意味の動詞であるが，前置詞としても用いられる。

Dia mengatakan ucapan terima kasih melalui surat.
彼は手紙を通して感謝の言葉を述べた。

（cf. Kambing bisa masuk melalui pagar yang rusak.）
（ヤギは壊れた塀を通って入ってくることができる。）

（cf. Gang ini bisa dilalui mobil.）
（この小路は車が通ることができる。）

単語　pagar 塀　gang 小路

menuju（～に向かって）

「～に向かう」という意味の動詞であるが，前置詞としても用いられる。

Rombongan perjalanan itu naik bis menuju hotél berbintang lima itu.
その旅行の団体はバスに乗ってあの５つ星ホテルに向かった。

（cf. Kami menuju ke arah selatan.）
（私たちは南の方角に向かった。）

menjelang（～に際し，～を前にして）
「～にさしかかる」という意味の動詞であるが，前置詞としても用いられる。

Sulit sekali mendapat tikét pesawat terbang menuju Bali menjelang liburan tahun baru.
正月休みの頃にバリ行きの飛行機のチケットをとるのはとても難しい。
（cf. Kakék saya menjelang usia 60 tahun.）
（私の祖父は60歳にさしかかっている。）

berdasarkan（～に基づき）（9.4節参照）
「～に基づく」という意味の動詞であるが，前置詞としても用いられる。

Orang Bali memilih bahasa berdasarkan lawan bicara, tempat, topik dan sebagainya.
バリ人は話し相手，場所，話題などに基づいて，言語を選んでいる。

menurut（～によると）
「～にしたがう」という意味もあるが，ほぼ前置詞として用いられる。

Menurut teman saya dari Jawa, di Jawa juga keadaannya mirip dengan Bali.
ジャワの友達が言うには，ジャワでも状況はバリと似ているとのことです。

Menurut prakiraan cuaca, bésok hujan di daérah Osaka.
天気予報によると，明日は大阪では雨です。

単語 prakiraan 予測（基 prakira） cuaca 天気

termasuk（～を含め）（第22課参照）
「～に含まれている」という意味の動詞であるが，前置詞としても用いられる。

Berapa orang yang sudah mendaftarkan diri sebagai peserta termasuk Anda?
あなたを含めてすでに何人が参加者として登録していますか。

（cf. Ia termasuk orang mampu di désanya.）
（彼は村では経済力のある人に含まれている。）

単語　mendaftarkan 登録する（基 daftar）

selain（〜のほかに）

Selain itu, saya menemukan bahwa orang Bali memilih bahasa berdasarkan lawan bicara, tempat, topik dan sebagainya.
そのほかに，バリ人は話し相手，場所，話題などに基づいて言語を選んでいることに気づきました。

tanpa（〜なしで）

Minta és téh satu gelas tanpa gula.
アイスティーを砂糖なしで１つください。

29.2.5 心理・感情を表す動作・状態に後続する前置詞

上記の例に見られるように，percaya（信じる），cinta（好き），khawatir（心配である）などに後続し，対象を導く前置詞には，pada, kepada, akan, dengan などがある。それらは交替可能であることが多い。

「私はあの方を信じている」
Saya percaya pada beliau.
Saya percaya kepada beliau.
Saya percaya akan beliau.
Saya percaya dengan beliau.

29.3 直接話法と間接話法

直接話法は，「"〜〜，" 発言・思考の行為を表す語＋行為者」のように表される。発言・思考の行為を表す語には「言う」「尋ねる」「答える」「考える」などが見られる。それらの語には接辞が付加されず，基語の形態をとる。

「〜〜」と…が言った　　kata, ujar, ucap など

「～～」と…が尋ねた	tanya
「～～」と…が答えた	jawab, sahut
「～～」と…が考えた	pikir
「～～」と…が付け加えた	tambah

"Saya tidak mau pulang," kata anak itu.
「私は帰りたくない」とその子供は言った。
"Kamu tinggal di mana?" tanya Budi.
「君はどこに住んでいるの」とブディは尋ねた。
"Saya akan menjadi pegawai negeri," katanya.
「私は公務員になる予定だ」と彼は言った。

これらの例を間接話法で述べる場合，29.1.2 項で見た接続詞 bahwa を用いたり，疑問詞や mengapa など疑問詞を接続詞的に用いる。たとえば以下のようになる。

Anak itu berkata bahwa dia tidak mau pulang.
Budi bertanya di mana saya tinggal.
Dia mengatakan bahwa dirinya akan menjadi pegawai negeri.

練 習 問 題

1．次の文を日本語にしましょう。

(1) Walapun bésok hujan, pertandingan sépak bola akan dilaksanakan.
(2) Saya berdoa agar perjalanan Anda akan berjalan lancar.
(3) Dia mau melanjutkan sekolah di luar negeri jika mendapatkan béasiswa.
(4) Pejabat itu dicurigai terlibat dalam kasus penyalahgunaan dana.
(5) Kantor ini dibuka dari pukul 8.00 sampai pukul 16.00.
(6) Dia sakit perut, karena itu masih tidur di rumah.
(7) Saya membeli makanan untuk bésok di supermarkét.
(8) Pegawai itu menabung uang untuk membangun rumah.
(9) Tikét konsér itu dipesan atas nama saya.
(10) Simpan barang berharga dengan baik!

単語　lancar スムーズな　melanjutkan 続ける（基 lanjut）
dicurigai 疑う（基 curiga）　terlibat 関与する（基 libat）
kasus 事例，ケース　penyalahgunaan 不正使用（基 salah guna）
konsér コンサート

2．次の直接話法の文を日本語に訳し，そして間接話法で表しましょう。

(1) “Mengapa meréka bisa datang dengan segera?” pikir saya.
(2) “Apakah Anda mau kembali ke rumah?” tanya Siti kepada saya.
(3) “Hanya lima orang saja yang mau menghadiri pésta perpisahan,” kata Pak Adi.

3．次の間接話法の文を日本語に訳し，そして直接話法で表しましょう。

(1) Dia menanyakan kapan perbaikan komputernya akan dilaksanakan.

(2) Santi menjawab bahwa dirinya tidak pernah berbohong.

(3) Meréka bertanya apakah Pak Yudi masih memeriksa kasus tersebut.

単語 komputer コンピューター berbohong 嘘をつく（基 bohong）

KTP って何て意味？

学習項目 -nya, 略語とアクロニム

目 標 -nya は代名詞やいろいろな派生に用いられる要素として見てきたが，改めて機能を全体的に捉え直す。

［作文例］

Waktu saya baru mulai belajar bahasa Indonésia, salah satu kesulitan yang saya hadapi adalah **singkatan** dan **akronim**. Saya tidak bisa menangkap kata-kata apa yang disingkat atau digabung. Apa arti**nya** "**KTP**"? Apa arti**nya** "**pemilu**"? Apalagi saya bingung bagaimana cara membaca**nya**. Tetapi sekarang saya sudah memahami banyak singkatan dan akronim, dan sangat berminat pada**nya** karena cara pembentukan**nya** sangat kréatif, terutama dalam komunikasi dunia maya. **Misalnya BTW**. Kata ini berasal dari istilah bahasa Inggris "*by the way*" yang digunakan untuk mengganti topik.

［作文例の和訳］

私がインドネシア語を勉強し始めたばかりのとき，直面した困難の1つが略語とアクロニムでした。私は，何の単語が短くなったり，つなぎ合わされたのかわかりませんでした。KTP って何て意味？ pemilu って何て意味？ さらに，それらをどのように読むのか迷いました。しかし，今ではたくさんの略語とアクロニムがわかるようになり，その形成の仕方に大変関心があります。というのも，特にバーチャルなコミュニケーションにおいてとても創造的だからです。たとえば，BTW です。この語は英語の *by the way*（ところで）という表現からきていて，話題を変えるときに使われます。

語句 65 

akronim ☺	アクロニム
menangkap	理解する，捕まえる（基 tangkap）
disingkat	短くする（基 singkat）
digabung	つなげる（基 gabung）
pemilu ☺	総選挙（=pemilihan umum）
apalagi	しかも
bingung	迷う，困る
memahami	理解する（基 paham）
pembentukan	形成（基 bentuk）
kréatif	創造的な
komunikasi	コミュニケーション
maya	バーチャルの
istilah	用語
BTW ☺	ところで（*by the way* に基づく；口語）
mengganti	替える（基 ganti）

30.1 -nya の基本的な機能

-nya は語に後接して用いられる。基本的な機能として，すでに言及されている何かを指し示す代名詞の機能があげられる。具体的には，三人称代名詞の接尾形として現れる場合と，すでに述べられた人，もの・こと，会話の場にあるもの・ことなどの話し手と聞き手が了解しているものを指し示す場合とがある。

-nya は，名詞句における所有を表すほかに，動詞や前置詞に後続し，動作の対象・受け手，動作主などを表す。さらに，動詞や形容詞，また句や節を名詞化する機能がある。副詞を形成する機能もある。感嘆文，二重主語文など，-nya が必須の要素として用いられる文型がある。以下，30.2 ～ 30.6 節で解説する。

30.2 -nya の代名詞の機能

三人称代名詞として，すでに述べられた人，もの・ことを指し示す代名詞としての機能をもつことが基本である（第 5 課参照）。以下，現れる位置や機能によって，大きく3つに分けることができる。

⑴ 所有

名詞に後接し，前出した人やもの・ことの所有，所属を表す。

Saya berminat pada singkatan dan akronim karena cara pembentukannya sangat kréatif, terutama dalam komunikasi dunia maya.

私は略語とアクロニムに関心がある。というのも特にバーチャルなコミュニケーションにおいてとても創造的だからだ。

Bapak Wahid tinggal di Pondok Indah dengan istrinya. Rumahnya besar, dan mobilnya BMW lagi.

ワヒドさんは妻とポンドク・インダに住んでいる。家は大きく，しかも車はBMWだ。

Saya pergi ke pantai Jimbaran minggu lalu. Ombaknya besar sekali.

私は先週ジンバランビーチに行った。波がとても大きかった。

Kalau mau memakai sepéda motor, silakan. Kuncinya di atas méja.

バイクを使いたかったら，どうぞ。鍵は机の上にある。

⑵ 他動詞，前置詞に後接する場合

他動詞，前置詞に後接し，前出した人やもの・ことの動作の対象，受け手，動作主などを表す（第5課，第14課，第15課参照）。

Apalagi saya bingung bagaimana cara membacanya.

さらに，それらをどのように読むのか迷いました。

Adik saya nakal sekali, jadi saya memarahinya.

私の弟はとても言うことを聞かないので，私は彼を叱った。

Karena mobil saya kotor, suami saya membersihkannya.

私の車が汚ないので，夫が洗車した。

Buku itu dibacanya. その本は彼が読んだ。

Buku itu dipinjam oléhnya. その本は彼が借りた。

Isi makalah itu terlalu sulit, maka saya tidak mengerti apa yang dikatakannya.

その発表の内容が難しすぎて，私は何が述べられているのか理解できなかった。

Tetapi sekarang saya sudah memahami banyak singkatan dan akronim, dan sangat berminat padanya.

しかし，今ではたくさんの略語とアクロニムがわかるようになり，それに

大変関心があります。

Aku cinta padanya.　私は彼を好きだ。

Saya sekelas dengannya.　私は彼と同じクラスだった。

Kami menunggu di dalamnya.　私たちはその中で待った。

Sesudah teman saya pulang ke negaranya, saya mengirim foto kepadanya.

友人が国に帰った後，私は彼に写真を送った。

(3) 文脈から了解されるもの

主に名詞に後接する。その前に述べられていないが，発話の場や文脈から了解されるものを指し示すことがある。

Gulanya di mana?　砂糖はどこ。

Nasinya sudah jadi. Ayo, kita makan.　ご飯が炊けた。さあ，食べよう。

Dia mau ke pasar, tapi tidak tahu jalannya.

彼は市場に行こうとしたが，道がわからなかった。

単語　Pondok Indah ポンドク・インダ（ジャカルタの地名）　ombak 波
Jimbaran ジンバラン（バリの地名）　makalah 研究発表

30.3 -nya の名詞化の機能

(1) 動詞・形容詞の名詞化

-nya は，動詞や形容詞に付加し名詞化の機能をもつ。前出のもの・ことや，状況から了解されるもの・ことを表す代名詞の機能も果たしていると考えられる。

Kemarin saya dipijit, jadi tadi malam tidurnya nyenyak.

昨日私はマッサージを受けたので，昨晩はぐっすりと寝た。

Berangkatnya mendadak.　（彼の／その）出発は突然であった。

Panasnya luar biasa.　（その）暑さは物凄かった。

形容詞に -nya が付加する場合，特に量や長さなどの単位を表す名詞となることが多い。

Tingginya 3 méter.　高さは3メートルである。

(2) 節の名詞化

節全体を名詞化し，それを文の一部とする場合は，元の節の述語が主語に先行し，そして述語を構成していた句に -nya が付加する。

Meningkatnya harga bénsin mempengaruhi berbagai bidang usaha.
ガソリンの価格が上がったことは，様々なビジネスの分野に影響を与えた。

Habisnya penyediaan gas itu membuat masyarakat sangat kecéwa.
そのガスの備蓄がなくなったことは，人々をとても不安にさせた。
（cf. Penyediaan gas itu habis.）

Ada tidaknya kekayaan tidak menjadi masalah.
財産があるかどうかは問題ではない。
（cf. Ada kekayaan atau tidak?）

Panjangnya kain itu 2 méter.
その布の長さは2メートルである。
（cf. Kain itu panjang.）

単語 dipijit マッサージする（基 pijit） nyenyak ぐっすり bidang 分野
penyediaan 備蓄（基 sedia） kekayaan 財産（基 kaya）

30.4 -nya の副詞化の機能

形容詞や副詞，名詞などに -nya が後接して副詞を形成する。主な例を以下にあげる。

biasanya（普通は）

Biasanya dia tidur siang agar dapat berolahraga soré hari.
普通は，彼は夕方運動できるように昼寝をする。

umumnya（一般には）

Orang Indonésia umumnya mandi 2 kali sehari.

インドネシア人は一般には1日に2回水浴びをする。

akhirnya（ついには）

Akhirnya bapak saya bisa berhenti merokok karena permintaan keluarga.

ついに私の父は家族の要請のために禁煙することができた。

awalnya（最初は）

Awalnya saya pelan-pelan sekali mengetik, tetapi lama-lama bisa dengan cepat.

最初は私はとてもゆっくりとしか入力できなかったが，だんだん早くできるようになった。

kelihatannya, rupanya（(見た目から）～らしい）

Kelihatannya keadaan keamanan kota itu sudah sangat buruk.

どうやらその街の治安状態はすでに非常に悪くなっているようだ。

katanya（(聞いた話から）～らしい）

Katanya dia pernah menemui kaisar Jepang.

彼は日本の天皇と会ったことがあるらしい。

rasanya（(感じから）～らしい）

Rasanya dia menyembunyikan kebenarannya.

彼女は真実を隠しているような気がする。

misalya（たとえば）

Misalnya BTW.　　　　　　　　たとえば，BTWです。

Di Indonésia terdapat banyak bahasa daérah, misalya bahasa Jawa, bahasa Sunda, bahasa Bali, dan lain-lain.

インドネシアにはたくさんの地方語が見られ，たとえばジャワ語，スンダ語，バリ語などである。

接頭辞 se- とともに用いられる例（sebenarnya など）は，詳しくは第 28 課を参照。さらに重複がともなう例（secepat-cepatnya など）は，詳しくは第 27 課を参照。

単語 mengetik タイプする（基 tik） kaisar 天皇
menyembunyikan 隠す（基 sembunyi）

30.5 -nya が使われる構文

二重主語文（第 8 課で詳述），感嘆文などで -nya が必須の要素として用いられる。

⑴ 二重主語文（～は…が一である）

Apa artinya “KTP”? Apa artinya “pemilu”?
KTP って何て意味？ pemilu って何て意味？

Mobil itu panjangnya 1,7 méter dan beratnya 2,1 ton.
その車は長さが 1.7 メートルで，重さが 2.1 トンである。

Pak Ali sama umurnya dengan kakak saya.
アリさんは私の兄と年齢が同じである。

⑵ 感嘆文（なんと～であることか）

感嘆文は，驚きや感動などを表現する文のタイプである。

文型は“alangkah ～ -nya”，“betapa ～ -nya”である。-nya は状態・性質を表す語（形容詞）に付加する。表記する場合，文末に感嘆符（！）を付す。

Alangkah bagusnya!	なんと素晴らしいことか。
Alangkah sedihnya hatiku!	私の心はなんと悲しいことか。
Betapa luasnya!	なんと広いことか。
Betapa lucunya cerita ini!	この話はなんとおもしろいことか。

また，bukan main，luar biasa（ものすごい，法外である）を使うこともできる。bukan main，luar biasa が述語をなし，-nya を付加した句が主語となる。

Bukan main panasnya! / Panasnya bukan main!
なんと暑いことか（暑さがものすごい）。
Luar biasa susahnya! / Susahnya luar biasa!
なんと難しいことか（難しさがものすごい）。

単語 ton トン（単位） lucu おもしろい

30.6 所有関係を明確にする -nya

名詞句において所有者を明示するために -nya が「つなぎ」として現れることがある。

Mobilnya Bapak Asép baru léwat.　アセップさんの車が通ったばかりだ。
（= Mobil Bapak Asép baru léwat.）

親族関係を表す場合に現れることがある。
ibunya Tini（=ibu Tini）　ティニの母親
（cf. Ibu Tini）

30.7 略語とアクロニム

インドネシア語の語彙には，語や句が省略された表現が多くあり，その形態や発音，表記にはいくつかの方法がある。大きく「略語」（singkatan）と「アクロニム」（akronim）に分けられる。基本的に，略語は文字を1つずつ読み，アクロニムは音節ごとに読む，つまり単語のように読むという違いがある。

30.7.1 略語

インドネシア語の略語は，語の一部を取り出して作る。複数の語から一部ずつを取り出して1つの略語とする場合と，1つの語の一部を略語とする場合とがある。多くは，文字を1つずつ読む（文字の読み方については，第2課を参照）。

複数の語からなる組織名など，各語の語頭の1字ずつを取り出して略語とする場合にはすべて大文字で表記し，ピリオドは用いない。

RI	（Républik Indonésia）	インドネシア共和国
PDI-P	（Partai Démokratik Indonésia Perjuangan）	闘争民主党
PBB	（Perserikatan Bangsa-Bangsa）	国際連合
UGM	（Univérsitas Gadjah Mada）	ガジャマダ大学

また，固有名詞でなくても，複数の語から各語の語頭の１字ずつを取り出して略語とする場合も，すべて大文字で表記し，ピリオドは用いない。

PT	（perséroan terbatas）	有限会社
SD	（sekolah dasar）	小学校
KTP	（kartu tanda penduduk）	住民登録証
BBM	（bahan bakar minyak）	燃料

個人名や称号，呼称，役職を略して表記する場合には，各語の最初の文字を大文字にし，末尾にピリオドを用いる。

W.R. Supratman（Wagé Rudolf Supratman）ワゲ・ルドルフ・スプラトマン（人名）

S.H.	（sarjana hukum）	法学士
Sdr.	（saudara）	～さん・様
K.H.	（kiai haji）	キヤイハジ

３字以上からなる略語を表記する場合は，略語の末尾にピリオドを用いる。

hlm.	（halaman）	～ページ
dll.	（dan lain-lain）	～など
yth.	（yang terhormat）	尊敬する～（手紙などの宛名）

書類によく用いられる２語の略語は各語の語頭の１字ごとにピリオドを用いる。

a.n.	（atas nama）	～の名義で
d.a.	（dengan alamat）	～の住所で
s.d.	（sampai dengan）	～まで（期限）

化学記号や度量衡の単位，通貨単位などの略語を表記する場合，ピリオドは用いない。

Ca	（kalsium）	カルシウム
cm	（séntiméter）	センチメートル
Rp	（rupiah）	ルピア

単語 démokratik 民主的な　perséroan 企業（基 séro）　bahan 材料
minyak 油　kiai イスラム教指導者；その人への敬称
haji メッカ巡礼者；その人への敬称

(30.7.2) アクロニム

インドネシア語のアクロニムは，複数の語の一部ずつを取り出して続けて表記し，1つの語のように発音する語のことである。

組織など固有名詞から語頭の1字ずつを取り出しつなげたアクロニムは，すべて大文字で表記し，ピリオドを用いない。

LIPI	（Lembaga Ilmu Pengetahuan Indonésia）	インドネシア科学技術院
PAM	（Perusahaan Air Minum）	水道公社

また，固有名詞でなくても，語頭の1字ずつを取り出しつなげたアクロニムは，すべて大文字で表記し，ピリオドを用いない。

SIM	（surat izin mengemudi）	運転免許証
HUT	（hari ulang tahun）	誕生日，記念日

複数の語からそれぞれ一部を取り出してつなげる方法は，語頭の1字を取り出すほかには，音節が単位となる場合もあれば，音節＋1字の場合もある。

その場合，組織名など固有名詞のアクロニムは，その語頭のみを大文字で表記する。

Bulog	（Badan Urusan Logistik）	食料調達庁
Polri	（Kepolisian Negara Républik Indonésia）	インドネシア警察
Kalteng	（Kalimantan Tengah）	中部カリマンタン

固有名詞ではない一般的な語のアクロニムは，すべて小文字で表記する。

pemilu	（pemilihan umum）	総選挙
ipték	（ilmu pengetahuan dan téknologi）	科学技術
rudal	（peluru kendali）	ミサイル
toserba	（toko serba ada）	百貨店
bandara	（bandar udara）	空港

単語　lembaga 機関　badan 組織，体　logistik 物流　téknologi 技術
peluru 弾　kendali 制御された

練 習 問 題

1．次の文を日本語にしましょう。

(1) Perkebunan kelapa sawit itu luasnya 100 héktar.
(2) KBRI adalah singkatan dari Kedutaan Besar Républik Indonésia.
(3) Déplu adalah akronim dari Départemén Luar Negeri.
(4) Bapaknya Rudi bekerja sebagai peneliti di LIPI.
(5) Ia sering mengunjungi muséum dengan istrinya pada hari libur.
(6) Rupanya dia berbéda pendapat dengan teman-temannya mengenai pelaksanaan pemilu.
(7) Gunung Agung meletus, sehingga penduduk di sekitarnya tidak boléh mendekatinya.
(8) Setelah tamat dari UI atau Univérsitas Indonésia, dia mulai mencari pekerjaan di AS.
(9) Film India akan disiarkan pada pukul 18.30 WIB.
(10) Kalau bertemu dengan Ibu Ami, tolong sampaikan salam saya kepadanya.

単語 héktar ヘクタール　départemén 省　peneliti 研究者（基 teliti）
pelaksanaan 実施（基 laksana）
Gunung Agung アグン山（バリの火山）　meletus 噴火する（基 letus）

2．次の文をインドネシア語にしましょう。

(1) この景色はなんと美しいことか。
(2) 燃料の価格が下がったことは，人々をとても喜ばせた。
(3) その布の幅は 1.5 メートルである。
(4) 最初はその生徒は成績が良かった。
(5) 一般的には日本人は主食としてご飯を食べる。

単語 幅広い lébar

単語リスト

【　】　基語のうち基本的には単独では用いられない語の意味を表す。日本語に訳しにくいものは【基語】と記してある。
▶　見出し語となる基語から派生した語を表す。
基　見出し語となる派生語の基語を表す（語によって語幹を表す場合がある）。

A

abad　世紀
AC　エアコン
acara　予定，催し
ada　ある，いる　▶ adakan, adalah, berada, diadakan, keadaan, mengada-ada, mengadakan
adakan　開催する（基 ada）
adalah　すなわち，つまり（基 ada）
adat　習慣，慣習
Adi　アディ（人名）
adik　弟・妹
Adik　[弟・妹や同じ位の年齢の者，子供への呼称・敬称]；あなた，君
adil　公正な　▶ keadilan
administrasi　事務
agak　やや～
agama　宗教　▶ beragama, keagamaan
agar　～するように
Agus　アグス（人名）
Agustus　8月
ahli　専門家
Ahmad　アフマド（人名）
air　水
air putih　湯冷まし
ajak　【誘う】　▶ mengajak
ajar　【教える】　▶ ajaran, belajar, diajar, diajarkan, dipelajari, mempelajari, mengajar, mengajarkan, pelajar, pelajari, pelajaran, pengajar, pengajaran
ajaran　教え（基 ajar）
aju　【基語】　▶ diajukan, mengajukan
akan　～を，について
akan　～する予定
akan tetapi　しかし
akhir　終わり　▶ akhir-akhir ini, akhiran, akhirnya, terakhir
akhir-akhir ini　最近（基 akhir）
akhiran　接尾辞（基 akhir）
akhirnya　ついには，最後には（基 akhir）
akibat　結果
akrab　親しい
akronim　アクロニム
aku　俺，あたし　▶ mengakui
alam　自然　▶ berpengalaman, mengalami, pengalaman
alamat　住所
alangkah　なんと～であることか（感嘆文）
alas　基盤，敷物　▶ alasan
alasan　理由，言い訳（基 alas）
alat　道具
Ali　アリ（人名）

alkohol	アルコール
aman	安全な ▶ keamanan, mengamankan
ambil	【取る】 ▶ ambilkan, diambilkan, mengambil, mengambilkan
ambilkan	～に取ってやる（[基] ambil）
Amérika	アメリカ
Amérika Serikat	アメリカ合衆国（=AS）
Ami	アミ（人名）
a.n.	～の名義で（=atas nama）
anak	子供 ▶ beranak
Anak	［子供への呼称］；あなた，君
ancam	【脅かす】 ▶ diancam
Anda	あなた（同等で距離のある関係の相手に対して）
Anda sekalian	あなたたち（同等で距離のある関係の相手に対して）
anéh	変な
anggota	メンバー
angin	風
angkat	【持ち上げる】 ▶ berangkat, keberangkatan, mengangkat
anjing	犬
antar	【案内する】 ▶ mengantar, mengantarkan
antar	間
antara	～の間，～のうち
apa	何；～ですか（諾否疑問文） ▶ apa-apa, apakah
apa-apa	何か，何でも（ない）（[基] apa）
apa boléh buat	仕方がない
apakah	～ですか（諾否疑問文），～かどうか（[基] apa）
apalagi	しかも，その上
apa saja	何と何；何でも
api	火
apoték	薬局
April	4月
Arab	アラブ
Arab Saudi	サウジアラビア
arah	方向
are	アール（単位）
arti	意味 ▶ berarti
artikel	記事
artis	芸能人
AS	アメリカ合衆国（=Amérika Serikat）
asal	～である限り
asal	出身，源 ▶ berasal
asam	酸っぱい
Asép	アセップ（人名）
Asia	アジア
asin	塩辛い ▶ asinan
asinan	漬物（[基] asin）
asing	見慣れない，外国の
asli	本物の
asrama	寮
asuransi	保険
atap	屋根 ▶ beratapkan
atas	上；～において，～に対して ▶ atasan, diatasi, mengatasi
atasan	上司（[基] atas）
atau	または，それとも；すなわち
atlét	アスリート
atur	【管理する】 ▶ peraturan
Australia	オーストラリア
awal	初め ▶ awalan, awalnya
awalan	接頭辞（[基] awal）
awalnya	初めに（[基] awal）
awas	気をつけろ
ayah	父親
ayam	鶏
ayo	さあ；それでは

B

baca	【読む】 ▶ bacaan, dibaca, membaca, membacakan, pembaca, pembacaan, terbaca
bacaan	読み物（基 baca）
badan	身体，組織
bagai	～のような ▶ berbagai, sebagai
bagaimana	どのような
bagi	～にとって；【分ける】 ▶ bagian, membagi
bagian	部分，部署（基 bagi）
bagus	素晴らしい
bahagia	幸福な
bahan	材料
bahasa	言語，ことば ▶ berbahasa
bahwa	～ということ（を述べる）
baik	良い，親切な，元気な；わかりました ▶ baik-baik, kebaikan, membaik, diperbaiki, memperbaiki, perbaikan, sebaiknya, terbaik
baik-baik	しっかり，ちゃんと（基 baik）
baik ～ maupun …	～も…も
bajaj	バジャイ（三輪タクシー）
baju	服，上着
bakar	【焼く】 ▶ dibakar, kebakaran
balas	【返信する】 ▶ dibalas
Bali	バリ（地域・民族名）
balik	戻る；逆，裏 ▶ bolak-balik, sebaliknya
Bambang	バンバン（人名）
bandar	港
bandara	空港（=bandar udara）
banding	【比較する】 ▶ dibanding, dibandingkan
Bandung	バンドゥン（地名）
bangga	誇りに思う ▶ membanggakan
bangku	長椅子 ▶ sebangku
bangsa	民族
bangun	起きる ▶ bangunan, membangun, membangunkan, pembangunan, terbangun
bangunan	建物（基 bangun）
banjir	洪水，大水 ▶ kebanjiran, membanjir
bank	銀行 ▶ perbankan
bantu	【手伝う】 ▶ bantuan, bantu-membantu, membantu, pembantu
bantuan	助け，援助（基 bantu）
bantu-membantu	助け合う（基 bantu）
banyak	多い，多く ▶ kebanyakan, memperbanyak, sebanyak, sebanyak-banyaknya
bapak	父親
Bapak	［目上の男性への呼称・敬称］；あなた ▶ Bapak-bapak
Bapak-bapak	［複数の目上の男性への呼称］；皆さん（基 Bapak）
Bapak sekalian	［複数の目上の男性への呼称］；皆さん
barang	品物，荷物
barat	西，西洋
baru	新しい；～したばかり，やっと～した ▶ memperbarui, perbarui
basah	濡れた
batang	茎；～本（助数詞）
batas	限り，期限，境

▶ dibatasi, terbatas

batik　バティック（ろうけつ染）

batuk　咳

bawa　【運ぶ】 ▶ bawakan, dibawa, membawa, membawakan, terbawa

bawah　下 ▶ bawahan

bawahan　部下（[基] bawah）

bawakan　持っていってやる（[基] bawa）

bawang putih　ニンニク

baya　【基語】 ▶ sebaya

bayar　【払う】 ▶ membayar

bayi　赤ちゃん

BBM　燃料(=bahan bakar minyak)

béasiswa　奨学金

beban　負担

beberapa　いくつか（[基] berapa）

béda　違い ▶ berbéda, membédakan, memperbédakan, perbédaan

bedil　銃

begini　このように，このような

begitu　そのように，そのような；～するやいなや

bekerja　働く（[基] kerja）

belah　側，方；～側（助数詞） ▶ sebelah

belajar　勉強する（[基] ajar）

belakang　後ろ，裏

belalai　鼻（ゾウなどの）

Belanda　オランダ

belanja　【買い物をする】 ▶ berbelanja, perbelanjaan

belas　十～ ▶ belasan, kesebelasan, sebelas

belasan　十代の，十～の（[基] belas）

beli　【買う】 ▶ dibeli, membeli, membelikan, pembeli, terbeli

beliau　あの方

bélok　曲がる

belum　まだ～でない ▶ sebelum, sebelumnya

belum datang-datang　まだ全然来ない

benar　本当の ▶ kebenaran, sebenarnya

bencana　災害

benci　憎い ▶ membenci

bendéra　旗

béngkél　車両修理工場

bénsin　ガソリン

bentuk　形 ▶ pembentukan

berada　滞在する，存在する（[基] ada）

beragama　～教を信じる（[基] agama）

beranak　子を持つ，子を産む（[基] anak）

berangkat　出発する，出る（[基] angkat）

berani　勇気がある ▶ pemberani

berapa　いくつ，いくら ▶ beberapa, keberapa, seberapa

berarti　意味がある；つまり（[基] arti）

beras　米

berasal　～の出身である（[基] asal）

berat　重い ▶ seberat

beratapkan　～を屋根とする（[基] atap）

berbagai　様々な（[基] bagai）

berbahasa　～語を話す（[基] bahasa）

berbéda　異なる（[基] béda）

berbelanja　買い物をする（[基] belanja）

berbicara　話す（[基] bicara）

berbintang　星付きである（格付け）（[基] bintang）

berbohong　嘘をつく（[基] bohong）

berbotol-botol　何本もの，何ビンもの（[基] botol）

berbuah　実がなる（[基] buah）

berbunyi	音がなる（[基] bunyi）
bercelana	ズボンをはいている（[基] celana）
bercerita	話す（[基] cerita）
bercita-cita	理想をもつ（[基] cita）
bercium(-cium)an	キスし合う（[基] cium）
bercukur	(自分の)髭を剃る([基] cukur)
berdagang	商売をする（[基] dagang）
berdasarkan	～に基づく（[基] dasar）
berdasi	ネクタイをしている([基] dasi)
berdatangan	次々とやってくる([基] datang)
berdekatan	互いに近くにいる（[基] dekat）
berdiri	立つ（[基] diri）
berdua	2人で（[基] dua）
berenang	泳ぐ（[基] renang）
berencana	計画がある（[基] rencana）
bérés	解決した
bergambar	絵が描かれている（[基] gambar）
bergerak	動く（[基] gerak）
berguna	役に立つ（[基] guna）
berharap	望む（[基] harap）
berharga	価値がある（[基] harga）
berhasil	成功する（[基] hasil）
berhati-hati	気をつける（[基] hati）
berhenti	止まる，やめる（[基] henti）
berhubungan	関係がある（[基] hubung）
beri	【与える】▶ diberi, diberikan, memberi, memberikan
beribu-ribu	何千もの（[基] ribu）
beringus	鼻水が出ている（[基] ingus）
berisi	中身がある（[基] isi）
beristirahat	休憩する（[基] istirahat）
beristri	妻がいる（[基] istri）
berita	ニュース，知らせ
beri tahu	【知らせる】▶ beritahukan, diberitahukan, memberi tahu, memberitahukan
beritahukan	知らせる（[基] beri tahu）
berjabatan	役職についている([基] jabat)
berjalan	歩く，動く（[基] jalan）
berjalan-jalan	あちこち歩く，散歩する（[基] jalan）
berjalan kaki	徒歩で行く（[基] jalan）
berjam-jam	何時間も（[基] jam）
berjanji	約束する（[基] janji）
berjuang	闘う（[基] juang）
berkacamata	メガネをかけている（[基] kacamata）
berkali-kali	何度も（[基] kali）
berkarat	錆びついた（[基] karat）
berkata	言う（[基] kata）
berkeluarga	家族をもつ，結婚する（[基] keluarga）
berkembang	発展する，成長する（[基] kembang）
berkenalan	知り合う（[基] kenal）
berkeringat	汗をかく（[基] keringat）
berkibar	はためく（[基] kibar）
berkilo-kilo	何キロも（[基] kilo）
berkuasa	権力をもつ（[基] kuasa）
berkumpul	集まる（[基] kumpul）
berkunjung	訪ねる（[基] kunjung）
berlainan	相異なる（[基] lain）
berlaku	有効である（[基] laku）
berlari	走る（[基] lari）
berlatih	練習する（[基] latih）
bermacam-macam	様々な（[基] macam）
bermain	遊ぶ，プレーする，演奏する（[基] main）
berminat	興味がある（[基] minat）
bermotor	エンジンがついた([基] motor)
bernyanyi	歌う（[基] nyanyi）
berobat	治療する(受ける)([基] obat)

beroda 車輪がついた（基 roda）
berolahraga スポーツをする（基 olahraga）
beroléh 得る（基 oléh）
berpakaian 服を着ている（基 pakai）
berpeluk(-peluk)an 抱き合う（基 peluk）
berpengalaman 経験をもつ（基 alam）
berpikir 考える（基 pikir）
berpikir-pikir よく考える（基 pikir）
berpisah 別れる，離れる（基 pisah）
berpotrét （自分の）写真を撮る（基 potrét）
berpuluh-puluh 何十もの（基 puluh）
bersalaman 挨拶し合う（基 salam）
bersama(-sama) 一緒に（基 sama）
bersatu 統一する，まとまる（基 satu）
bersekolah 就学する（基 sekolah）
bersepéda 自転車に乗る（基 sepéda）
berseragam 制服を着る（基 ragam）
bersiap 準備がある（基 siap）
bersiap-siap ちゃんと準備している（基 siap）
bersih きれいな，清潔な ▶ bersihkan, dibersihkan, kebersihan, membersihkan, pembersihan
bersihkan 清掃する（基 bersih）
bersuami 夫がいる（基 suami）
bertambah 増える（基 tambah）
bertanding 試合をする（基 tanding）
bertani 農業をする（基 tani）
bertanya 尋ねる（基 tanya）
bertanya-tanya あれこれ尋ねる（基 tanya）
berteman 友達づきあいをする（基 teman）
bertemu 会う（基 temu）
bertentangan 対立する（基 tentang）
bertingkat ～階建てである（基 tingkat）
bertinju ボクシングをする（基 tinju）
bertugas 業務をする，任務をもつ（基 tugas）
bertujuan 目的がある（基 tuju）
berubah 変わる（基 ubah）
beruban 白髪がある（基 uban）
berumah tangga 家庭を営む（基 rumah tangga）
berumur ～歳である（基 umur）
berusaha 努力する（基 usaha）
berusia ～歳である（基 usia）
berwarna ～色である，カラーの（基 warna）
(ber)warna-warni 色とりどりの（基 warna）
besar 大きい ▶ besaran, besar-besaran, kebesaran, membesar, membesar-besarkan, membesarkan, memperbesar, sebesar, sebesar-besarnya, terbesar
besaran 大きめの（口語的）（基 besar）
besar-besaran 大規模に（基 besar）
beserta 参加する，～とともに（基 serta）
bésok 明日
betapa なんと～であることか（感嘆文）
beterbangan 飛び交う（基 terbang）
beternak 畜産を営む（基 ternak）
betul 正しい；その通り ▶ betul-betul, kebetulan, sebetulnya
betul-betul 本当に（基 betul）
Bi ［おばや同じ位の年齢の女性への呼称，敬称］
biar 【基語】 ▶ membiarkan
biasa 普通の，慣れた ▶ biasanya, dibiasakan,

kebiasaan, terbiasa

biasanya　普通は（基 biasa）

biaya　費用 ▶ biayai, dibiayai, membiayai

biayai　～の費用を出す（基 biaya）

bibi　おば

Bibi　［おばや同じ位の年齢の女性への呼称，敬称］；おばさん

bicara　【話す】 ▶ berbicara, bicarakan, dibicarakan, membicarakan

bicarakan　～について話す（基 bicara）

bidang　分野

bijak　聡明な ▶ kebijakan

bijaksana　有能な，公平な

biji　粒；～粒，個（助数詞）

bilang　言う（口語的）

Bima　ビマ（人名）

binatang　動物

bingung　迷う，困る

bintang　星，スター ▶ berbintang

bioskop　映画館

BIPA　外国人向けインドネシア語講座（=Bahasa Indonésia bagi Pelajar Asing）

bir　ビール

biru　青い

bis　バス

bisa　～できる，あり得る ▶ sebisa-bisanya

bodoh　愚かな

bohong　【嘘をつく】 ▶ berbohong

bola baskét　バスケットボール

bolak-balik　行ったり来たりする（基 balik）

boléh　～してもよい ▶ diperboléhkan, memperboléhkan

bom　爆弾 ▶ membom, mengebom

bosan　飽きる ▶ membosankan

botol　ビン；～ビン，本（助数詞） ▶ berbotol-botol

BTW　ところで（*by the way* を元にした略語；口語的）

Bu　［目上の女性への呼称・敬称］

buah　実，果物；～個（助数詞） ▶ berbuah, buah-buahan, sebuah

buah-buahan　果物類（基 buah）

buang　【捨てる】 ▶ membuang

buat　～のために；【作る】 ▶ buatan, buatkan, dibuat, membuat, membuatkan, pembuatan, terbuat

buatan　作られたもの，～製（基 buat）

buatkan　～に作ってやる（基 buat）

budak　奴隷 ▶ diperbudak, memperbudak

budaya　文化 ▶ kebudayaan

Budi　ブディ（人名）

buka　開いた；【開ける】 ▶ bukakan, dibuka, membuka, membukakan, pembukaan, terbuka

bukakan　～に開けてやる（基 buka）

bukan　～（名詞）ではない；いいえ；～じゃないの？

bukan hanya ～, melainkan juga …　～だけでなく…も

bukan main　ものすごい，尋常ではない

bukan ～, melainkan …　～ではなく，…である

bukan ～, tetapi …　～ではなく，…である

buku　本

buku harian	日記
buku tamu	芳名帳
bulan	月，～月　▶ bulanan
bulanan	月ごとの（[基] bulan）
bulé	白人
Bulog	食料調達庁（=Badan Urusan Logistik）
bulu tangkis	バドミントン
bumi	地球，土地
bunga	花
bungkus	～包み（助数詞）；【包む】　▶ bungkusan, membungkus
bungkusan	包み（[基] bungkus）
bunyi	音　▶ berbunyi
bupati	県知事　▶ kabupatén
buruk	悪い，ひどい　▶ memburuk
burung	鳥
bus	バス
butir	粒；～粒，個（助数詞）
butuh	必要な　▶ butuhkan, membutuhkan
butuhkan	必要とする（[基] butuh）

C

Ca	カルシウムの略語表記（=kalsium）
cabai	唐辛子
cabang	枝，支店
cakap	【基語】　▶ percakapan
calon	候補　▶ mencalonkan
camat	郡長　▶ kecamatan
campur	混ざった　▶ campuran, mencampurkan
campuran	混ざったもの（[基] campur）
canggih	高性能の
cangkir	茶碗，カップ；～杯（助数詞）
cantik	美人の
capai	疲れた
capai	【基語】　▶ dicapai, tercapai
cara	方法　▶ secara
cari	【探す】　▶ carikan, mencari, mencarikan
carik	～枚（助数詞）
carikan	～に探してやる（[基] cari）
cat	ペンキ　▶ mencat, mengecat
catat	【メモする】　▶ mencatat
celaka	不運な　▶ kecelakaan
celana	ズボン　▶ bercelana
cengkéh	丁子，クローブ
cepat	はやい　▶ cepat-cepat, kecepatan, mempercepat, secepat, secepat(-cepat)nya
cepat-cepat	はやく（[基] cepat）
cerah	晴れた
cerdas	明晰な，頭が良い
cerita	話　▶ bercerita, menceritakan
cermin	鏡　▶ mencerminkan, te(r)cermin
cerpén	短編小説（=cerita péndék）
Cina	中国
cincin	指輪
cinta	好き，愛する　▶ cinta-mencintai, mencintai, pe(n)cinta
cinta-mencintai	愛し合う（[基] cinta）
cita	【基語】　▶ bercita-cita, cita-cita
cita-cita	理想，夢（[基] cita）
cium	【キスをする】　▶ bercium(-cium)an, mencium, menciumi
cm	センチメートルの略語表記（=séntiméter）
coba	～してみて；【試す】

▶ mencoba
contoh　例
copét　【スリをする】 ▶ dicopét, kecopétan, mencopét, pencopét
cuaca　天気
cuci　【洗う】 ▶ dicuci, mencuci
cucu　孫
cukup　十分な，十分に
cukur　【髭を剃る】 ▶ bercukur, mencukur
cumi　【基語】 ▶ cumi-cumi
cumi-cumi　イカ（基 cumi）
curi　【盗む】 ▶ dicuri, kecurian, mencuri, pencuri
curiga　【疑う】 ▶ dicurigai

D

d.a.　～の住所で（=dengan alamat）
daérah　地方
daftar　リスト ▶ mendaftarkan
dagang　商売 ▶ berdagang, memperdagangkan, pedagang, perdagangan
daging　肉
dahulu　以前
daki　【登る】 ▶ mendaki
dalam　深い；中；～において ▶ memperdalam, mendalami, mendalamkan, pedalaman
dalang　影絵芝居の人形遣い
dan　そして，～と…
dana　資金
dangdut　ダンドゥット（歌謡ジャンル）
dan lain-lain　～など
dan sebagainya　～など
dapat　～できる，あり得る；【得る】 ▶ didapatkan, mendapat, mendapatkan, pendapat, pendapatan, sedapat-dapatnya, sedapat mungkin, sependapat, terdapat
dapur　台所
darah　血
darat　陸 ▶ daratan, mendarat
daratan　大陸（基 darat）
dari　～から
daripada　～よりも
darurat　緊急の
dasar　基礎 ▶ berdasarkan
dasi　ネクタイ ▶ berdasi
datang　来る ▶ berdatangan, didatangi, kedatangan, mendatang, mendatangi, pendatang
datar　平らな ▶ dataran
dataran　平野（基 datar）
dataran tinggi Diéng　ディエン高原
dekat　近い ▶ berdekatan, mendekat, mendekati, mendekatkan
delapan　8（数詞）
demam　熱
demi　～のために
démokratik　民主的な
démokratis　民主的な
démonstran　デモ参加者
démonstrasi　デモ
dengan　～と（相手），～によって（手段），～とともに（付随）
dengar　【聞く】 ▶ dengarkan, didengar, kedengaran, memperdengarkan, mendengar, mendengarkan,

	pendengar, terdengar
dengarkan	～に聞き入る（基 dengar）
depan	前；来～
départemén	省
deras	（雨など）激しい
derita	【基語】 ▶ menderita
désa	村 ▶ pedésaan
Désémber	12 月
detik	秒
Dévi	デフィ（人名）
déwasa	大人の
Déwi	デウィ（人名）
di	～で，～に
dia	彼・彼女
diadakan	開催する（基 ada）
Diah	ディア（人名）
diajar	～に教える（基 ajar）
diajarkan	～を教える（基 ajar）
diajukan	提出する（基 aju）
diam	黙っている；住む ▶ diam-diam, pendiam
diambilkan	～に取ってやる（基 ambil）
diam-diam	こっそりと（基 diam）
diancam	脅かす（基 ancam）
diatasi	乗り越える（基 atas）
dibaca	読む（基 baca）
dibakar	焼く，燃やす（基 bakar）
dibalas	返信する（基 balas）
dibanding	比較する（基 banding）
dibandingkan	比較する（基 banding）
dibatasi	制限する（基 batas）
dibawa	持っていく，運ぶ（基 bawa）
dibeli	買う（基 beli）
diberi	～に与える（基 beri）
diberikan	～を与える（基 beri）
diberitahukan	知らせる（基 beri tahu）
dibersihkan	清掃する（基 bersih）
dibiasakan	慣れさせる（基 biasa）
dibiayai	費用を出す（基 biaya）
dibicarakan	～について話す（基 bicara）
dibuat	作る（基 buat）
dibuka	開ける（基 buka）
dicapai	到達する（基 capai）
dicopét	スリをする（基 copét）
dicuci	洗う（基 cuci）
dicuri	盗む（基 curi）
dicurigai	疑う（基 curiga）
didapatkan	得る，手に入れる（基 dapat）
didatangi	～に来る（基 datang）
didengar	聞く（基 dengar）
didik	【教育する】 ▶ mendidik, pendidikan
didirikan	設立する（基 diri）
digabung	つなげる，まとめる（基 gabung）
digantung(kan)	掛ける（基 gantung）
digunakan	使う，利用する（基 guna）
dihitung	数える（基 hitung）
dihormati	～を尊敬する（基 hormat）
dihuni	～に住む（基 huni）
diingat	覚える（基 ingat）
diinjak	踏む（基 injak）
diisi	入れる（基 isi）
dijadikan	～にする（基 jadi）
dijatuhkan	落とす，転ばす（基 jatuh）
dijelaskan	説明する（基 jelas）
dijemput	迎えにいく（基 jemput）
dijual	売る（基 jual）
Dik	［弟・妹や同じ位の年齢の者，子供への呼称，敬称］
dikatakan	～を言う（基 kata）
dikembalikan	返す（基 kembali）
dikemukakan	表明する（基 muka）
dikenal	知る（基 kenal）
diketahui	～について知る（基 tahu）
dikhawatirkan	～について心配する

	（基 khawatir）
dikira	思う（基 kira）
dikirim	送る（基 kirim）
dikunci	鍵をかける（基 kunci）
dikunjungi	～を訪ねる（基 kunjung）
dilakukan	行う（基 laku）
dilalui	通る（基 lalu）
dilantik	任命する（基 lantik）
dilarang	禁じる（基 larang）
dilihat	見る（基 lihat）
dilupakan	～を忘れる（基 lupa）
dimainkan	操作する，演じる（基 main）
dimakan	食べる（基 makan）
dimaklumi	承知する，了解する（基 maklum）
dimasuki	～に入る（基 masuk）
dimasukkan	入れる（基 masuk）
dimengerti	理解する（基 erti）
dimiliki	所有する（基 milik）
diminum	飲む（基 minum）
dinas	公用の；～局
dingin	冷たい，寒い ▶ kedinginan
diobati	治療する（基 obat）
dipakai	使う，着る（基 pakai）
dipaksa	強いる（基 paksa）
dipanggil-panggil	何度も呼ぶ（基 panggil）
dipecahkan	割る，解決する（基 pecah）
dipekerjakan	働かせる，雇う（基 kerja）
dipelajari	勉強する，研究する（基 ajar）
dipengaruhi	影響を与える（基 pengaruh）
dipenuhi	満たす（基 penuh）
diperbaiki	修理する（基 baik）
diperboléhkan	許可する（基 boléh）
diperbudak	奴隷のように扱う（基 budak）
diperiksa	調べる，検査する（基 periksa）
diperlihatkan	見せる（基 lihat）
dipermasalahkan	問題にする（基 masalah）
diperoléh	得る（基 oléh）
diperpanjang	延長する（基 panjang）
dipersatukan	統一する（基 satu）
dipertunjukkan	上演する（基 tunjuk）
dipesan	注文する，予約する（基 pesan）
dipijit	マッサージする（基 pijit）
dipilih	選ぶ（基 pilih）
dipinjamkan	貸す（基 pinjam）
diplomatik	外交の
dipukul	殴る，叩く，打つ（基 pukul）
dipukuli	何度も殴る，叩く（基 pukul）
dipukulkan	～で殴る，叩く（基 pukul）
dipukul-pukul	何度も殴る，叩く（基 pukul）
dirasa	感じる（基 rasa）
diri	自身，己 ▶ berdiri, didirikan, mendirikan, terdiri
di samping itu	そのほかに
disangka	疑う（基 sangka）
disebut	言及する，呼ぶ（基 sebut）
diseberangi	～を渡る（基 seberang）
disediakan	用意する（基 sedia）
diselamatkan	救助する（基 selamat）
diserahkan	任せる，引き渡す（基 serah）
disiarkan	放送する（基 siar）
disingkat	短くする（基 singkat）
disiram	水をやる（基 siram）
diskusi	議論
disukai	好む（基 suka）
disuruh	命じる，言いつける（基 suruh）

ditabrak　ぶつかる（[基] tabrak）
ditanami　〜に植える（[基] tanam）
ditandatangani　署名する（[基] tanda tangan）
ditangkap　捕まえる，理解する（[基] tangkap）
ditarik　引く（[基] tarik）
ditaruh　置く（[基] taruh）
ditebang　伐採する（[基] tebang）
ditemukan　見つける，見出す（[基] temu）
ditentukan　定める（[基] tentu）
diterbitkan　出版する（[基] terbit）
ditinggalkan　〜を去る，置いていく（[基] tinggal）
ditolong　助ける，手伝う（[基] tolong）
ditulis　書く（[基] tulis）
ditunggu　待つ（[基] tunggu）
ditunjuk　指し示す（[基] tunjuk）
ditunjukkan　〜を示す（[基] tunjuk）
ditutup　閉める（[基] tutup）
diwakili　〜を代表する（[基] wakil）
dll.　〜など（=dan lain-lain）
dokter　医者　▶ kedokteran
dolar　ドル
dompét　財布
dongéng　民話
dorong　【押す】　▶ mendorong
dosén　大学教員
DPR　国会（=Déwan Perwakilan Rakyat）
dua　2（数詞）　▶ berdua, kedua, kedua(-dua)nya
duduk　座る　▶ duduk-duduk, menduduki, penduduk
duduk-duduk　のんびり座る（[基] duduk）
dulu　まず，先に；以前　▶ duluan
duluan　先に（[基] dulu）
dunia　世界　▶ sedunia
duri　棘　▶ durian
durian　ドリアン（[基] duri）
duta besar　大使　▶ kedutaan besar
dwibahasa　二言語の

E

Édi　エディ（人名）
édisi　刊
éja　【綴る】　▶ mengéja
Éka　エカ（人名）
ékonomi　経済　▶ perékonomian
ékor　しっぽ；〜匹（助数詞）
éléktronik　電子の
emas　金
empat　4（数詞）　▶ keempat, perempatan
énak　おいしい
enam　6（数詞）
engkau　君，お前
erat　密な
erti　【基語】　▶ dimengerti, mengerti
és　氷

F

fakultas　学部
Fébruari　2月
féstival　フェスティバル
film　映画，フィルム
formulir　書式，記入用紙
foto　写真
fotokopi　コピー　▶ memfotokopi
fungsi　機能

G

gabung　【つなげる】　▶ digabung
gadis　少女
gado-gado　ガドガド（料理名）

gagal	失敗する
gagas	【基語】 ▶ gagasan
gagasan	構想（基 gagas）
gajah	ゾウ
gaji	給料
gambar	絵 ▶ bergambar, menggambar, menggambarkan
gang	小路
ganggu	【邪魔する】 ▶ mengganggu
ganti	代わり；【替わる，替える】 ▶ mengganti
gantung	【掛ける】 ▶ digantung(kan), tergantung
garam	塩
garasi	ガレージ
garis	線 ▶ menggaris, penggaris
garpu	フォーク
gas	ガス
gedung	建物
gejala	兆候，症状
gelap	暗い
gelas	グラス，コップ；～杯（助数詞）
gembira	喜んだ ▶ menggembirakan
gempa bumi	地震
gemuk	太った
gerak	【動く】 ▶ bergerak
geréja	教会
gigi	歯
gigit	【噛む，刺す】 ▶ menggigit
gitar	ギター
golf	ゴルフ ▶ pegolf
goréng	油で調理した ▶ menggoréng
gosok	【磨く，こする】 ▶ menggosok, menggosokkan
gua	洞窟
gubernur	州知事
gudang	倉庫
gugat	【訴える】 ▶ tergugat
gugur	枯れ落ちる
gula	砂糖
guna	用途 ▶ berguna, digunakan, mempergunakan, menggunakan
gunting	ハサミ ▶ menggunting
gunung	山 ▶ pegunungan
Gunung Agung	アグン山
Gunung Bromo	ブロモ山
guru	教師
Gus	グス（人名）

H

habis	なくなる，尽きる
hadap	【基語】 ▶ hadapi, terhadap
hadapi	直面する（基 hadap）
hadir	出席する ▶ menghadiri
hafal	【暗記する】 ▶ menghafal
haji	メッカ巡礼者；[その人への敬称]
hakim	裁判官
hal	事柄
halaman	庭；ページ
halte	停留所
halus	なめらかな，細かい，丁寧な
hampir	ほとんど
hanya	ほんの～
hapus	【消す】 ▶ menghapus, penghapus
harap	～願います；【望む】 ▶ berharap, harapan,

	mengharap(kan)
harapan	望み（基 harap）
harga	値段，価値　▶ berharga, menghargai, seharga
hari	日，曜日　▶ harian, sehari-hari
harian	日ごとの，日刊（基 hari）
hari raya	祝日
hari ulang tahun	誕生日，記念日
harus	～しなければならない　▶ seharusnya
hasil	結果，成果　▶ berhasil, keberhasilan, menghasilkan, penghasilan
hati	心　▶ berhati-hati, memperhatikan, perhatian, perhatikan
haus	喉が渇いた　▶ kehausan
héktar	ヘクタール（単位）
helai	～枚（助数詞）
hémat	【節約する】　▶ menghémat
henti	【基語】　▶ berhenti, perhentian
hidup	生きる，（火などが）つく　▶ kehidupan, menghidupkan
hijau	緑　▶ menghijau
hilang	消える，なくなる　▶ kehilangan, menghilang
Hindi	ヒンディー
Hindu	ヒンドゥー
hingga	～まで　▶ sehingga
hitam	黒い
hitung	【数える】　▶ dihitung, menghitung, terhitung
hiu	サメ
hlm.	ページ（=halaman）
hormat	敬意，尊敬（する）　▶ dihormati, menghormati, terhormat
hotél	ホテル
HP	携帯電話
hubung	【基語】　▶ berhubungan, hubungan, hubungi, menghubungi, menghubungkan
hubungan	関係（基 hubung）
hubungi	～に連絡する（基 hubung）
hujan	雨，雨が降る　▶ kehujanan
hukum	法
huni	【住む】　▶ dihuni
huruf	文字
HUT	誕生日，記念日（=hari ulang tahun）
hutan	森，林　▶ kehutanan

I

ia	彼・彼女　▶ ialah
ialah	すなわち（基 ia）
ibu	母親
Ibu	［目上の女性への呼称，敬称］；あなた　▶ Ibu-ibu
Ibu-ibu	［複数の目上の女性への呼称］；皆さん（基 Ibu）
ibu kota	首都
Ibu sekalian	［複数の目上の女性への呼称］；皆さん
idé	アイディア
idéntitas	アイデンティティ
ikan	魚　▶ perikanan
ikat	～束（助数詞）；【縛る，結ぶ】
iklan	宣伝
iklim	気候
ikut	参加する，ついていく　▶ mengikuti

ilmu 学問
imbang 同点，引き分け ▶ keseimbangan, seimbang
inap 【基語】 ▶ menginap
indah 美しい ▶ keindahan
India インド
Indonésia インドネシア ▶ se-Indonésia
Indonésia Raya 偉大なるインドネシア（インドネシアの国歌）
informasi 情報
ingat 覚えている，思い出す ▶ diingat, memperingati, memperingatkan, mengingat-ingat, mengingatkan, peringatan, seingat, teringat
Inggris イギリス
ingin ～したい
ingus 鼻水 ▶ beringus, ingusan
ingusan 鼻水が出ている（基 ingus）
ini これ
injak 【踏む】 ▶ diinjak, terinjak
internasional 国際的な
ipték 科学技術（=ilmu pengetahuan dan téknologi）
iris ～切れ（助数詞）；【薄く切る】 ▶ mengiris
isi 中身，内容 ▶ berisi, diisi, mengisi, mengisikan
Islam イスラム
istilah 用語
istirahat 休憩する ▶ beristirahat
istri 妻 ▶ beristri, memperistri(kan)
Italia イタリア
itu それ，あれ
izin 許可 ▶ mengizinkan

J

jabat 【基語】 ▶ berjabatan, jabatan, menjabat, pejabat, penjabat
jabatan 役職（基 jabat）
jadi だから；～になる；予定通り ▶ dijadikan, kejadian, menjadi, terjadi
jadwal スケジュール
jaga 【守る】 ▶ menjaga, penjaga
jagung トウモロコシ
jahat 邪悪な，悪人の ▶ kejahatan, penjahat
jahit 【縫う】
Jakarta ジャカルタ（地名）
jalan 道，通り，歩く ▶ berjalan, berjalan-jalan, berjalan kaki, menjalankan, pejalan kaki, perjalanan
jalan raya 大通り
jam 時計；時間；～時（時刻） ▶ berjam-jam, sejam
jam tangan 腕時計
jamu ジャムー（薬効のある飲み物）
jamur キノコ，カビ
jangan ～するな
jangan répot-répot お構いなく
janji 約束 ▶ berjanji, perjanjian
jantung 心臓
Januari 1月
jarang めったに～ない
jatuh 落ちる，転ぶ ▶ dijatuhkan, terjatuh
jauh 遠い；はるかに～ ▶ menjauh, menjauhi

Jawa	ジャワ（地域・民族名）
jawab	【答える】 ▶ jawaban, menjawab
jawaban	答え（基 jawab）
jelang	【基語】 ▶ menjelang
jelas	明らかな ▶ dijelaskan, menjelaskan, penjelasan
jelék	悪い，ひどい
jembatan	橋
jemput	【迎えにいく】 ▶ dijemput, menjemput
jendéla	窓
jenis	種類；～種類（助数詞）
Jepang	日本 ▶ kejepang-jepangan
Jérman	ドイツ
jika	もし～ならば
jilid	巻；～巻（助数詞）
Jimbaran	ジンバラン（地名）
jiwa	生命；～人（助数詞）
jual	【売る】 ▶ dijual, jualan, menjual, terjual
jualan	売り物（基 jual）
juang	【闘う】 ▶ berjuang, memperjuangkan, perjuangan
juara	優勝者，賞 ▶ kejuaraan, menjuarai
judul	題名
juga	～もまた
Juli	7月
Jumat	金曜
jumlah	数，合計 ▶ sejumlah
jumpa	会う
Juni	6月
jurus	【基語】 ▶ jurusan, menjurus
jurusan	専攻，行き先（基 jurus）
jus	ジュース
justru	（～に反して）むしろ，まさに
juta	～百万 ▶ jutaan, sejuta
jutaan	何百万もの（基 juta）

K

kabar	様子，機嫌，知らせ
kabupatén	県（基 bupati）
kacamata	メガネ ▶ berkacamata
kadang	【基語】 ▶ kadang-kadang
kadang-kadang	時々（基 kadang）
kado	贈り物
kafé	カフェ
kain	布，生地
kaisar	天皇
Kak	[兄・姉や同じ位の年齢の人への呼称，敬称]
kakak	兄・姉
Kakak	[兄・姉と同じ位の年齢の人への呼称，敬称]；兄（姉）さん
kakék	祖父
Kakék	[祖父や同じ位の年齢の人への呼称，敬称]；おじいさん
kaki	足
kalah	負ける ▶ kekalahan, mengalahkan
kalau	もし～ならば，～の場合
kaléng	缶；～缶（助数詞）
kali	回数，～回 ▶ berkali-kali, sekali
kalian	君たち
Kalimantan	カリマンタン（地名）
kalimat	文
kalsium	カルシウム
Kalteng	中部カリマンタン（=Kalimantan Tengah）
kalung	ネックレス

kamar	部屋 ▶ sekamar
kamar kecil	トイレ
kambing	ヤギ
kaméra	カメラ
kami	私たち（相手を含めない）
Kamis	木曜
kampung	村 ▶ kampungan, sekampung
kampung halaman	故郷
kampungan	田舎っぽい（基 kampung）
kampus	キャンパス
kamu	お前，君
kamus	辞書
kan	～じゃない？
kanak	【基語】 ▶ kekanak-kanakan
kanan	右
kangkung	空芯菜
Kanji	漢字
kanker	癌
kantin	学食，社食
kantor	事務所，役所 ▶ perkantoran
kantuk	【基語】 ▶ mengantuk
kapal	船
kapan	いつ ▶ kapan-kapan
kapan-kapan	いつか（口語的）（基 kapan）
karang	【文章を書く】 ▶ karangan, mengarang, pengarang
karang	【基語】 ▶ pekarangan
karangan	文章（基 karang）
karat	錆び ▶ berkarat, karatan
karatan	錆びついた（基 karat）
karcis	切符
karena	なぜならば，～なので
karét	ゴム
kartu	カード
karya	作品
karyawan	従業員
kasar	粗い，粗野な
kasih	気持ち
kasus	事例，ケース
kata	単語，ことば；～と言う（直接話法） ▶ berkata, dikatakan, katanya, mengatakan, perkataan
katanya	～のようだ（聞いたところ）（基 kata）
kawasan	区域，地域
kawin	結婚する ▶ perkawinan
kaya	金持ちの，豊かな ▶ kekayaan, terkaya
kayu	木，木材
KBRI	インドネシア大使館（=Kedutaan Besar Républik Indonésia）
ke	～へ，に
ke-70	70番目
keadaan	状態（基 ada）
keadilan	公正（基 adil）
keagamaan	宗教性（基 agama）
keamanan	治安（基 aman）
kebaikan	良さ，親切（基 baik）
kebakaran	火事にあう；火事（基 bakar）
kebanjiran	洪水，大水にあう；洪水，大水（基 banjir）
kebanyakan	大部分；多すぎる（口語的）（基 banyak）
kebenaran	真実（基 benar）
keberangkatan	出発（基 angkat）
keberapa	何番目（基 berapa）
keberhasilan	成功（基 hasil）
kebersihan	清潔さ，衛生（基 bersih）
kebesaran	大きすぎる（口語的）（基 besar）
kebetulan	偶然（基 betul）

kebiasaan	習慣，慣習（基 biasa）
kebijakan	政策（基 bijak）
kebudayaan	文化（基 budaya）
kebun	畑　▶ perkebunan
kecamatan	郡（基 camat）
kecelakaan	事故（基 celaka）
kecepatan	速さ（基 cepat）
kecéwa	心配な，不安な ▶ mengecéwakan
kecil	小さい　▶ kekecilan, memperkecil, mengecil, mengecilkan
kecopétan	スリにあう（基 copét）
kecurian	盗まれる（基 curi）
kedatangan	予想外に来られる；来訪（基 datang）
kedengaran	（～のように）聞こえる（基 dengar）
kedinginan	寒さに見舞われる；寒さ；寒すぎる（口語的）（基 dingin）
kedokteran	医学の（基 dokter）
kedua	2番目の；両方の（基 dua）
kedua(-dua)nya	2つとも，2人とも（基 dua）
kedutaan besar	大使館（基 duta besar）
keempat	4番目の；4つの（基 empat）
kehausan	喉の渇きに見舞われる；喉の渇き（基 haus）
kehidupan	生活，人生（基 hidup）
kehilangan	～を失う；喪失（基 hilang）
kehujanan	雨に降られる（基 hujan）
kehutanan	森林の（基 hutan）
keindahan	美しさ（基 indah）
kejadian	出来事（基 jadi）
kejahatan	邪悪性；犯罪（基 jahat）
kejepang-jepangan	日本の影響を受けた（基 Jepang）
kejuaraan	選手権（基 juara）
kejut	【基語】 ▶ terkejut
Kék	［祖父や同じ位の年齢の男性への呼称，敬称］
kekalahan	敗北（基 kalah）
kekanak-kanakan	子供っぽい（基 kanak）
kekayaan	富，財産（基 kaya）
kekecilan	小さすぎる（口語的）（基 kecil）
kekerasan	強固さ；暴力（基 keras）
kekurangan	不足に見舞われる；不足（基 kurang）
kelahiran	誕生，生まれ（基 lahir）
kelapa	ヤシ
kelapa sawit	アブラヤシ
kelaparan	空腹・飢餓に見舞われる；空腹・飢餓（基 lapar）
kelas	クラス，授業　▶ sekelas
kelihatan	（～のように）見える；見かけ（基 lihat）
kelihatannya	～らしい（見たところ）（基 lihat）
kelompok	グループ，集団
keluar	出る，外出する ▶ mengeluarkan
keluarga	家族　▶ berkeluarga, sekeluarga
kelurahan	村（基 lurah）
kemacétan	混雑（基 macét）
kemajuan	進歩，前進（基 main）
kemampuan	能力（基 mampu）
kemanisan	甘さ；甘すぎる（口語的）（基 manis）
kemarau	乾期の
kemari	こちらへ
kemarin	昨日
kemarin dulu	一昨日
kemasukan	～に入られる（基 masuk）
kematian	死；～に死なれる（基 mati）

kembali	戻る；再び；おつり；どういたしまして ▶ dikembalikan, mengembalikan, pengembalian
kembang	花 ▶ berkembang, perkembangan
kemenangan	勝利（基 menang）
kementerian	省（基 menteri）
kemérah-mérahan	赤みがかっている（基 mérah）
kemerdékaan	独立（基 merdéka）
kemudi	舵 ▶ mengemudi
kemudian	それから，後で
kemukakan	表明する（基 muka）
kemungkinan	可能性（基 mungkin）
kena	あたる，かかる ▶ mengenai
kenaikan	上昇（基 naik）
kenal	知っている ▶ berkenalan, dikenal, kenalan, memperkenalkan, mengenal, perkenalan, terkenal
kenalan	知り合い（基 kenal）
kenapa	なぜ，どうした
kendali	制御された
kendara	【基語】 ▶ kendaraan, mengendarai, pengendara
kendaraan	乗り物（基 kendara）
kenyataan	現実，事実（基 nyata）
kepada	～（人）へ，に
kepala	頭，長 ▶ mengepalai
kepanasan	暑さに見舞われる；暑さ・熱さ（基 panas）
kepanjangan	長すぎる（口語的）（基 panjang）
kepemimpinan	指導性（基 pimpin）
kepentingan	重要性，利益（基 penting）
kepercayaan	信仰，信用（基 percaya）
keperluan	必要性（基 perlu）
kepolisian	警察署（基 polisi）
keponakan	甥・姪
kepulauan	島々，諸島（基 pulau）
kepunyaan	所有（物）（基 punya）
keputih-putihan	白っぽい（基 putih）
keputusan	決定（基 putus）
keracunan	毒に当たる；中毒（基 racun）
kerajaan	王国（基 raja）
kerajinan	工芸（品）（基 rajin）
keramik	陶磁器
keras	硬い；声が大きい；懸命に ▶ kekerasan, sekeras mungkin, sekeras(-keras) nya
keras kepala	頑固な
kerbau	水牛
keréta	汽車，列車
keringat	汗 ▶ berkeringat, keringatan
keringatan	汗まみれの（基 keringat）
kerja	仕事，働く ▶ bekerja, dipekerjakan, mengerjakan, pekerja, pekerjaan
kertas	紙
kerugian	損失（基 rugi）
kerusakan	破壊，損壊（基 rusak）
kesalahan	誤り（基 salah）
kesan	印象 ▶ mengesankan
kesatu	1番目の（基 satu）
kesatuan	一体性，統一（基 satu）
kesebelasan	イレブン（サッカーチーム）（基 belas）
keséhatan	健康（基 séhat）
keseimbangan	均衡（基 imbang）
keselamatan	安否，安全（基 selamat）
keseluruhan	全体（基 seluruh）

kesemek	柿
kesenangan	楽しさ，好み（基 senang）
kesenian	芸術（基 seni）
kesepian	寂しさに見舞われる；寂しさ（基 sepi）
keseratus	100 番目の（基 ratus）
kesetiaan	誠実さ（基 setia）
kesiangan	寝坊した（基 siang）
kesibukan	忙しさ（基 sibuk）
kesulitan	困難（基 sulit）
ketahuan	知られる（基 tahu）
ketakutan	恐怖に見舞われる；恐怖（基 takut）
ketentuan	規定（基 tentu）
keterangan	解説，説明（基 terang）
ketidakadilan	不正（基 tidak adil）
ketidakseimbangan	不均衡（基 tidak seimbang）
ketiduran	寝過ごす，うっかり寝てしまう（基 tidur）
ketiga	3 番目の，3 つの（基 tiga）
ketiga(-tiga)nya	3つとも，3人とも（基 tiga）
ketika	～の時　▶ seketika
ketinggalan	置いていかれる（基 tinggal）
ketua	委員長（基 tua）
keturunan	低下；子孫（基 turun）
keuangan	会計，金融（基 uang）
khawatir	心配な　▶ dikhawatirkan, khawatirkan, mengkhawatirkan
khawatirkan	～について心配する（基 khawatir）
K.H.	キヤイハジ（=kiai haji）
kiai	イスラム教指導者；［その人への敬称］
kian	ますます～　▶ sekian
kibar	【基語】　▶ berkibar
kilo	キロ（単位）　▶ berkilo-kilo, kiloan
kiloan	キロ単位で（基 kilo）
kilogram	キログラム（単位）
kilométer	キロメートル（単位）
Kimono	着物
kios	売店
kira	思う　▶ dikira, kira-kira, memperkirakan, mengira
kira-kira	およそ，約（基 kira）
kiri	左
kirim	【送る】　▶ dikirim, kiriman, mengirim, mengirimi, mengirimkan, pengirim, pengiriman
kiriman	送付物（基 kirim）
kita	私たち（相手を含める）
kitar	【基語】　▶ sekitar
klinik	診療所
klub	クラブ
koma	コンマ
komédi	コメディー
Kompas	コンパス（新聞名）
kompléks	複合体，団地
kompor	コンロ
komputer	コンピューター
komunikasi	コミュニケーション
komunis	共産主義の
kondisi	状態
konferénsi	会議，大会
kongrés	会議，大会
konsér	コンサート
koper	スーツケース
kopi	コーヒー
koran	新聞
korban	犠牲　▶ mengorbankan
kordén	カーテン
Koréa	韓国，朝鮮
kos	下宿

kota	町，都市　▶ perkotaan
kotak	箱
kotor	汚い　▶ kotoran
kotoran	汚物（基 kotor）
kréatif	創造的な
kripik	チップス
KTP	身分証明書（=kartu tanda penduduk）
ku-	aku の接頭形
-ku	aku の接尾形
Kuala Lumpur	クアラルンプール（地名）
kuasa	権力　▶ berkuasa, menguasai
kuat	強い　▶ sekuat, sekuat-kuatnya
kucing	猫
kuda	馬　▶ memperkuda
kué	菓子，ケーキ
kulit	皮，皮膚　▶ menguliti
kulkas	冷蔵庫
kumpul	集まる　▶ berkumpul, mengumpulkan
kunci	鍵　▶ dikunci, terkunci
kuning	黄色い　▶ menguning
kunjung	【基語】　▶ berkunjung, dikunjungi, mengunjungi, pengunjung
kupu	【基語】　▶ kupu-kupu
kupu-kupu	蝶々
kura	【基語】　▶ kura-kura
kura-kura	亀
kurang	足りない；あまり～でない　▶ kekurangan, mengurangi, sekurang-kurangnya
kursi	椅子
kurus	痩せた

L

labah	【基語】　▶ labah-labah
labah-labah	蜘蛛（基 labah）
laci	引き出し
ladang	畑
lagi	また，再び
lagu	歌
lagu pop	ポップソング
lahir	生まれる　▶ kelahiran
lain	他の　▶ berlainan, melainkan, selain
laki	男　▶ laki-laki
laki-laki	男（基 laki）
laksana	【基語】　▶ melaksanakan, pelaksana, pelaksanaan
laku	売れる　▶ berlaku, dilakukan, melakukan
lalu	過ぎた；それから　▶ dilalui, melalui, terlalu
lalu lintas	交通
lama	長い，古い　▶ lama-lama, selama
lama-lama	そのうち（基 lama）
lamar	【申し込む】　▶ melamar
lambat	遅い　▶ selambat(-lambat)nya, terlambat
lampu	灯り
lancar	順調な，流暢な
landas	基盤
langgan	【基語】　▶ langganan
langganan	お得意さん（基 langgan）
langit	空　▶ langit-langit
langit-langit	天井（基 langit）
langsung	直接，そのまま
lanjut	続く　▶ melanjutkan, selanjutnya
lantai	床，階；～階
lantik	【任命する】　▶ dilantik

lap	布巾，雑巾　▶ me(nge)lap
lapang	広い　▶ lapangan
lapangan	広場，運動場（基 lapang）
lapar	空腹な　▶ kelaparan
lapor	【報告する】　▶ laporan, melapor, melaporkan
laporan	報告（書）（基 lapor）
larang	【禁じる】　▶ dilarang, melarang
lari	逃げる，走る　▶ berlari, pelari
Las	ラス（人名）
latih	【訓練をつける】　▶ berlatih, melatih, pelatih
lauk	おかず　▶ lauk-pauk
lauk-pauk	おかず類（基 lauk）
laut	海　▶ lautan
lautan	大洋（基 laut）
lawan	敵，相手
lawan bicara	話し相手
layan	【基語】　▶ melayani, pelayan
layang	【飛ぶ】　▶ layang-layang
layang-layang	凧（基 layang）
lébar	幅広い
lebih	より～
leluhur	祖先（基 luhur）
lemah	弱い
lemari	棚
lembaga	組織，機関
lembar	～枚（助数詞）　▶ selembar
lémpar	【投げる】　▶ melémpar, melémpari, melémparkan
letus	【基語】　▶ meletus
léwat	過ぎる，通る　▶ meléwati
libat	【基語】　▶ terlibat
libur	休む，休み　▶ liburan
liburan	休暇（基 libur）
lihat	【見る】　▶ dilihat, diperlihatkan, kelihatan, kelihatannya, melihat, melihat-lihat, memperlihatkan, perlihatkan, terlihat
lima	5（数詞）
lima belas	15（数詞）
lingkungan（hidup）	環境
linguistik	言語学
LIPI	インドネシア科学院（=Lembaga Ilmu Pengetahuan Indonésia）
listrik	電気
logistik	物流
lomba	大会，コンテスト
Lombok	ロンボック（地名）
luar	外
luar biasa	ものすごい
luas	広い　▶ meluas, seluas
lubang	穴
lucu	おもしろい，かわいい
luhur	高貴な　▶ leluhur
luka	傷，怪我
lukis	【描く】　▶ lukisan, melukis
lukisan	絵画（基 lukis）
lulus	通過する，合格する
lunak	やわらかい
lupa	忘れる　▶ dilupakan, melupakan, pelupa, terlupa, terlupakan
lurah	村長　▶ kelurahan
lusa	明後日

M

maaf	ごめんなさい；許し　▶ maafkan
maafkan	許す（基 maaf）

macam	種類　▶ bermacam-macam
macét	渋滞した　▶ kemacétan
mahal	高価な　▶ semahal
mahasiswa	大学生
mahasiswi	女子学生
main	遊ぶ，プレーする，演奏する　▶ bermain, dimainkan, mainan, memainkan, pemain, permainan
mainan	おもちゃ（基 main）
majalah	雑誌
maju	進む　▶ kemajuan
maka	したがって
makalah	研究発表
makan	食べる　▶ dimakan, makanan, memakan, termakan
makanan	食べ物（基 makan）
makin	ますます～
maklum	理解する　▶ dimaklumi
maksud	意図
mal	モール
malam	夜　▶ malam-malam, semalam
malam-malam	夜遅く（基 malam）
malas	怠けた　▶ pemalas
Malaysia	マレーシア
maling	泥棒
malu	恥ずかしい　▶ pemalu
mampir	立ち寄る
mampu	（経済的）能力がある　▶ kemampuan
Man	［おじや同じ位の年齢の男性への呼称，敬称］
mana	どれ，どこ　▶ mana-mana
mana-mana	どこも（～ない）（基 mana）
mandi	水浴びをする
mangga	マンゴー
manggis	マンゴスチン
manis	甘い　▶ kemanisan, manisan
manisan	砂糖漬け，飴（基 manis）
manusia	人間
marah	怒った　▶ memarahi, pemarah
Maret	3月
mari	～しましょう；それでは
Maria	マリア（人名）
Mas	［若い男性の店員などへの呼称，敬称］；お兄さん
masa	時期
masa depan	将来
masa lalu	過去
masak	熟れた，火が通った　▶ masakan, memasak
masakan	料理（基 masak）
masalah	問題　▶ dipermasalahkan, memasalahkan, mempermasalahkan, permasalahkan
masih	まだ～している
masing	【基語】　▶ masing-masing
masing-masing	それぞれ（基 masing）
masuk	入る　▶ dimasuki, dimasukkan, kemasukan, masuki, masukkan, memasuki, memasukkan, termasuk
masuk angin	風邪をひく
masuki	～に入る（基 masuk）
masukkan	入れる（基 masuk）
masyarakat	民衆，社会
mata	目　▶ mata-mata
mata kuliah	授業，講義
mata-mata	スパイ（基 mata）
mata uang	通貨単位

mati	死ぬ，（火などが）消える ▶ kematian, mati-matian, mematikan
mati-matian	必死に（基 mati）
mau	～したい，～するつもり
maya	バーチャルの
Mbak	［若い女性の店員などへの呼称，敬称］；お姉さん
Méga	メガ（人名）
Mégawati	メガワティ（人名）
Méi	5月
méja	机
méja makan	食卓
mekar	咲く
melainkan	（～ではなく）…である（基 lain）
melaksanakan	実施する（基 laksana）
melakukan	行う（基 laku）
melalui	～を通る，～を通して（基 lalu）
melamar	申し込む，求婚する（基 lamar）
melanjutkan	続ける（基 lanjut）
melapor	報告する（基 lapor）
melaporkan	～を報告する（基 lapor）
melarang	禁じる（基 larang）
melatih	訓練をつける（基 latih）
melayani	対応する，もてなす（基 layan）
melémpar	投げる（基 lémpar）
melémpari	～に投げる（基 lémpar）
melémparkan	～を投げる（基 lémpar）
meletus	噴火する（基 letus）
meléwati	～を通る（基 léwat）
melihat	見る（基 lihat）
melihat-lihat	あれこれ見る（基 lihat）
meluas	広がる（基 luas）
melukis	絵を描く（基 lukis）
melupakan	～を忘れる（基 lupa）
memadamkan	（火などを）消す（基 padam）
memahami	理解する（基 paham）
memainkan	操作する，演じる（基 main）
memakai	使う，着る（基 pakai）
memakan	（時間など）食う（基 makan）
memanasi	熱する（基 panas）
memanaskan	熱する（基 panas）
memandang	眺める，みなす（基 pandang）
memandangi	じっと見る（基 pandang）
mémang	もちろん，確かに
memanggil	呼ぶ（基 panggil）
memanggil-manggil	何度も呼ぶ（基 panggil）
memanjangkan	長くする（基 panjang）
memarahi	叱る（基 marah）
memasak	料理する（基 masak）
memasalahkan	～を問題とする（基 masalah）
memasang	つける，はめる（基 pasang）
memasuki	～に入る（基 masuk）
memasukkan	入れる（基 masuk）
mematikan	消す（基 mati）
membaca	読む（基 baca）
membacakan	～に読んでやる；読み上げる（基 baca）
membagi	分ける（基 bagi）
membaik	良くなる（基 baik）
membanggakan	～を誇りに思う（基 bangga）
membangun	建設する（基 bangun）
membangunkan	起こす（基 bangun）
membanjir	あふれる（基 banjir）
membantu	手伝う（基 bantu）
membawa	持っていく，運ぶ（基 bawa）
membawakan	～に持っていってやる（基 bawa）
membayar	払う（基 bayar）
membédakan	区別する（基 béda）
membeli	買う（基 beli）
membelikan	～に買ってやる；～で買う

	（基 beli）
membenci	憎む（基 benci）
memberi	与える（基 beri）
memberikan	～を与える（基 beri）
memberi tahu	伝える（基 beri tahu）
memberitahukan	～について伝える（基 beri tahu）
membersihkan	きれいにする，清掃する（基 bersih）
membesar	大きくなる（基 besar）
membesar-besarkan	誇張する（基 besar）
membesarkan	大きくする，育てる（基 besar）
membiarkan	放っておく（基 biar）
membiayai	費用を出す（基 biaya）
membicarakan	～について話す（基 bicara）
membom	爆破する（基 bom）
membosankan	飽きさせる（基 bosan）
membuang	捨てる（基 buang）
membuat	作る；～させる（基 buat）
membuatkan	～に作ってやる（基 buat）
membuka	開ける（基 buka）
membukakan	～に開けてやる（基 buka）
membungkus	包む（基 bungkus）
memburuk	悪くなる（基 buruk）
membutuhkan	必要とする（基 butuh）
memenuhi	満たす（基 penuh）
memeriksa	調べる，検査する（基 periksa）
memerintah	命じる（基 perintah）
memerlukan	必要とする（基 perlu）
memesan	注文する，予約する（基 pesan）
memesankan	～に注文してやる（基 pesan）
memfotokopi	コピーする（基 fotokopi）
memikirkan	～について考える（基 pikir）
memilih	選ぶ（基 pilih）
memiliki	所有する（基 milik）
meminati	～に関心をもつ（基 minat）
meminjam	借りる（基 pinjam）
meminjamkan	貸す（基 pinjam）
meminta	頼む，乞う（基 minta）
memohon	頼む，乞う（基 mohon）
memotong	切る（基 potong）
memotongkan	～で切る；～に切ってやる（基 potong）
memotrét	写真を撮る（基 potrét）
mempelajari	勉強する，研究する（基 ajar）
mem(p)engaruhi	影響を与える（基 pengaruh）
memperbaiki	修理する（基 baik）
memperbanyak	多くする（基 banyak）
memperbarui	刷新する（基 baru）
memperbédakan	区別する（基 béda）
memperbesar	拡大する（基 besar）
memperboléhkan	許可する（基 boléh）
memperbudak	奴隷のように扱う（基 budak）
mempercayai	信じる（基 percaya）
mempercepat	早める（基 cepat）
memperdagangkan	～を商う，貿易する（基 dagang）
memperdalam	さらに深める（基 dalam）
memperdengarkan	聞かせる（基 dengar）
mempergunakan	利用する，活用する（基 guna）
memperhatikan	関心を払う，注意する（基 hati）
memperingati	記念する（基 ingat）
memperingatkan	警告する，注意する（基 ingat）
memperistri(kan)	妻とする（基 istri）
memperjuangkan	～を求めて闘う（基 juang）
memperkecil	縮小する（基 kecil）
memperkenalkan	紹介する（基 kenal）
memperkirakan	予測する（基 kira）
memperkuda	馬の如く扱う（基 kuda）
memperlihatkan	見せる（基 lihat）
mempermasalahkan	～を問題とする，問題視

する（基 masalah）
memperoléh　獲得する（基 oléh）
memperpanjang　延長する（基 panjang）
mempersatukan　統一する，一つにする（基 satu）
mempersiapkan　準備する（基 siap）
mempersingkat　短縮する（基 singkat）
mempersoalkan　～を問題とする（基 soal）
mempertanyakan　～について尋ねる（基 tanya）
mempertemukan　会わせる（基 temu）
mempertimbangkan　検討する，考慮する（基 timbang）
mempertunjukkan　上演する（基 tunjuk）
mem(p)rotés　抗議する（基 protés）
mempunyai　持つ（基 punya）
memuaskan　満足させる（基 puas）
memukul　殴る，叩く，打つ（基 pukul）
memukuli　何度も殴る，叩く（基 pukul）
memukulkan　～で殴る，叩く（基 pukul）
memukul-mukul　何度も殴る，叩く（基 pukul）
memulai　始める（基 mulai）
menabung　貯金する（基 tabung）
menaikkan　上げる（基 naik）
menakutkan　怖がらせる；～を恐れる（基 takut）
menamai　名付ける（基 nama）
menambah(kan)　増やす（基 tambah）
menanami　～に植える（基 tanam）
menanam(kan)　植える（基 tanam）
menandatangani　署名する（基 tanda tangan）
menang　勝つ　▶ kemenangan
menangis　泣く（基 tangis）
menangkap　捕まえる，理解する（基 tangkap）
menangkapi　次々と捕まえる（基 tangkap）
menanyakan　～について尋ねる（基 tanya）
menari　踊る（基 tari）
menarik　興味深い，引く（基 tarik）
menasihati　～に助言する（基 nasihat）
menawar　勧める；値切る（基 tawar）
menawari　～に勧める（基 tawar）
menawarkan　～を勧める（基 tawar）
mencalonkan　候補にする（基 calon）
mencampurkan　混ぜる（基 campur）
mencari　探す，求める（基 cari）
mencarikan　～に探してやる（基 cari）
mencat　ペンキを塗る（基 cat）
mencatat　メモする（基 catat）
menceritakan　～について話す（基 cerita）
mencerminkan　～を反映する（基 cermin）
mencintai　～を愛する（基 cinta）
mencium　キスをする；匂いを嗅ぐ（基 cium）
menciumi　何度もキスをする；匂いを嗅ぐ（基 cium）
mencoba　試す（基 coba）
mencopét　スリをする（基 copét）
mencuci　洗う（基 cuci）
mencukur　髭を剃る（基 cukur）
mencuri　盗む（基 curi）
mendaftarkan　登録する（基 daftar）
mendaki　登る（基 daki）
mendalami　深める（基 dalam）
mendalamkan　深くする，奥に入れる（基 dalam）
mendapat　得る，手に入れる（基 dapat）
mendapatkan　得る，手に入れる（基 dapat）
mendarat　上陸する，着陸する（基 darat）
mendatang　来たる～（基 datang）
mendatangi　～に来る（基 datang）
mendekat　近づく（基 dekat）
mendekati　～に近づく（基 dekat）
mendekatkan　近づける（基 dekat）
mendengar　聞く（基 dengar）
mendengarkan　～に聞き入る（基 dengar）

menderita	苦しむ（基 derita）
mendidik	教育する，しつける（基 didik）
mendirikan	設立する（基 diri）
mendorong	（ドアなどを）押す；促す（基 dorong）
menduduki	占領する（基 duduk）
menekan	圧す（基 tekan）
meneliti	調べる，調査する（基 teliti）
menemani	付き添う（基 teman）
menémbak	撃つ（基 témbak）
menémbakkan	～で撃つ（基 témbak）
menemui	～に会う（基 temu）
menemukan	見つける，見出す（基 temu）
menengah	中くらいの（基 tengah）
menerangkan	明らかにする，説明する（基 terang）
menerbitkan	出版する（基 terbit）
menerima	受け取る（基 terima）
mengada-ada	大げさに言う，ありもしないことを言う（基 ada）
mengadakan	開催する（基 ada）
mengajak	誘う（基 ajak）
mengajar	教える（基 ajar）
mengajarkan	～を教える（基 ajar）
mengajukan	提出する（基 aju）
mengakui	自認する（基 aku）
mengalahkan	負かす（基 kalah）
mengalami	経験する（基 alam）
mengamankan	安全にする（基 aman）
mengambil	取る（基 aman）
mengambilkan	～に取ってやる（基 ambil）
mengangkat	持ち上げる（基 angkat）
mengantar(kan)	案内する，送る（基 antar）
mengantuk	眠い（基 kantuk）
mengapa	なぜ，どうした
mengarang	文章を書く（基 karang）
mengatakan	～を言う，～と言う（基 kata）
mengatasi	乗り越える（基 atas）
mengebom	爆破する（基 bom）
mengecat	ペンキを塗る（基 cat）
mengecéwakan	心配させる；～について心配する（基 kecéwa）
mengecil	小さくなる（基 kecil）
mengecilkan	小さくする（基 kecil）
mengéja	綴る（基 éja）
me(nge)lap	（布巾などで）拭く（基 lap）
mengeluarkan	出す（基 keluar）
mengembalikan	返す（基 kembali）
mengemudi	運転する（基 kemudi）
mengemukakan	述べる（基 muka）
mengenai	～について（基 kena）
mengenal	知る（基 kenal）
mengendarai	運転する，乗る（基 kendara）
mengéong	（猫が）ニャーと鳴く（基 ngéong）
mengepak	パッキングする（基 pak）
mengepalai	～の長となる（基 kepala）
me(nge)rém	ブレーキをかける（基 rém）
mengerjakan	～の作業をする（基 kerja）
mengerti	理解する（基 erti）
mengesankan	印象深い（基 kesan）
mengetahui	～について知る（基 tahu）
mengetik	タイプする，入力する（基 tik）
mengetuai	～の長となる（基 tua）
menggambar	絵を描く（基 gambar）
menggambarkan	～を描く（基 gambar）
mengganggu	邪魔する（基 ganggu）
mengganti	替える（基 ganti）
menggaris	線を引く（基 garis）
menggembirakan	喜ばせる；～について喜ぶ（基 gembira）
menggigit	噛む，刺す（基 gigit）
menggoréng	油で調理する（基 goréng）
menggosok	磨く，こする（基 gosok）
menggosokkan	～で磨く，こする（基 gosok）

menggunakan	使う，利用する（基 guna）
menggunting	ハサミで切る（基 gunting）
menghadiri	～に出席する（基 hadir）
menghafal	暗記する（基 hafal）
menghapus	消す，削除する（基 hapus）
mengharap(kan)	～を望む，期待する（基 harap）
menghargai	評価する，尊重する（基 harga）
menghasilkan	生み出す（基 hasil）
menghémat	節約する（基 hémat）
menghidupkan	（電気などを）つける（基 hidup）
menghijau	青々と茂る（基 hijau）
menghilang	消える，なくなる（基 hilang）
menghitung	数える（基 hitung）
menghormati	～を尊敬する（基 hormat）
menghubungi	～に連絡する（基 hubung）
menghubungkan	つなげる（基 hubung）
mengikuti	～にしたがう，参加する（基 ikut）
menginap	泊まる（基 inap）
mengingat-ingat	あれこれ思い出そうとする（基 ingat）
mengingatkan	思い出させる，注意する（基 ingat）
mengira	～と思う（基 kira）
mengirim	送る（基 kirim）
mengirimi	～に送る（基 kirim）
mengirimkan	～を送る（基 kirim）
mengiris	薄く切る（基 iris）
mengisi	～に入れる（基 isi）
mengisikan	～を入れる（基 isi）
mengizinkan	許可する（基 izin）
mengkhawatirkan	心配させる；～について心配する（基 khawatir）
mengorbankan	犠牲にする（基 korban）
menguasai	支配する（基 kuasa）
mengubah	変える（基 ubah）
mengucapkan	述べる，発音する（基 ucap）
mengukur	測る（基 ukur）
menguliti	皮を剥ぐ（基 kulit）
mengumpulkan	集める（基 kumpul）
mengumumkan	発表する，公にする（基 umum）
mengundang	招待する（基 undang）
mengungsi	避難する（基 ungsi）
menguning	黄色くなる（基 kuning）
mengunjungi	～を訪ねる（基 kunjung）
mengurangi	減らす（基 kurang）
mengurus	扱う，手続きする（基 urus）
mengusir	追い出す（基 usir）
menikah	結婚する（基 nikah）
menikmati	楽しむ（基 nikmat）
meninggal	亡くなる（基 tinggal）
meninggalkan	～を去る，置いていく（基 tinggal）
meningkat	上昇する（基 tingkat）
menit	～分（時間）
menitip	預ける（基 titip）
menjabat	職務を行う（基 jabat）
menjadi	～になる（基 jadi）
menjaga	守る（基 jaga）
menjalankan	進める，実施する（基 jalan）
menjauh	遠ざかる（基 jauh）
menjauhi	～から遠ざかる（基 jauh）
menjawab	答える（基 jawab）
menjelang	～にさしかかっている，～に際して（基 jelang）
menjelaskan	明らかにする，説明する（基 jelas）
menjemput	迎えにいく（基 jemput）
menjual	売る（基 jual）
menjuarai	～で優勝する（基 juara）
menjurus	～に向かう（基 jurus）
ménlu	外務大臣（=menteri luar

negeri）

menolong　助ける，手伝う（基 tolong）

menonton　観る（基 tonton）

menstabilkan　安定させる（基 stabil）

mensukséskan　成功させる（基 suksés）

mensyaratkan　条件づける（基 syarat）

mentah　生の

menteri　大臣　▶ kementerian

men(t)erjemahkan　翻訳する，通訳する（基 terjemah）

menuju　～に向かう（基 tuju）

menukar　交換する（基 tukar）

menulis　書く（基 tulis）

menuliskan　書いてやる；～で書く；記入する（基 tulis）

menumpang　乗る（基 tumpang）

menunggu　待つ（基 tunggu）

menunggu-nunggu　首を長くして待つ（基 tunggu）

menunjuk　指し示す（基 tunjuk）

menunjukkan　～を示す（基 tunjuk）

menurun　低下する，下がる（基 turun）

menurut　～によると（基 turut）

menusuk　刺す，突く（基 tusuk）

menusukkan　～で刺す，突く（基 tusuk）

menutup　閉める，閉じる（基 tutup）

menutupi　カバーする，覆う（基 tutup）

menyadari　～を自覚する（基 sadar）

menyajikan　もてなす，供する（基 saji）

menyakitkan　傷つける（基 sakit）

menyala　灯る，燃える（基 nyala）

menyalahkan　非難する（基 salah）

menyampaikan　伝える，届ける（基 sampai）

menyanyi　歌う（基 nyanyi）

menyanyikan　～を歌う（基 nyanyi）

menyapu　掃く（基 sapu）

menyatakan　述べる（基 nyata）

menyebabkan　引き起こす，原因となる（基 sebab）

menyeberang　渡る（基 seberang）

menyeberangi　～を渡る（基 seberang）

menyebut　言及する，呼ぶ（基 sebut）

menyebutkan　言及する（基 sebut）

menyedihkan　悲しませる；～について悲しむ（基 sedih）

menyekolahkan　就学させる（基 sekolah）

menyelesaikan　終わらせる，解決する（基 selesai）

menyembunyikan　隠す（基 sembunyi）

menyenangi　～を好ましく思う（基 senang）

menyenangkan　楽しませる，喜ばしい（基 senang）

menyépak　蹴る（基 sépak）

menyetabilkan　安定させる（基 stabil）

menyetir　運転する（基 setir）

menyetujui　～に賛成する（基 tuju）

menyéwa　賃借りする（基 séwa）

menyéwakan　賃貸しする（基 séwa）

menyiarkan　放送する（基 siar）

menyikat　磨く，こする（基 sikat）

menyimpan　しまう，保管する（基 simpan）

menyinggung　触れる，傷つける（基 singgung）

menyingkat(kan)　短くする（基 singkat）

menyukai　好む（基 suka）

menyukséskan　成功させる（基 suksés）

menyumbang　寄付する，貢献する（基 sumbang）

menyuruh　命じる，言いつける（基 suruh）

menyutradarai　監督をする（基 sutradara）

menziarah　巡礼する（基 ziarah）

mérah　赤い　▶ kemérah-mérahan

meraih　獲得する（基 raih）

merasa　～と感じる（基 rasa）

merasakan	～を感じる（基 rasa）
merawat	看護する，世話する（基 rawat）
merdéka	独立する ▶ kemerdékaan
meréka	彼ら・彼女ら
merencanakan	～を計画する（基 rencana）
merokok	タバコを吸う（基 rokok）
merupakan	～である（基 rupa）
mesin cuci	洗濯機
Mesir	エジプト
meski(pun)	～であるにもかかわらず，～だとしても
méter	メートル（単位）
mewakili	～を代表する（基 wakil）
mewarnai	色をつける（基 warna）
mewawancarai	インタビューする，面接する（基 wawancara）
meyakinkan	確信させる（基 yakin）
mi, mie	麺
miliar	～十億
milik	所有物 ▶ dimiliki, memiliki
minat	関心 ▶ berminat, meminati, peminat
minggu	週 ▶ mingguan
Minggu	日曜
mingguan	週ごとの；週刊誌（基 minggu）
minggu depan	来週
minta	もらう，乞う；～してください ▶ meminta, permintaan
minum	飲む ▶ diminum, minuman, terminum
minuman	飲み物（基 minum）
minuman keras	アルコール飲料
minyak	油
mirip	似ている
misal	例え ▶ misalnya
misalnya	たとえば（基 misal）
miskin	貧しい
mobil	車 ▶ mobil-mobilan
mobil-mobilan	車のおもちゃ（基 mobil）
modél	型，モデル
mohon	頼む，乞う；～してください ▶ memohon, permohonan
mohon maaf	ごめんなさい
motor	モーター ▶ bermotor
-mu	kamu の接尾形
Muangthai	タイ（国名）
muda	若い ▶ pemuda
mudah	易しい ▶ mudah-mudahan
mudah-mudahan	～でありますように（基 mudah）
muka	顔，前 ▶ dikemukakan, kemukakan, mengemukakan
mula	はじめ ▶ semula
mulai	始まる；～から ▶ memulai
mulut	口
muncul	現れる
mundur	後退する
mungkin	多分；可能性がある ▶ kemungkinan
murah	安い ▶ murahan
murahan	安め（口語的）（基 murah）
murid	生徒，弟子
muséum	博物館，美術館
musim	季節
mutiara	真珠

N

naik	上がる，乗る ▶ kenaikan, menaikkan
Nak	[子供に対する呼称]
nakal	素行の悪い，聞かん坊の

nama	名前 ▶ menamai
namun	しかし
nanti	あとで
nasi	ご飯
nasi campur	ナシ・チャンプル（ご飯とおかずの盛り合わせ）
nasihat	助言，アドバイス ▶ menasihati
nasional	国家の，国の
Natal	クリスマス
negara	国
negeri	国，国の
Nék	［祖母や同じ位の年齢の女性への呼称，敬称］
nelayan	漁師
nénék	祖母
Nénék	［祖母や同じ位の年齢の女性への呼称，敬称］；おばあさん
ngéong	ニャー（猫の鳴き声） ▶ mengéong
nikah	【結婚する】 ▶ menikah, pernikahan
nikmat	おいしい，満足 ▶ menikmati
nilai	価値，成績
nol	ゼロ
nomor	番号
nona	お嬢様
Nona	［若い娘に対する呼称，敬称］；お嬢様
novél	小説
Novémber	11 月
-nya	彼・彼女の，（前述の）その
nyala	灯る ▶ menyala
nyanyi	歌，歌う ▶ bernyanyi, menyanyi, menyanyikan, penyanyi
nyata	現実の，事実の ▶ kenyataan, menyatakan, ternyata
nyenyak	ぐっすりと
nyonya	夫人，奥様
Nyonya	［夫人に対する呼称，敬称］；奥様

O

o	あー（感嘆詞）
obat	薬 ▶ berobat, diobati
Oktober	10 月
olahraga	運動 ▶ berolahraga
oléh	【基語】 ▶ beroléh, diperoléh, memperoléh, oléh-oléh, peroléh
oléh	～によって
oléh karena itu	そのために
oléh-oléh	みやげ（基 oléh）
Olimpiade	オリンピック
om	おじ
Om	［おじや同じ位の年齢の男性への呼称，敬称］；おじさん
ombak	波
ongkos	料金
orang	人；～人（助数詞） ▶ orang-orangan
orang-orangan	かかし（基 orang）
orang tua	両親；老人
organisasi	組織

P

pabrik	工場
pacar	恋人
pada	～に，へ，で
padahal	～であるが
padam	（火などが）消える ▶ memadamkan, pemadam

Padang	パダン（地名）
padi	稲
pagar	塀
pagi	朝　▶ pagi-pagi
pagi-pagi	朝早く
paham	わかる，理解する ▶ memahami
pahit	苦い
pak	包装　▶ mengepak
Pak	［目上の男性への呼称，敬称］
pakai	【使う，着る】 ▶ berpakaian, dipakai, memakai, pakaian, pemakai, pemakaian, terpakai
pakaian	衣類（基 pakai）
paksa	【強いる】 ▶ dipaksa, terpaksa
paling	最も　▶ paling-paling
paling-paling	せいぜい（基 paling）
palsu	偽の
PAM	水道公社（=Perusahaan Air Minum）
paman	おじ
Paman	［おじや同じ位の年齢の男性への呼称，敬称］；おじさん
pamér	見せびらかす　▶ paméran
paméran	展覧会（基 pamér）
panas	熱い，暑い　▶ kepanasan, memanasi, memanaskan, pemanas
pandai	賢い，上手な
pandang	【見る】 ▶ memandang, memandangi, pemandangan
panén	収穫
panggil	【呼ぶ】 ▶ dipanggil-panggil, memanggil, memanggil-manggil, panggilan, panggilkan
panggilan	呼び出し，呼び名（基 panggil）
panggilkan	呼んでやる（基 panggil）
panitia	委員会
panjang	長い　▶ diperpanjang, kepanjangan, memanjangkan, memperpanjang, panjangan, perpanjang, perpanjangan, sepanjang
panjangan	長め（口語的）（基 panjang）
pantai	海岸
pantas	見合った；道理で
para	～たち
parkir	駐車（場）
parlémén	議会
pasang	～組（助数詞）；【つける】 ▶ memasang, pasangan, sepasang
pasangan	ペア，組（基 pasang）
pasar	市場
pascasarjana	大学院
pasién	患者
Pasifik	太平洋の
paspor	パスポート
pasti	確実な；きっと
patroli	パトロール
patung	像，彫像
payung	傘
PBB	国連（=Perserikatan Bangsa-Bangsa）
PDI-P	闘争民主党（=Partai Démokratik Indonésia Perjuangan）
pecah	割れる　▶ dipecahkan, terpecahkan
pedagang	商人（基 dagang）

pedalaman　奥地，内陸（基 dalam）
pedas　辛い
pedésaan　村落部（基 désa）
peduli　構う，気にする
pegawai　職員
pegawai negeri　公務員
pegolf　ゴルフ選手（基 golf）
pegunungan　山地（基 gunung）
pejabat　役人，官僚（基 jabat）
pejalan kaki　歩行者（基 jalan）
pekarangan　庭，敷地（基 karang）
pekerja　労働者（基 kerja）
pekerjaan　仕事（基 kerja）
pelajar　学習者，学生（基 ajar）
pelajari　勉強する，研究する（基 ajar）
pelajaran　学習，レッスン（基 ajar）
pelaksana　主催者（基 laksana）
pelaksanaan　実施（基 laksana）
pelari　ランナー（基 lari）
pelatih　コーチ（基 latih）
pelayan　ウェイター，ウェイトレス（基 layan）
peluk　【抱く】 ▶ berpeluk(-peluk)an, pemeluk
pelupa　忘れん坊（基 lupa）
peluru　弾丸
pemadam　消火器（基 padam）
pemain　選手，演者，演奏者（基 main）
pemakai　使用者（基 pakai）
pemakaian　使用（基 pakai）
pemalas　怠け者（基 malas）
pemalu　恥ずかしがり屋（基 malu）
pemanas　ヒーター（基 panas）
pemandangan　景色（基 pandang）
pemarah　怒りん坊（基 marah）
pembaca　読者（基 baca）
pembacaan　読むこと，読解（基 baca）
pembangunan　建設（基 bangun）
pembantu　お手伝いさん，補佐（基 bantu）
pembeli　買い手（基 beli）
pembentukan　形成（基 bentuk）
pemberani　勇者（の）（基 berani）
pembersihan　清掃（基 bersih）
pembuatan　作成（基 buat）
pembukaan　開けること，開会（基 buka）
pemeluk　信者（基 peluk）
pemeriksaan　検査（基 periksa）
pemerintah　政府（基 perintah）
pemilihan　選出，選挙（基 pilih）
pemilu　総選挙（=pemilihan umum）
pemimpin　指導者（基 pimpin）
peminat　関心をもつ人（基 minat）
pemuda　若者（基 muda）
penakut　恐がり（基 takut）
penanaman　植え付け（基 tanam）
pe(n)cinta　愛好家，ファン（基 cinta）
pencopét　スリ（基 copét）
pencuri　盗人（基 curi）
pendapat　意見（基 dapat）
pendapatan　収入（基 dapat）
pendatang　来訪者，新参者（基 datang）
péndék　短い，背が低い
pendengar　聞き手，リスナー（基 dengar）
pendiam　無口（基 diam）
pendidikan　教育（基 didik）
penduduk　住民，人口（基 duduk）
peneliti　研究者（基 teliti）
penerbitan　出版（基 terbit）
penerjemah　通訳，翻訳者（基 terjemah）
pengajar　教師（基 ajar）
pengajaran　教授すること（基 ajar）
pengalaman　経験（基 alam）
pengarang　筆者，作者（基 karang）
pengaruh　影響 ▶ dipengaruhi,

	mem(p)engaruhi, terpengaruh(i)
pengembalian	返却（墓 kembali）
pengendara	運転者（墓 kendara）
pengetahuan	知識（墓 tahu）
penggaris	定規（墓 garis）
penghapus	消す道具（墓 hapus）
penghasilan	売り上げ（墓 hasil）
pengirim	送り手（墓 kirim）
pengiriman	送付（墓 kirim）
pengungsian	避難（墓 ungsi）
pengunjung	訪問者（墓 kunjung）
penjabat	職務を行う人；代行（墓 jabat）
penjaga	警備員（墓 jaga）
penjahat	犯罪者（墓 jahat）
penjelasan	説明，解説（墓 jelas）
penonton	観客，視聴者（墓 tonton）
pénsil	鉛筆
pénsiun	退職（する）
penting	大事な ▶ kepentingan
penuh	満ちた，いっぱいの ▶ dipenuhi, memenuhi, terpenuhi
penulis	書き手（墓 tulis）
penulisan	書くこと（墓 tulis）
penunjuk	指し示す道具，標識（墓 tunjuk）
penutur	話者（墓 tutur）
penyakit	病気（墓 sakit）
penyalahgunaan	不正使用（墓 salah guna）
penyanyi	歌手（墓 nyanyi）
penyebab	原因（墓 sebab）
penyediaan	備蓄，準備（墓 sedia）
penyu	ウミガメ
penyuruh	命じる人（墓 suruh）
pepaya	パパイヤ
per	～につき
perampok	強盗（墓 rampok）
peran	役，役割
perangko	切手
perasaan	感情，気持ち（墓 rasa）
peraturan	規則（墓 atur）
perbaikan	修理（墓 baik）
perbankan	銀行業（墓 bank）
perbarui	刷新する（墓 baru）
perbédaan	差異，違い（墓 béda）
perbelanjaan	支出，買い物（墓 belanja）
percakapan	会話（墓 cakap）
percaya	信じる ▶ kepercayaan, mempercayai
perdagangan	商売，貿易（墓 dagang）
perékonomian	経済（事情）（墓 ékonomi）
perempatan	交差点（墓 empat）
perempuan	女
pergi	行く
perhatian	関心，注意（墓 hati）
perhatikan	関心を払う，注意する（墓 hati）
perhentian	停留所（墓 henti）
perikanan	漁業，水産業（墓 ikan）
periksa	【調べる】 ▶ diperiksa, memeriksa, pemeriksaan
peringatan	警告，注意；記念（墓 ingat）
perintah	命令；【命じる】 ▶ memerintah, pemerintah
peristiwa	出来事
perjalanan	旅行，行程（墓 jalan）
perjanjian	約束，協定（墓 janji）
perjuangan	闘争（墓 juang）
perkantoran	官庁街，オフィス街（墓 kantor）
perkataan	ことば，発言（墓 kata）
perkawinan	結婚（墓 kawin）
perkebunan	プランテーション（墓 kebun）
perkembangan	発展，成長（墓 kembang）

perkenalan	紹介（[基] kenal）
perkotaan	都市部（[基] kota）
perlihatkan	見せる（[基] lihat）
perlu	必要な，～する必要がある ▶ keperluan, memerlukan
permainan	遊び，プレー（[基] main）
permasalahkan	問題にする（[基] masalah）
permén	飴
permintaan	要求, 依頼, 需要（[基] minta）
permisi	すみません；失礼する，おいとまする
permohonan	要求，依頼，申請（[基] mohon）
pernah	～したことがある
pernikahan	結婚（[基] nikah）
peroléh	得る（[基] oléh）
perpanjang	延長する（[基] panjang）
perpanjangan	延長（[基] panjang）
perpisahan	別れ，分離（[基] pisah）
perpustakaan	図書館（[基] pustaka）
persamaan	共通点（[基] sama）
persatukan	統一する（[基] satu）
persegi	平方
persén	パーセント
perserikatan	連合，連邦（[基] serikat）
perséroan	株式会社（[基] séro）
persiapan	準備，用意（[基] siap）
pertama	1番目の，初めての
pertambahan	増加（[基] tambah）
pertandingan	試合（[基] tanding）
pertanian	農業（[基] tani）
pertanyaan	質問（[基] tanya）
pertemuan	会合，出会い（[基] temu）
pertengahan	中旬（[基] tengah）
pertokoan	商店街, 商業地区（[基] toko）
pertukaran	交換，交流（[基] tukar）
perubahan	変化（[基] ubah）
perumahan	住宅地，団地（[基] rumah）

perusahaan	企業（[基] usaha）
perut	腹
pesan	伝言；【注文する】 ▶ dipesan, memesan, memesankan
pesawat terbang	飛行機
peserta	参加者（[基] serta）
pésta	パーティー
pesumo	相撲取り（[基] sumo）
pesuruh	メッセンジャー，雑用係（[基] suruh）
petani	農民（[基] tani）
peténis	テニス選手（[基] ténis）
petinju	ボクサー（[基] tinju）
petugas	担当者，係員（[基] tugas）
petunjuk	ガイドライン，指示書（[基] tunjuk）
Piala Dunia	ワールドカップ
piano	ピアノ
pidato	演説，スピーチ
pihak	側，方
pijit	【マッサージする】 ▶ dipijit
pikir	考える；～と考える（直接話法） ▶ berpikir, berpikir-pkir, memikirkan
pilih	【選ぶ】 ▶ dipilih, memilih, pemilihan, pilihan
pilihan	選択（肢）（[基] pilih）
pimpin	【導く】 ▶ kepemimpinan, pemimpin
pindah	移る，引っ越す
pindah rumah	引っ越しする
pinggir	端
pingsan	気絶する
pinjam	【借りる】 ▶ dipinjamkan, meminjam, meminjamkan, pinjamkan
pinjamkan	貸す（[基] pinjam）

pintar	賢い
pintu	ドア，戸
piring	皿；～皿（助数詞）
pisah	別れる，離れる ▶ berpisah, perpisahan
pisang	バナナ
pisau	ナイフ，包丁
pohon	木
polisi	警察（官） ▶ kepolisian
politikus	政治家
Polri	インドネシア警察（=Kepolisian Républik Indonésia）
Pondok Indah	ポンドック・インダ（地名）
populér	一般的な，人気の
pos	郵便
pos kilat	速達
potong	～切れ（助数詞）；【切る】 ▶ memotong, memotongkan
potrét	写真 ▶ berpotrét, memotrét
PR	宿題（=pekerjaan rumah）
prakira	【基語】 ▶ prakiraan
prakiraan	予報，予測（[基] prakira）
Prancis	フランス
présidén	大統領，社長
pria	男性
program	プログラム，番組
proposal	企画書
protés	抗議 ▶ mem(p)rotés
provinsi	州
proyék	プロジェクト
PT	株式会社，有限会社（=perséroan terbatas）
puas	満足な ▶ memuaskan, sepuas hati, sepuas-puasnya
puasa	断食（する）
pucuk	～通（助数詞）
puisi	詩
pukul	～時（時刻）；【打つ】 ▶ dipukul, dipukuli, dipukulkan, dipukul-pukul, memukul, memukuli, memukulkan, memukul-mukul, pukuli, pukulkan, pukul-memukul
pukuli	何度も殴る（[基] pukul）
pukulkan	～で殴る，叩く（[基] pukul）
pukul-memukul	何度も殴る，叩く（[基] pukul）
pulang	帰る ▶ sepulang(nya)
pulau	島 ▶ kepulauan
puluh	～十 ▶ berpuluh-puluh, puluhan, sepuluh
puluhan	何十もの（[基] puluh）
puluhan ribu	何万もの（[基] puluh ribu）
puluh juta	～千万 ▶ sepuluh juta
puluh ribu	～万 ▶ puluhan ribu, sepuluh ribu, sepuluh ribuan
puncak	頂上
punya	（誰かの）もの；持つ ▶ kepunyaan, mempunyai
pusat	中心
pustaka	文献 ▶ perpustakaan
putih	白い ▶ keputih-putihan
putus	切れる ▶ keputusan, putusan
putusan	判決（[基] putus）

R

Rabu	水曜
racun	毒 ▶ keracunan
radio	ラジオ
ragam	様式，スタイル ▶ berseragam, seragam
rahasia	秘密

Rahmat	ラフマット（人名）
raih	【獲得する】 ▶ meraih
raja	王 ▶ kerajaan
rajin	勤勉な ▶ kerajinan
rakyat	民衆
ramah	愛想がいい
ramai	賑やかな
rambut	髪 ▶ rambutan
rambutan	ランブータン（基 rambut）
rampok	強盗，【強盗する】 ▶ perampok
rapat	会議
rasa	感じ，味 ▶ dirasa, merasa, merasakan, perasaan, rasanya, terasa
rasanya	～のような感じがする（基 rasa）
rata	平らな ▶ rata-rata
rata-rata	平均（基 rata）
ratus	～百 ▶ ratusan, seratus, seratusan
ratusan	何百もの（基 ratus）
ratusan ribu	何十万もの（基 ratus ribu）
ratus juta	～億 ▶ seratus juta
ratus ribu	～十万 ▶ ratusan ribu, seratus ribu, seratus ribuan
rawat	【世話する】 ▶ merawat
raya	偉大な，大きい
rém	ブレーキ ▶ me(nge)rém
renang	【基語】 ▶ berenang
rencana	計画 ▶ berencana, merencanakan
rendah	低い
répot	せわしない
républik	共和国
résép	レシピ
réstoran	レストラン
RI	インドネシア共和国（=Républik Indonésia）
ribu	～千 ▶ beribu-ribu, ribuan, seribu, seribuan
ribuan	何千もの（基 ribu）
ringan	軽い
roda	車輪 ▶ beroda
rok	スカート
rokok	タバコ ▶ merokok
rombong	【基語】 ▶ rombongan
rombongan	団体（基 rombong）
roti	パン
Rp	ルピア（=rupiah）
ruang	部屋，空間
rudal	ミサイル（=peluru kendali）
Rudi	ルディ（人名）
rugi	損である，損 ▶ kerugian
rumah	家 ▶ perumahan
rumah makan	食堂
rumah sakit	病院
rumah tangga	家庭 ▶ berumah tangga
rupa	形，見かけ ▶ merupakan, rupanya
rupanya	～のようだ（見たところ）（基 rupa）
rupiah	ルピア（通貨単位）
rusak	壊れた ▶ kerusakan

S

S1	学部（=strata satu）
saat	一瞬，～の時 ▶ sesaat
Sabtu	土曜
sabuk	ベルト，帯
sabun	石鹸
sadar	気づく ▶ menyadari
sahabat	親友
sahut	～と答える（間接話法）
saja	～だけ；～さえ
saji	もてなし ▶ menyajikan

sakit	痛い，病気の ▶ menyakitkan, penyakit
sakit kepala	頭痛（がする）
Sakti	サクティ（人名）
saku	ポケット
Sakura	サクラ
salah	間違った ▶ kesalahan, menyalahkan
salah guna	【基語】 ▶ penyalahgunaan
salah satu	～のひとつ
salam	挨拶 ▶ bersalaman
salju	雪
sama	同じ ▶ bersama (-sama), persamaan, sama-sama
sama-sama	どういたしまして，互いに（基 sama）
sama sekali tidak	全く～ではない
sambil	～しながら
sampah	ゴミ
sampai	着く；～まで ▶ menyampaikan, sampaikan, sesampai (nya)
sampaikan	伝える，届ける（基 sampai）
samping	横，隣 ▶ sampingan
sampingan	副次的な（基 samping）
sana	あそこ
sangat	とても～
sangka	【疑う】 ▶ disangka, tersangka
Santi	サンティ（人名）
Sanur	サヌール（地名）
sapi	牛
sapu	箒 ▶ menyapu
Sari	サリ（人名）
sastra	文学
sastrawan	文学者
saté	串焼き
satu	1（数詞） ▶ bersatu, dipersatukan, kesatu, kesatuan, mempersatukan, persatukan, satuan, satu-satu, satu-satunya
satuan	単位（基 satu）
satu-satu	一つ一つ（基 satu）
satu-satunya	唯一の（基 satu）
saudara	兄弟，親戚
Saudara	［同等・目下への呼称，敬称］；あなた ▶ Saudara-saudara
Saudara-saudara	［複数の同等・目下への呼称］；あなた方（基 Saudara）
Saudara-saudari	［複数の同等・目下への呼称］；あなた方
Saudara sekalian	［同等・目下への呼称］；あなた方
saudara sepupu	いとこ
Saudari	［同等・目下の女性への呼称，敬称］；あなた
sawah	田んぼ
saya	私
sayur	野菜 ▶ sayur-mayur, sayur-sayuran
sayur-mayur	野菜類（基 sayur）
sayur-sayuran	野菜類（基 sayur）
SD	小学校（=sekolah dasar）
s.d.	～まで（=sampai dengan）
Sdr.	～様，さん（=Saudara）
sebab	なぜならば，～なので；理由 ▶ menyebabkan, penyebab
sebagai	～として（基 bagai）
sebaiknya	～した方が良い（基 baik）
sebaliknya	逆に，逆の（基 balik）
sebangku	同級生である（基 bangku）
sebanyak	同じ位の多さの，～の量の（基 banyak）
sebanyak-banyaknya	できるだけ多く

（基 banyak）
sebar　【広げる】 ▶ tersebar
sebaya　同い年である（基 baya）
sebelah　隣，横，～側；片側（基 belah）
sebelas　11（数詞）（基 belas）
sebelum　～の前に，～する前に（基 belum）
sebelumnya　以前，その前に（基 belum）
sebenarnya　本当は，実は（基 benar）
sebentar　しばし
seberang　向こう岸，向こう側 ▶ diseberangi, menyeberang, menyeberangi
seberapa　同じ位の数の（基 berapa）
seberat　同じ位の重さの，～の重さの（基 berat）
sebesar　同じ位の大きさの，～の大きさの（基 besar）
sebesar-besarnya　できるだけ大きく（基 besar）
sebetulnya　本当は，実は（基 betul）
sebisa-bisanya　できるだけ（基 bisa）
sebuah　1つの，ある～（基 buah）
sebut　【言及する】 ▶ disebut, menyebut, menyebutkan, sebutan, tersebut
sebutan　呼び名（基 sebut）
secara　～的に（基 cara）
secepat　同じ位の早さの（基 cepat）
secepat(-cepat)nya　できるだけ早く（基 cepat）
sedang　～している最中；中くらいの
sedangkan　一方
sedapat mungkin　可能な限り（基 dapat）
sedapat-dapatnya　できる限り（基 dapat）
sedia　用意がある ▶ disediakan, penyediaan
sedih　悲しい ▶ menyedihkan
sedikit　少ない
sedunia　全世界の（基 dunia）
segera　すぐに
segi　角度，側面
seharga　同じ位の価値の，～の値段の（基 harga）
sehari-hari　日常の（基 hari）
seharusnya　本来は～であるべき（基 harus）
séhat　健康な ▶ keséhatan
sehingga　したがって（基 hingga）
seimbang　均衡した（基 imbang）
se-Indonésia　全インドネシア（基 Indonésia）
seingat　～の覚えている限り（基 ingat）
sejak　～以来
sejam　1時間（基 jam）
sejarah　歴史
sejuk　涼しい
sejumlah　同じ位の数の，～の数の；いくらかの（基 jumlah）
sejuta　100万（基 juta）
sekali　1回（基 kali）
sekali　とても～
sekamar　同室である（基 kamar）
sekampung　村全体；同村である
sekarang　今
sekelas　同級生である（基 kelas）
sekeluarga　家族全員，一家（基 keluarga）
sekeras(-keras)nya　精一杯に（基 keras）
sekeras mungkin　精一杯に（基 keras）
seketika　すぐ，直ちに（基 ketika）
sekian　～ほどの，以上（基 kian）
sekitar　辺り，およそ（基 kitar）
sekolah　学校 ▶ bersekolah, menyekolahkan

séksi　セクション
sekuat　同じ位強い（基 kuat）
sekuat-kuatnya　できるだけ力強く（基 kuat）
sekurang-kurangnya　少なくとも（基 kurang）
selain　～のほかに（基 lain）
selalu　いつも
selama　～の間（期間）（基 lama）
selamat　無事の，安寧な
▶ diselamatkan, keselamatan, selamatkan, terselamatkan
selamatkan　救う（基 selamat）
selambat(-lambat)nya　遅くとも（基 lambat）
selanjutnya　引き続き（基 lanjut）
Selasa　火曜
selatan　南
selembar　1枚（基 lembar）
selesai　終わる　▶ menyelesaikan, terselesaikan
seluas　同じ位の広さの（基 luas）
seluruh　全体の　▶ keseluruhan
semahal　同じ位高価な（基 mahal）
semalam　昨晩（基 malam）
semangka　スイカ
sembilan　9（数詞）
sembunyi　隠れる
▶ menyembunyikan
sementara　一方；暫定の
seméster　学期
semi　芽，蕾
sémifinal　準決勝
sempat　～する機会がある
sempit　狭い
semua　全ての
semula　はじめ，はじめの頃（基 mula）
semut　蟻
senang　楽しい，嬉しい
▶ kesenangan, menyenangi, menyenangkan
senapan　銃
sendiri　自分で，～自身
▶ sendirian, sendiri-sendiri
sendirian　一人で（基 sendiri）
sendiri-sendiri　一人一人（基 sendiri）
séndok　スプーン；～杯（助数詞）
séng　トタン
seni　芸術　▶ kesenian
Senin　月曜
seni rupa　造形美術
séntiméter　センチメートル（単位）
senyum　ほほえみ　▶ tersenyum
sépak　【蹴る】　▶ menyépak
sépak bola　サッカー
sepanjang　同じ位長い，～中ずっと（基 panjang）
sepasang　一組（基 pasang）
sepatu　靴
sepéda　自転車　▶ bersepéda
sependapat　同意見である（基 dapat）
seperempat　4分の1
seperti　～のように
sepi　ひとけのない　▶ kesepian
Séptémber　9月
sepuas hati　心ゆくまで（基 puas）
sepuas-puasnya　心ゆくまで（基 puas）
sepulang(nya)　帰るやいなや（基 pulang）
sepuluh　10（数詞）（基 puluh）
sepuluh juta　1千万（基 puluh juta）
sepuluh ribu　1万（基 puluh ribu）
sepuluh ribuan　1万ルピア札（基 puluh ribu）
seragam　ユニフォーム（基 ragam）
serah　【基語】　▶ diserahkan, terserah
serangga　虫
seratus　100（数詞）（基 ratus）

seratusan	100ルピア硬貨（基 ratus）
seratus juta	1億（基 ratus juta）
seratus ribu	10万（基 ratus ribu）
seratus ribuan	10万ルピア札（基 ratus ribu）
seribu	1000（数詞）（基 ribu）
seribuan	1000ルピア札・硬貨（基 ribu）
serikat	連合，連邦　▶ perserikatan
sering	しばしば
séro	株式　▶ perséroan
serta	～とともに　▶ beserta, peserta
sesaat	一瞬（基 saat）
sesampai(nya)	着くやいなや（基 sampai）
sesudah	～した後で，～の後で（基 sudah）
sesudahnya	その後に（基 sudah）
setahu	～の知る限り（基 tahu）
setelah	～した後で，～の後で（基 telah）
setempat	現地の，地元の（基 tempat）
setengah	半分，2分の1（基 tengah）
setia	誠実な　▶ kesetiaan
setiap	各～，毎～（基 tiap）
setiba(nya)	着くやいなや（基 tiba）
setidak(-tidak)nya	少なくとも（基 tidak）
setinggi	同じ位の高さの（基 tinggi）
setir	ハンドル　▶ menyetir
setuju	賛成する（基 tuju）
séwa	借り賃；【賃借りする】▶ menyéwa, menyéwakan
S.H.	法学士（=sarjana hukum）
siang	昼　▶ kesiangan, siang-siang
siang malam	昼夜
siang-siang	真っ昼間（基 siang）
siap	用意がある　▶ bersiap, bersiap-siap, mempersiapkan, persiapan
siapa	誰　▶ siapa-siapa
siapa-siapa	誰も（～ない），誰か（基 siapa）
siar	【基語】▶ disiarkan, menyiarkan, siaran
siaran	放送（基 siar）
sibuk	忙しい　▶ kesibukan
sidang	裁判
sikat	ブラシ；【磨く】▶ menyikat
silakan	どうぞ
SIM	運転免許証（=surat izin mengemudi）
simpan	【しまう】▶ menyimpan
Singapura	シンガポール
singgah	立ち寄る
singgung	【触れる】▶ menyinggung
singkat	（時間が）短い　▶ disingkat, mempersingkat, menyingkat(kan), singkatan
singkatan	略語（基 singkat）
singkong	キャッサバ
sini	ここ
siram	【水をやる】▶ disiram
siswa	生徒，児童
Siti	シティ（人名）
situ	そこ
skripsi	卒業論文
SMA	高校（=sekolah menengah atas）
SMP	中学校（=sekolah menengah pertama）
soal	問題，事柄　▶ mempersoalkan
Solo	ソロ（地名）
sombong	生意気な
sopir	運転手

soré 夕方
Spanyol スペイン
stabil 安定した ▶ menstabilkan, menyetabilkan
stasiun 駅
suami 夫 ▶ bersuami
suara 声；票
sudah すでに〜である ▶ sesudah, sesudahnya
Suharto スハルト（人名）
suit じゃんけん
suka 好き ▶ disukai, menyukai, sukai
sukai 好む（基 suka）
sukar 難しい
suksés 成功 ▶ mensukséskan, menyukséskan
suku 民族，種族
sulit 難しい ▶ kesulitan
Sumatra スマトラ（地名）
sumbang 【寄付する】 ▶ menyumbang
sumber 源，資源
sumber daya 資源
sumo 相撲 ▶ pesumo
Sumpah Pemuda 青年の誓い
Sunda スンダ（地域・民族名）
sungai 川
sungguh 本当の ▶ sungguh-sungguh
sungguh-sungguh 真剣に，本当に（基 sungguh）
supaya 〜するように
supermarkét スーパーマーケット
Surabaya スラバヤ（地名）
surat 手紙，書類
surat kabar 新聞
surél 電子メール（=surat éléktronik）
suruh 【命じる】 ▶ disuruh, menyuruh, penyuruh, pesuruh
susah 難しい，大変な
susah payah 苦労して
Susi スシ（人名）
susu 乳，牛乳
sutradara 監督 ▶ menyutradarai
swalayan セルフサービスの
swasta 私立，民間
syarat 条件 ▶ mensyaratkan

T

tabrak 【ぶつかる】 ▶ ditabrak, tabrakan
tabrakan 衝突（基 tabrak）
tabung 【貯める】 ▶ menabung
tadi さっき
tahu 知る ▶ diketahui, ketahuan, mengetahui, pengetahuan, setahu, tahu-tahu
tahun 年，〜年 ▶ tahunan
tahunan 年ごとの（基 tahun）
tahu-tahu 知らぬ間に（基 tahu）
taksi タクシー
takut 怖い ▶ ketakutan, menakutkan, penakut
tamat 卒業する
tambah 【増える，増やす】 ▶ bertambah, menambah(kan), pertambahan, tambahan
tambahan 追加分（基 tambah）
tamu 客
tanah 土地
tanah air 祖国

tanah longsor	地滑り
tanam	【植える】 ▶ ditanami, menanami, menanam(kan), penanaman, tanaman, tanami
tanaman	植物，作物（基 tanam）
tanami	〜に植える（基 tanam）
tanda	印
tanda tangan	署名 ▶ ditandatangani, menandatangani, tandatangani
tandatangani	署名する（基 tanda tangan）
tanding	【基語】 ▶ bertanding, pertandingan
tangan	手
tangga	階段，はしご ▶ tetangga
tanggal	〜日（日付）
tangis	【基語】 ▶ menangis
tangkai	〜輪（助数詞）
tangkap	【捕まえる】 ▶ ditangkap, menangkap, menangkapi
tani	農業 ▶ bertani, pertanian, petani
tanpa	〜なしに
tante	おば
Tante	［おばや同じ位の年齢の女性への呼称，敬称］；おばさん
tanya	尋ねる ▶ bertanya, bertanya-tanya, mempertanyakan, menanyakan, pertanyaan, tanyakan
tanyakan	〜について尋ねる（基 tanya）
targét	ターゲット
tari	踊り ▶ menari, tarian
tarian	舞踊（基 tari）
tarik	【引く】 ▶ ditarik, menarik, tertarik
taruh	【置く】 ▶ ditaruh
tas	カバン
tawa	【基語】 ▶ tertawa, tertawa-tawa
tawar	【勧める】 ▶ menawar, menawari, menawarkan
téater	劇場
tebang	【伐る】 ▶ ditebang
téh	お茶
tekan	【圧す】 ▶ menekan
téknologi	テクノロジー，技術
telah	すでに〜している ▶ setelah
télépon	電話
télévisi	テレビ
telinga	耳
teliti	細かい，詳細な ▶ meneliti, peneliti
telur	卵
téma	テーマ
teman	友人 ▶ berteman, menemani
témbak	【撃つ】 ▶ menémbak, menémbakkan, témbakan
témbakan	銃撃（基 témbak）
témbok	壁
tempat	場所 ▶ setempat
Témpo	テンポ（雑誌名）
temu	【基語】 ▶ bertemu, ditemukan, menemui, menemukan, mempertemukan, pertemuan, temui
temui	〜に会う（基 temu）
tenaga	力
tenang	落ち着いた
tengah	（真ん）中 ▶ menengah,

	pertengahan, setengah
tenggara	東南，南東
ténis	テニス　▶ peténis
tentang	～について ▶ bertentangan
tentara	軍隊
tentu	定まった，決まった ▶ ditentukan, ketentuan, tertentu
tentu saja	もちろん
téori	理論
tepat	ぴったりな，ちょうど
tepung	粉
terakhir	最後（基 akhir）
terang	明るい　▶ keterangan, menerangkan
terasa	感じられる（基 rasa）
terbaca	うっかり読む；読まれている；読める（基 baca）
terbaik	最良の（基 baik）
terbang	飛ぶ　▶ beterbangan
terbangun	ふと起きる（基 bangun）
terbatas	限られている，限定的な（基 batas）
terbawa	うっかり持っていく（基 bawa）
terbeli	買われている；買える（基 beli）
terbesar	最大の（基 besar）
terbiasa	すっかり慣れた（基 biasa）
terbit	（太陽などが）出る，刊行される　▶ diterbitkan, menerbitkan, penerbitan
terbuat	（～から）作られている（基 buat）
terbuka	自然に開く；開けられている；開けられる（基 buka）
tercapai	到達される（基 capai）
te(r)cermin	反映される（基 cermin）
terdapat	見受けられる（基 dapat）
terdengar	（～のように）聞こえる（基 dengar）
terdiri	（～から）構成される（基 diri）
tergantung	依る，かかる（基 gantung）
tergugat	訴えられる；被告
terhadap	～に対して（基 hadap）
terhitung	数えられる（基 hitung）
terhormat	尊敬されている（基 hormat）
terima	【受け取る】　▶ menerima
terima kasih	ありがとう
teringat	ふと思い出す，思い出される（基 ingat）
terinjak	うっかり踏んでしまう（基 injak）
terjadi	起こる（基 jadi）
terjatuh	不意に落ちる，転ぶ（基 jatuh）
terjemah	【基語】　▶ men(t)erjemahkan, penerjemah
terjual	売り切れる（基 jual）
terkaya	最も豊かな（基 kaya）
terkejut	驚く（基 kejut）
terkenal	有名な（基 kenal）
terkunci	鍵がかけられている（基 kunci）
terlalu	～すぎる（基 lalu）
terlambat	遅れる（基 lambat）
terlibat	関与する，巻き込まれる（基 libat）
terlihat	（～のように）見える（基 lihat）
terlupa	うっかり忘れる（基 lupa）
terlupakan	忘れられる（基 lupa）
termakan	うっかり食べてしまう（基 makan）

termasuk 含まれている，～を含め（基 masuk）
términal ターミナル
terminum うっかり飲んでしまう（基 minum）
térmos 魔法瓶
ternak 家畜 ▶ beternak
ternyata 果たして～，実は（基 nyata）
terpakai うっかり使う；使われている；使える（基 pakai）
terpaksa 強いられている，やむを得ず～する（基 paksa）
terpecahkan 解決される（基 pecah）
terpengaruh(i) 影響を受けている（基 pengaruh）
terpenuhi 満たされる（基 penuh）
tersangka 疑われている；被疑者（基 sangka）
tersebar 広がった（基 sebar）
tersebut 既述の，その（基 sebut）
terselamatkan 救助される（基 selamat）
terselesaikan 解決される（基 selesai）
tersenyum ほほえむ（基 senyum）
terserah 任せられている（基 serah）
tertarik 興味をひかれる（基 tarik）
tertawa 笑う（基 tawa）
tertawa-tawa ワハハと笑う（基 tawa）
tertentu 一定の（基 tentu）
tertidur 寝過ごす，うっかり寝てしまう（基 tidur）
tertinggal うっかり置いていく（基 tinggal）
tertinggi 最も高い（基 tinggi）
tertolong 助けられる（基 tolong）
tertulis 書かれている；書ける（基 tulis）
tertutup 閉められている，非公開の（基 tutup）

terutama 特に（基 utama）
tetangga 隣人（基 tangga）
tetap 変わらず，依然として
tetapi しかし
téwas （事故などで）死亡する
Thailand タイ（国名）
tiap 各～，毎～ ▶ setiap, tiap-tiap
tiap-tiap 各～，毎～（基 tiap）
tiba 着く ▶ setiba(nya), tiba-tiba
tiba-tiba 突然（基 tiba）
tidak ～(非名詞）ない；いいえ ▶ setidak(-tidak)nya
tidak adil 公正ではない ▶ ketidakadilan
tidak apa-apa 何でもない
tidak begitu それほど～ではない
tidak datang-datang 全然来ない
tidak hanya ～，melainkan juga … ～だけでなく，…も
tidak ～ lagi もはや～でない
tidak ～ melainkan … ～でなく，…である
tidak ～ sama sekali 全く～ではない
tidak seberapa 大した数ではない
tidak seimbang 均衡していない ▶ ketidakseimbangan
tidak ～ tetapi … ～でなく，…である
tidak usah ～する必要ない
tidur 寝る ▶ ketiduran, tertidur
tiga 3（数詞） ▶ ketiga, ketiga(-tiga)nya
tik カチカチ（音） ▶ mengetik
tikét チケット
tim チーム
timbang 重さ；【はかる】 ▶ mempertimbangkan
timur 東

tinggal	住む，残る　▶ ditinggalkan, ketinggalan, meninggal, meninggalkan, tertinggal
tinggal landas	離陸する
tinggi	高い　▶ setinggi, tertinggi
tingkah laku	ふるまい，行為
tingkat	レベル，階；～階　▶ bertingkat, meningkat
tinju	ボクシング　▶ bertinju, petinju
titik	点，ピリオド
titip	【預ける】　▶ menitip, titipan
titipan	預かりもの（基 titip）
TK	幼稚園（=taman kanak-kanak）
toilét	トイレ
toko	店　▶ pertokoan
toko swalayan	スーパーマーケット
tolong	どうか～してください；【助ける】　▶ ditolong, menolong, tertolong
ton	トン（単位）
tongkat	杖
tonton	【観る】　▶ menonton, penonton
topi	帽子
topik	トピック
toserba	デパート（=toko serba ada）
tradisional	伝統的な
triliun	～兆（数詞）
truk	トラック
tua	年老いた；濃い　▶ ketua, mengetuai
tuan	主人，旦那様
Tuan	[主人，雇用者への呼称，敬称]；ご主人様
tugas	業務，課題　▶ bertugas, petugas
tuju	【基語】　▶ bertujuan, menuju, menyetujui, setuju, tujuan
tujuan	目的，行き先（基 tuju）
tujuh	7（数詞）
tukang	職人
tukang jahit	裁縫職人
tukar	【交換する】　▶ menukar, pertukaran
tulis	【書く】　▶ ditulis, menulis, menuliskan, penulis, penulisan, tertulis, tulisan
tulisan	文章；文字（基 tulis）
tumbuh	育つ　▶ tumbuh-tumbuhan
tumbuh-tumbuhan	植物類（基 tumbuh）
tumpang	【乗る】　▶ menumpang
tumpul	切れない，鈍い
tunggu	【待つ】　▶ ditunggu, menunggu, menunggu-nunggu
tunjuk	【基語】　▶ dipertunjukkan, ditunjuk, ditunjukkan, mempertunjukkan, menunjuk, menunjukkan, penunjuk, petunjuk, tunjukkan
tunjukkan	～を示す（基 tunjuk）
tur	ツアー
turun	降りる，下がる　▶ keturunan, menurun
turut	したがう　▶ menurut
tusuk	～串，本（助数詞）；【刺す】　▶ menusuk, menusukkan
Tuti	トゥティ（人名）
Tutik	トゥティック（人名）
tutup	閉まった，蓋　▶ ditutup, menutup, menutupi, tertutup

tutur 【話す】 ▶ penutur
TV テレビ（= télévisi）

U

uang お金 ▶ keuangan
uang saku 小遣い
ubah 【変える】 ▶ berubah, mengubah, perubahan
uban 白髪 ▶ beruban, ubanan
ubanan 白髪がある（基 uban）
ucap ～と言う（直接話法） ▶ mengucapkan, ucapan
ucapan 発音，表現，あいさつ（基 ucap）
udang エビ
udara 空気
UGM ガジャマダ大学（=Univérsitas Gadjah Mada）
ujar ～と言う（直接話法）
uji 【試す】 ▶ ujian
ujian 試験（基 uji）
ukur 【測る】 ▶ mengukur
ulang 【繰り返す】 ▶ ulangi
ulangi 繰り返す（基 ulang）
ular ヘビ
umbi イモ ▶ umbi-umbian
umbi-umbian イモ類（基 umbi）
umum 一般の，公の ▶ mengumumkan, umumnya
umumnya 一般的に（基 umum）
umur 年齢 ▶ berumur
undang 【招く】 ▶ mengundang, undangan
undangan 招待（基 undang）
Undang-Undang Dasar 憲法
ungsi 【基語】 ▶ mengungsi, pengungsian
univérsitas 大学
untuk ～のために，～するために，～用に，～するのに
untung 幸運な，運の良いことに
upacara 儀式，儀礼
urus 【扱う】 ▶ mengurus, urusan
urusan 用事（基 urus）
usaha 努力，事業 ▶ berusaha, perusahaan
usia 年齢 ▶ berusia
usir 【追い出す】 ▶ mengusir
utama 主要な ▶ terutama
utang 借金
utara 北

V

Viétnam ベトナム
visa ビザ

W

Wahid ワヒド（人名）
wajah 顔，容貌
wajib 義務である
wakil 代表，副～ ▶ diwakili, mewakili, wakili
wakili ～を代表する（基 wakil）
waktu 時間，～するとき，～のとき
walau(pun) ～であるにもかかわらず，～だとしても
wanita 女性
warga 住民
warna 色 ▶ berwarna, (ber)warna-warni, mewarnai
warta berita ニュース
wartawan 記者
warung 屋台

Wati	ワティ（人名）
wawancara	インタビュー，面接 ▶ mewawancarai
wayang	影絵芝居
WC	トイレ
WIB	西部インドネシア時間 （=Waktu Indonésia Barat）
wilayah	地域
wisatawan	観光客
Wisnu	ウィスヌ（人名）
WIT	東部インドネシア時間 （=Waktu Indonésia Timur）
WITA	中部インドネシア時間 （=Waktu Indonésia Tengah）

Y

ya	はい；ね，よ（確認，同意）；かしら
yaitu	すなわち，つまり
yakin	確信した　▶ meyakinkan
yang	［関係詞］
yayasan	財団
yén	円（通貨単位）
Yogyakarta	ヨグヤカルタ（地名）
yth.	尊敬する～（=yang terhormat）
Yudi	ユディ（人名）
Yuli	ユリ（人名）
Yunani	ギリシャ
Yusuf	ユスフ（人名）

Z

zaman	時代
ziarah	巡礼　▶ menziarah

[著者]
原　真由子（はら　まゆこ）
大阪大学大学院人文学研究科教授。専門は社会言語学，インドネシア語学，バリ語学。東京外国語大学大学院地域文化研究科博士後期課程単位取得満期退学。2008年博士（学術）取得。主な著書に『インドネシア・バリ社会における二言語使用―バリ語とインドネシア語のコード混在』大阪大学出版（2012年），『ニューエクスプレス インドネシア語単語集』白水社（2013年），『ニューエクスプレスプラス インドネシア語』白水社（共著，2020年）がある。

[録音・編集]
並川　嘉文（なみかわ　よしふみ）

[ナレーション]
Samsul Maarif（サムスル　マアリフ）
Rahmana Nur Arini（ラーマナ　ヌル　アリニ）

大阪大学外国語学部　世界の言語シリーズ 14
インドネシア語

発行日　2020年4月13日　初版第1刷
　　　　2024年5月10日　初版第2刷

著　者　原 真由子
発行所　大阪大学出版会
　　　　代表者　三成賢次
　　　　〒565-0871
　　　　大阪府吹田市山田丘2-7　大阪大学ウエストフロント
　　　　電話　06-6877-1614
　　　　FAX　06-6877-1617
　　　　URL　http://www.osaka-up.or.jp

印刷・製本　株式会社 遊文舎

Printed in Japan

ISBN 978-4-87259-339-6 C3087

大阪大学外国語学部

世界の言語シリーズ 14

インドネシア語

［別冊］

大阪大学出版会

インドネシア語〈別冊〉

練習問題の解答

第2課

1.

(1) sikap　(2) sikat
(3) kakak　(4) kakap
(5) titip　(6) titik
(7) gagak　(8) gagah
(9) muda　(10) mudah
(11) bawa　(12) bawah

(13) makam　(14) makan
(15) malam　(16) Malang
(17) asin　(18) asing

(19) beri　(20) beli
(21) akar　(22) akal
(23) jalan　(24) jarang

(25) kerang　(26) kurang
(27) bulat　(28) berat

2.

(1) bi-sa
(2) a-lam
(3) hi-lang
(4) nya-muk
(5) kha-wa-tir
(6) ba-yar
(7) hu-jan
(8) bu-nga
(9) nan-ti
(10) a-tap
(11) bu-ah
(12) a-tau
(13) sam-pai
(14) ka-mar
(15) pa-hit
(16) me-nga-pa

第3課

1.

(1) univérsitas Jepang
(2) orang Jepang
(3) rumah besar itu
(4) univérsitas baru
(5) orang Inggris
(6) kamus apa
(7) kamus bahasa Jepang
(8) bahasa Inggris
(9) tas siapa / tas punya siapa
(10) nama univérsitas ini
(11) anak Anda
(12) mi goréng
(13) punya saya
(14) kamar besar
(15) tas itu
(16) rumah kecil
(17) novél baru itu
(18) toko buku itu

2.

(1) 私はこの大学の学生です。
(2) あなたは何大学の学生ですか。
(3) —私はインドネシア大学の学生です。
(4) RIとは，インドネシア共和国の略語です。
(5) こちらはイギリス出身の私の友人です。
(6) その大きな辞書は誰のものですか。
(7) —それは私のものです。

3.

(1) Siapa nama kakak Anda? / Nama kakak Anda siapa?
(2) –Nama kakak saya Agus.
(3) Anak kecil ini anak siapa? / Anak siapa anak kecil ini?
(4) –Ini anak Agus.
(5) Kamus itu kamus siapa?
(6) –Itu punya Agus.

⑺ Rumah baru itu punya siapa? / Punya siapa rumah baru itu?
⑻ –Rumah itu rumah Susi.
⑼ Siapa orang besar itu? / Orang besar itu siapa?
⑽ –Orang itu teman saya.
⑾ Siapa orang tinggi itu? / Orang tinggi itu siapa?
⑿ –Dia guru bahasa Indonésia.
⒀ Itu sekolah apa?
⒁ –Itu TK（SD / SMP / SMA / univérsitas）.

第 4 課

1．

⑴ 入口　⑵ 出口　⑶ オートバイ　⑷ 勉強机　⑸ 冷蔵庫　⑹ 本棚

2．

⑴ それはパパイヤですか。
—はい，これはパパイヤです。
—いいえ，これはパパイヤではありません。これはマンゴーです。
⑵ すみません，この通りはマワール通りですか。
—はい，その通りです。
—いいえ，この通りはサクラ通りです。
⑶ これはスシの家ですか。
—はい。この家はスシの家です。
—いいえ。この家はスシの家ではありません。
⑷ この病院はスジャトラ病院ではなく，バハギア病院です。

3．

⑴（Apakah）gedung itu rumah sakit?
⑵ –Ya, itu rumah sakit.
⑶ –Bukan, itu bukan rumah sakit. Gedung itu kantor pos.
⑷（Apakah）Anda siswa SMA?
⑸ –Ya, saya siswa SMA Sakura.
⑹ –Bukan, saya bukan siswa SMA, tetapi mahasiswa.
⑺ Ini bukan surat kabar saya.
⑻（Apakah）itu jam tangan Anda?
⑼ –Bukan, itu bukan punya saya. Itu punya kakak saya.
⑽ Permisi, itu masakan Indonésia?
⑾ –Ya, ini pisang goréng.

第 5 課

1．

⑴ ルディさんの子供は法学部の学生です。
⑵ これは君の家？
⑶ —いや，これは僕の家ではないよ。これは弟の家だ。
⑷ あなたはルディの親御さんですか。
⑸ —はい，私は彼の父親です。
⑹ 彼は私のいとこです。彼の妻はドイツ人です。
⑺ 昨日，私の弟（妹）たちは田舎からやって来た。彼らは私の家で休んでいる。
⑻ あのトゥティさんは私のおばです。彼女は私の父の妹です。

2．

⑴ Kami mahasiswa univérsitas ini.
⑵ Nama Bapak siapa? / Siapa nama Bapak?
⑶（Apakah）dia adik Ibu Tuti?
⑷ –Ya, namanya / nama dia Agus.
⑸ Mari kita berangkat sekarang. –Baik, Pak.
⑹ Permisi, ini HP siapa, Bu? / Maaf Bu, ini HP siapa?
⑺ –Itu punya Pak Bambang.
⑻ Bangunan besar itu bukan kantor meréka.
⑼ Kalian siswa SMA?
⑽ –Bukan. Kami siswa SMP.

第6課

1．

(1) 私は汽車に乗って空港へ行った。
(2) その動物は水に生息している。
(3) その外国人はバスから降りた。
(4) 私の車はガソリンがなくなったので，止まった。
(5) あの方はその緊急会議に出席した。
(6) 私はその約束を覚えていない。
(7) 彼女は食べて寝てばかりいた。
(8) バンバンさんは彼／彼女（その人）のことを好きではない。
(9) あなたは市場に立ち寄りましたか。
(10) ―いいえ。私はすぐ家に帰りました。
(11) 彼らは英語の試験を受けた。

2．

(1) Lampu listrik rumah ini mati.
(2) Harga bénsin naik.
(3) Saya tidak punya uang.
(4) Burung putih itu terbang ke arah utara.
(5) Mahasiswa itu datang ke rumah saya pagi-pagi.
(6) Dompét saya hilang.
(7) Adik dia / Adiknya jatuh di jalan.
(8) Meréka suka tinggal di désa.
(9) Mobil bapak saya keluar dari tempat parkir.
(10) Kemarin seméster baru mulai. / Kemarin mulai seméster baru.

第7課

1．

(1) 今，この部屋の中には誰がいますか。
(2) ―その中には村から来た私の親戚がいます。
(3) すみません，警察署はどこにありますか。
(4) ―警察署はガトット・スブロト通りにあります。
(5) その少女は市場の前を通った。
(6) その男の子は私の家の隣に住んでいる。
(7) 私のお金はどこにあるのかな。
(8) ―そこです。机の上です。
(9) その生徒は教室の前に出て，詩を読んだ。
(10) ムハマドさんは州知事の役職から退いた。
(11) その女の子は屋根の上に上がった。

2．

(1) Présidén Indonésia berdiri di antara Présidén Amérika Serikat dan Présidén Cina.
(2) Di bawah tanah ada apa?
(3) –Di bawah tanah ada tempat parkir.
(4) Anda bertemu dengan Tuti di mana? / Di mana Anda bertemu dengan Tuti?
(5) –Kami bertemu di dalam toserba.
(6) Kakak saya bekerja di dalam negeri.
(7) Di belakang hotél ada halte bis.
(8) Bapak saya membaca majalah di samping ibu saya.
(9) Orang tua itu bélok ke kanan di perempatan.
(10) Meréka berjalan di sebelah kiri jalan.
(11) Saya memanggil nama dia / namanya dari jauh.
(12) Mahasiswa itu menulis surat dalam bahasa Jepang.
(13) Di jalan raya ada rumah sakit besar.
(14) Sebentar lagi guru itu akan berangkat ke luar negeri.

第8課

1．

(1) その町はきれいで，涼しい。
(2) ここの空気は私には冷たい。
(3) この食べ物の味はいかがですか。
(4) ―味はやや苦いです。
(5) 千円のお金は昼食をとるには十分である。
(6) その従業員は髪の毛が長い。
(7) そのバドミントン選手はとても強いが，準決勝で負けた。
(8) 雨が降り始めて，暗くなってきたので，私たちは急いで帰った。

2.
(1) Dia asalnya dari Sumatra.（彼は，出身はスマトラです。）
(2) Ibu Diah anaknya tiga orang.（ディアさんは，子供が３人です。）
(3) Pak Budi badannya sangat besar.（ブディさんは，体がとても大きい。）
(4) Mesin cuci itu harganya berapa?（その洗濯機は，値段はいくらですか。）
(5) Masakan itu rasanya bagaimana?（その料理は，味はどうですか。）

3.
(1) Cincin mutiara ini sangat indah.
(2) Berita itu sama sekali tidak benar / tidak benar sama sekali.
(3) Rumah makan masakan Cina di sini tidak begitu murah, tetapi ramai.
(4) Tanah luas itu punya siapa?
(5) –Tanah itu punya désa.
(6) Banyak orang keluar dari toko buku.
(7) Siswa SD itu keras kepala dan nakal.
(8) Apakah orang tua itu senang atau sedih?
(9) Ibu Tuti badannya lemah, jadi sering sakit.
(10) Meréka bekerja（dengan）keras, tetapi gajinya tidak naik.

第９課

1.
(1) 靴をはいている
(2) 帽子をかぶっている
(3) しっぽがある
(4) ４人で
(5) エンジンがついた乗り物
（バイク，自動車，トラックなど）
(6) 血が出る
(7) 名前がある，名のある
(8) 花が咲く
(9) 何百人もの人
(10) 何本（ビン）ものビール
(11) 様々な果物
(12) 何世紀も
(13) 何年も
(14) 何日も

2.
(1) その運転手はサングラスをかけている。
(2) 彼は今日，伝統衣装を着ている。
(3) 彼らは試験に通るよう努力した。
(4) インドネシアへの旅は私にとって大変価値があった。
(5) その国は民主的な国になることに成功しただろうか。
(6) 彼はベトナム語を話すことができないと言った。
(7) 私たちは２人でその町を訪ねた。
(8) 民衆は憲法に基づいて大統領を選出した。
(9) その子供は，家族が裕福ではないために，学校に行かなかった。
(10) 私の妹（弟）は毎朝徒歩で市場へ行く。

3.
(1) Masalah ini berhubungan dengan agama.
(2) Sekolah ini bertingkat berapa?
(3) Korban gempa bumi itu makin bertambah.
(4) Kami bertiga berangkat ke Kalimantan.
(5) Negara-negara Asia Tenggara bersatu sebagai ASEAN.
(6) Saya pergi ke Surabaya bersama（dengan）teman sekolah. / Saya pergi ke Surabaya dengan teman sekolah bersama-sama.
(7) Orang Malaysia itu beragama Islam.
(8) Tanda itu berarti “Berhenti!”.
(9) Wanita itu suka berjalan-jalan.
(10) Paman saya berdagang udang.

第10課
1．
(1) 私が家に着いたとき，妹はピアノを弾いていた。
(2) 日本史の授業は終わったばかりだ。
(3) あなたはもし漁師になりたいなら，泳げなければならない。
(4) ジョコさんは喫煙をやめることができない。
(5) 私はアブラヤシの木を見たことがある。
(6) 15歳以下の子供はこの映画を見てはいけない。
(7) ヒンディー語の試験は始まったばかりだ。
(8) 彼はもう長い間インドネシアに住んでいるが，鶏の串焼きをまだ食べたことがない。
(9) あなたの住所と電話番号をいただいてよろしいですか。
(10) ―はい，いいですよ。これが私の名刺です。

2．
(1) Pohon ini belum berbuah.
(2) Asuransi mobil itu sudah umum.
(3) Anda sudah bertanya kepada Bapak Yoshida?
(4) –Belum, saya belum bertanya kepadanya.
(5) Bapak saya sudah berpuluh-puluh tahun berhubungan baik dengan keluarga itu.
(6) Wisatawan itu akan naik kapal ke pulau Lombok. / Wisatawan itu akan pergi ke pulau Lombok dengan kapal.
(7) Kami tidak harus berpakaian adat pada upacara itu.
(8) Piala Dunia Sépak Bola sudah selesai?
(9) –Belum. Kemarin baru mulai.
(10) Karyawan baru itu tidak perlu hadir pada rapat.
(11) Boléh saya keluar dengan teman saya?
(12) –Tidak. Tidak boléh keluar. Sudah malam.
(13) Dia masih beristirahat di luar.
(14) Rumah makan itu tidak pernah ramai.

第11課
1．
(1) delapan ratus enam belas
(2) tujuh ribu empat ratus
(3) sepuluh ribu tiga belas
(4) sembilan puluh satu ribu dua ratus lima
(5) tiga ratus ribu seratus delapan puluh
(6) dua puluh dua juta
(7) seratus dua puluh lima juta
(8) enam miliar tujuh ratus juta
(9) nol koma satu lima
(10) empat belas koma tiga
(11) sepertiga
(12) dua tiga-perlima

2．
(1) 1,075
(2) 11,300
(3) 460,000
(4) 2,850,000（285万）
(5) 13,000,000,000（130億）
(6) 6,200,000,000,000（6兆2千億）

3．
(1) 2枚の郵便はがき
(2) 1本の木
(3) 片方の手
(4) 両目
(5) 10匹のサメ
(6) 3丁の銃
(7) 一組の夫婦
(8) インドネシアには多くの種類の虫が生息している。
(9) この地域の広さは何平方キロメートルですか。
(10) ―この地域はおおよそ400平方キロメートルの広さです。

⑾ この粒は飴ではなく，薬です。
⑿ ここにある皿とカップは古いものだ。
⒀ いくつのスプーンとフォークが必要ですか。

4．
(1) tiga ribu (orang) orang asing.
(2) beberapa orang
(3) banyak uang
(4) satu juta dolar Amérika Serikat
(5) seribu lembar kertas
(6) lima belas buah mobil Jepang
(7) dua puluh ékor penyu
(8) enam cangkir téh
(9) setengah séndok garam
⑽ Seékor ular léwat di depan anak itu.
⑾ Satu yén berapa rupiah?
⑿ –Sekarang satu yén sekitar seratus dua puluh rupiah.
⒀ Di ruang kelas ada berapa orang siswa?
⒁ –Di situ ada sepuluh orang.
⒂ Orang kaya itu punya banyak rumah dan mobil.
⒃ Anda perlu minum obat ini dua butir sesudah makan.

第 12 課

1．
(1) 今朝，九州地方で地震があった。
(2) 私は今晩インド映画を見に行くつもりだ（行きたい）。
(3) 今朝，新聞がまだ来ない。
(4) あなたは，彼が韓国から何日に戻ってくる予定かもう知っていますか。
(5) 私が午前 9 時半頃に通ったとき，その本屋はまだ閉まっていた。
(6) 98 年にスハルトが大統領の椅子から退いた。
(7) インドネシアでは 2 つの季節，すなわち雨期と乾期がある。

2．
(1) jam lima (léwat) lima (menit) / pukul lima léwat lima menit
(2) jam sebelas (léwat) sepuluh (menit)
(3) jam enam (léwat) lima belas (menit) / jam enam (léwat) seperempat
(4) jam setengah tiga
(5) jam empat (léwat) tiga puluh (menit)
(6) jam sembilan kurang lima (menit)
(7) jam tujuh kurang sepuluh (menit)
(8) jam sepuluh kurang lima belas (menit) pagi / jam sepuluh kurang seperempat pagi
(9) jam tiga (léwat) sepuluh (menit) soré
⑽ jam dua belas malam
⑾ pukul delapan belas léwat empat puluh lima menit Waktu Indonésia Tengah (WITA)

3．
(1) Ujian bahasa Inggris hari apa? / Hari apa ujian bahasa Inggris?
(2) –Ujian bahasa Inggris hari Rabu.
(3) Bulan ini bulan apa? / Bulan apa bulan ini?
(4) –Bulan ini bulan April.
(5) Kemarin hari apa? / Hari apa kemarin?
(6) –Kemarin hari Kamis. Tanggal sebelas (bulan) Juni.
(7) Bésok hari raya. Hari Natal.
(8) Lusa tanggal berapa? / Tanggal berapa lusa?
(9) –Lusa tanggal dua puluh (bulan) Agustus.
⑽ Hari ulang tahun Anda tanggal berapa? / Tanggal berapa hari ulang tahun Anda?
⑾ –Hari ulang tahun saya kemarin dulu. Tanggal lima (bulan) Oktober.
⑿ Dia baru kembali dari Singapura tadi malam.
⒀ (Pada) bulan apa Anda akan pindah rumah?
⒁ –(Pada) bulan Novémber.
⒂ Silakan mampir di rumah saya bésok malam.

(16) Kapan tentara Jepang datang ke Bali?
(17) –(Pada) bulan Fébruari tahun seribu sembilan ratus empat puluh dua.
(18) Ibu Susi lahir (pada) tahun berapa?
(19) –(Pada) tahun seribu sembilan ratus sembilan puluh delapan.
(20) Di Indonésia musim hujan mulai bulan apa dan sampai bulan apa?
(21) –Kira-kira mulai bulan Désémber sampai bulan Maret.
(22) Pembantu itu sudah bangun (pada) jam empat pagi dan pergi berbelanja ke pasar.

第13課

1.
(1) dua bulan (yang) lalu
(2) bulan (yang) lalu
(3) bulan ini
(4) bulan depan / bulan yang akan datang
(5) dua bulan yang akan datang / dua bulan lagi
(6) berapa bulan (yang) lalu?
(7) satu bulan (yang) lalu / sebulan (yang) lalu
(8) berapa bulan yang akan datang? / berapa bulan lagi?
(9) lima bulan yang akan datang / lima bulan lagi
(10) bulan Juni yang akan datang
(11) bulan Novémber (yang) lalu
(12) dua tahun (yang) lalu
(13) tahun (yang) lalu
(14) tahun ini
(15) tahun depan / tahun yang akan datang
(16) berapa tahun (yang) lalu?
(17) dua belas tahun (yang) lalu
(18) berapa tahun yang akan datang? / berapa tahun lagi?
(19) dua tahun yang akan datang / dua tahun lagi
(20) dua hari (yang) lalu
(21) berapa hari (yang) lalu?
(22) sebelas hari (yang) lalu
(23) delapan hari yang akan datang / delapan hari lagi
(24) berapa hari yang akan datang? / berapa hari lagi?
(25) beberapa hari yang akan datang / beberapa hari lagi
(26) setengah bulan
(27) satu setengah tahun

2.
(1) Harga bénsin akan naik (pada) bulan Oktober yang akan datang.
(2) (Pada) tanggal delapan bulan depan / bulan yang akan datang teman saya akan kembali dari Arab Saudi.
(3) Dua tahun (yang) lalu saya belum belajar bahasa Indonésia.
(4) Dua puluh tahun (yang) lalu saya baru berumur lima tahun.
(5) Lantai ini lantai berapa? / Lantai berapa lantai ini?
(6) –Lantai enam.
(7) Mata kuliah sastra Jepang (pada) jam keberapa? / (Pada) jam keberapa mata kuliah sastra Jepang?
(8) –(Pada) jam pertama.
(9) Rudi anak keberapa?
(10) –Saya anak kedua.
(11) Minggu ini minggu keberapa? / Minggu keberapa minggu ini?
(12) –Minggu keempat.
(13) Semangka dan jagung di ladang itu kedua-duanya masih muda.
(14) Bapak sudah berapa tahun bekerja di Jérman?
(15) –Sudah dua tahun.

(16) Satu mata kuliah berapa menit? / Berapa menit satu mata kuliah?
(17) –Sembilan puluh menit.
(18) Satu seméster berapa bulan? / Berapa bulan satu seméster?
(19) –Lima bulan.
(20) Satu bulan berapa hari? / Berapa hari satu bulan?
(21) –Tiga puluh hari atau tiga puluh satu hari.
(22) Satu menit berapa detik? / Berapa detik satu menit?
(23) –Enam puluh detik.
(24) Berapa tahun yang akan datang / Berapa tahun lagi kampus ini akan pindah?
(25) –Tiga tahun yang akan datang. / Tiga tahun lagi.
(26) Atlét itu bisa berlari seratus méter dalam waktu sembilan koma lima delapan（9,58）detik.

第 14 課

1.

(1) menekan
(2) menjahit
(3) mengéja
(4) membungkus
(5) memanggil
(6) mengetuk
(7) mengikat
(8) menolong
(9) menggosok
(10) melémpar
(11) mencicil
(12) menyetrika

2.

(1) tusuk
(2) curi
(3) usir
(4) iris
(5) setir
(6) tabung
(7) buang
(8) teliti
(9) tanam
(10) karang
(11) daki
(12) mulai

3.

(1) その家族の状態はますます良くなっている。
(2) 灯りの火がだんだん小さくなり，ついには消えた。
(3) 日本車がいたるところにあふれている。
(4) 私の隣人の子供がそこで泣いていた。
(5) 私は寝不足のために，とても眠かった。
(6) 大きくなったら，何になりたい？
(7) 一人の女性が大学の方向へ近づいた。
(8) 私はドアを押したが，そのドアは全然動かなかった。
(9) 毎朝，その生徒は教室の窓を開ける。
(10) 私の２番目の子供は絵を描くのが上手である。

4.

(1) Berita itu cepat meluas / meluas（dengan）cepat.
(2) Sawah di désa ini sudah menguning.
(3) Saya mengetuk pintu dan membukanya.
(4) Penyanyi itu tiba-tiba menghilang sepuluh tahun（yang）lalu.
(5) Pada tanggal lima belas bulan Séptémber yang akan datang menteri itu akan berkunjung ke Koréa Selatan.
(6) Harga beras meningkat lima ratus rupiah.
(7) Dia baru berhenti merokok bulan（yang）lalu.
(8) Gadis itu pandai menyanyi.
(9) Dia sedang membangun rumah bertingkat dua di Jakarta Selatan.
(10) Boléh saya meminjam kursi ini sebentar?
(11) Saya menyuruh pembantu menyapu lantai.
(12) Meréka belum mendapat gaji bulan（yang）lalu.
(13) Pacar saya menunggu saya di stasiun.
(14) Ibu Déwi membawa kué basah ke rumah saya.
(15) Tukang itu mengecat / mencat témbok sebelah timur.

第 15 課

1.

(1) 運転手はすでにその公用車を洗った。
Mobil dinas itu sudah dicuci（oléh）sopir.
(2) あなたはまだその黄色の服を着ていない。
Baju kuning itu belum Anda pakai.

(3) 私たちはスシからバリの土産を受け取った。
Oléh-oléh Bali kami terima dari Susi.
(4) 彼はこのドアを閉めなかった。
Pintu ini tidak ditutupnya / ditutup (oléh) dia / ditutup oléhnya.
(5) 私はこの授業の課題を明日までにやらなければならない。
Tugas mata kuliah ini harus saya buat sampai bésok.
(6) そのホテルの従業員は日本から来たツアーの団体（客）の名前と住所をメモした。
Nama dan alamat rombongan tur dari Jepang dicatat (oléh) karyawan hotél itu.
(7) 彼は屋台でナシチャンプルとガドガドを食べた。
Nasi campur dan gado-gado dimakannya / dimakan (oléh) dia / dimakan oléhnya di warung.
(8) 私はまだこの記事の内容を理解できない。
Isi artikel ini belum bisa saya mengerti.
(9) 彼は私のギリシャ語の辞書を借りたがっている（借りようとしている）。
Kamus bahasa Yunani saya mau dipinjamnya / dipinjam (oléh) dia / dipinjam oléhnya.
(10) その老人は金の指輪とネックレスを棚の中にしまった。
Cincin dan kalung emas disimpan (oléh) orang tua itu di dalam lemari.

2.
(1) これらの皿は，私はまだ洗っていない。
Saya belum mencuci piring-piring ini.
(2) この部屋はその郵便局の職員が借りる予定である。
Pegawai kantor pos itu akan menyéwa kamar ini.
(3) 私は祖母に床を掃くよう言われた。
Nénék saya menyuruh saya menyapu lantai.
(4) 彼はバンバンさんにある大きなニュースを教えてもらった。
Pak Bambang memberi tahu dia sebuah berita besar.
(5) アリさんは民衆に村長として選ばれた。
Masyarakat memilih Bapak Ali sebagai kepala désa.
(6) その鶏肉は，もうあなたは切りましたか。
Ibu sudah memotong daging ayam itu?
(7) このガスコンロは，彼らは先月買ったばかりである。
Meréka baru membeli kompor gas ini bulan lalu.
(8) 私は校長に呼ばれた。
Kepala sekolah memanggil saya.
(9) そのビンには私の母が湯冷ましを入れた。
Ibu saya mengisi botol itu dengan air putih.
(10) 私たちは上級生に邪魔された。
Kakak kelas mengganggu kami.

3.
(1) Supermarkét ini akan ditutup pada jam sembilan.
(2) Majalah itu dipinjamnya / dipinjam (oléh) dia / dipinjam oléhnya di perpustakaan univérsitas?
(3) Surat panjang ini ditulis (oléh) siapa?
(4) Banyak tamu diundangnya / diundang (oléh) dia / diundang oléhnya untuk hari ulang tahunnya.
(5) Perangko bisa dibeli di sini.
(6) Télévisi baru itu dicuri (oléh) maling.
(7) Kantor itu sedang dibangun.
(8) Mengapa tanah ini dijual (oléh) orang désa itu?
(9) –Karena dia harus membayar utang.
(10) Pemain ténis itu dilatih (oléh) bapaknya.
(11) Lagu ini harus kami hafal.

第16課

1.

(1) Kami menanyakan harga beras kepada pedagang itu.
私たちはコメの値段についてその商人に尋ねた。

(2) Ia membicarakan peristiwa tadi pagi.
彼は今朝の出来事について話した。

(3) Meréka masih memikirkan soal itu.
彼らはその問題についてまだ考えている。

(4) Saya mengatakan seperti itu kepada beliau.
私はあの方にそのように言った。

(5) Dia membanggakan nilai ujiannya.
彼は試験の成績を誇りに思っている。

(6) Para siswa menyanyikan lagu nasional “Indonésia Raya”.
生徒たちは国歌「インドネシア・ラヤ」を歌った。

2.

(1) Dia membuatkan saya kopi.
Dia membuat kopi untuk saya.

(2) Dia memesankan saya tikét pesawat.
Dia memesan tikét pesawat untuk saya.

(3) Dia mencarikan saya dompét itu.
Dia mencari dompét itu untuk saya.

(4) Dia membelikan saya baju baru.
Dia membeli baju baru untuk saya.

(5) Dia membacakan saya surat itu.
Dia membaca surat itu untuk saya.

3.

(1) Saya menggosok badan dia dengan sabun.
Badan dia digosok dengan sabun.

(2) Saya menusuk daging itu dengan garpu.
Daging itu ditusuk dengan garpu.

(3) Saya menémbak burung itu dengan senapan.
Burung itu ditémbak dengan senapan.

(4) Saya membeli kulkas itu dengan gaji bulan ini.
Kulkas itu dibeli dengan gaji bulan ini.

4.

(1) Saya menggosokkan sabun pada badan dia.
Sabun digosokkan pada badan dia.

(2) Saya menusukkan garpu pada daging itu.
Garpu ditusukkan pada daging itu.

(3) Saya menémbakkan senapan pada burung itu.
Senapan ditémbakkan pada burung itu.

(4) Saya membelikan gaji bulan ini untuk kulkas itu.
Gaji bulan ini dibelikan untuk kulkas itu.

5.

(1) 私の祖父母はもう長い間町に住んでいた。しかし，祖母が癌で亡くなった。祖父はその町を離れて，故郷に戻った。

(2) 私のおじは部屋を大学生に賃貸ししている。

(3) 彼はおばに新しいカメラを買ってもらった。そのカメラは誰にも貸そうとしない。

(4) 私のバイクは車庫にまだ入れていない。

(5) そのゴミ問題はまだ解決されていない。そのため，民衆だけでなく，政府もさらに議論しないといけない。

6.

(1) Berita itu sangat menyedihkan.

(2) Saya tidak dapat membédakan mutiara asli dengan mutiara palsu.

(3) Ia memainkan peran penting dalam film Koréa itu.

(4) Upacara agama besar direncanakan di désa itu.

(5) Bupati mengizinkan masyarakat menggunakan bangunan itu.

(6) Lampu listrik di ruang tamu sudah saya matikan.

(7) Kakak saya melahirkan anak perempuan tadi malam.

(8) Negara itu pernah memutuskan hubungan diplomatik dengan Cina.

(9) Lurah / Kepala désa mengumumkan jadwal rapat bulan depan.

(10) Peristiwa itu diberitahukan (oléh) majalah Témpo kepada masyarakat.

第17課

1.

⑴ 私たちの自然を救おう！
⑵ 支店は西部インドネシア時間15時閉店であることをご了承願います。
⑶ どうか私にタクシーを呼んでください。
⑷ この秘密を他の人には言わないで。
⑸ ドリアンをホテル内に持ち込むことは禁じられている。
⑹ 皆さん，しばしお静かに願います。
⑺ 全ての電子機器をあなたのカバンから出しなさい。
⑻ この方法を利用してみたら。
⑼ コンロの火を消して。
⑽ この電子メールにすぐご返信ください。

2.

⑴ Silakan beristirahat di dalam.
⑵ Tolong angkat koper saya ini. / Tolong koper saya ini diangkat.
⑶ Jangan lupa membawa buku ini minggu depan juga. / Jangan lupa buku ini dibawa minggu depan juga.
⑷ Minta tiga piring nasi goréng. / Minta nasi goréng tiga piring.
⑸ Mohon utang ini dibayar dengan segera.
⑹ Jangan tinggalkan kami.
⑺ Kalau bunyi télévisinya terlalu besar, tolong dikecilkan.
⑻ Walaupun dia masih tidur, biarkan saja. Tidak usah dibangunkan.
⑼ Bekerja(lah) dengan keras untuk menyekolahkan anakmu.
⑽ Coba baca kalimat ini.

第18課

1.

⑴ Saya sudah mendekati gudang itu.
Saya sudah mendekat ke gudang itu.
私はもうその倉庫に近づいた。
⑵ Saya sudah menjauhi perempuan itu.
Saya sudah menjauh dari perempuan itu.
私はもうその女から遠ざかった。
⑶ Saya sudah memasuki rumah itu.
Saya sudah masuk ke rumah itu.
私はもうその家に入った。
⑷ Saya sudah mendatangi rumah sakit itu.
Saya sudah datang ke rumah sakit itu.
私はもうその病院にやってきた。

2.

⑴ Dia tidak suka pada masakan itu?
–Tidak. Masakan itu tidak disukainya.
⑵ Dia tidak hormat pada sastrawan itu?
–Tidak. Sastrawan itu tidak dihormatinya.
⑶ Dia tidak cinta pada penyanyi itu?
–Tidak. Penyanyi itu tidak dicintainya.
⑷ Dia tidak benci pada orang Spanyol itu?
–Tidak. Orang Spanyol itu tidak dibencinya.

3.

⑴ Budi mengunjungi kota itu?
–Tidak. Kota itu tidak saya kunjungi.
⑵ Budi menemui orang Belanda itu?
–Tidak. Orang Belanda itu tidak saya temui.
⑶ Budi mengikuti ujian itu?
–Tidak. Ujian itu tidak saya ikuti.
⑷ Budi menyetujui pendapat itu?
–Tidak. Pendapat itu tidak saya setujui.

4.

⑴ Budi mempengaruhi / memengaruhi anak itu.
Anak itu dipengaruhi oléh Budi.
⑵ Budi menandatangani surat itu.
Surat itu ditandatangani oléh Budi.
⑶ Budi menamai bayi itu.
Bayi itu dinamai oléh Budi.
⑷ Budi membiayai upacara itu.
Upacara itu dibiayai oléh Budi.

5.

⑴ Dia marah pada anaknya, tetapi tidak memarahi di depan orang.
⑵ Tolong kurangi beban tugas.
⑶ Saya ditawari secangkir téh oléh dia. / Saya ditawari (oléh) dia secangkir téh.
⑷ Indonésia pernah dikuasai (oléh) Belanda.
⑸ Bencana alam seperti itu tidak pernah saya alami.
⑹ Sejarah Indonésia tidak begitu diketahui (oléh) orang Jepang.

(7) Bapak itu menciumi bayinya.
(8) Kepala désa menemani orang asing itu ke kantor polisi.
(9) Ibu saya menutupi makanan dengan surat kabar.
(10) Sastrawan itu pernah menyutradarai film Jepang.

第19課

1．
(1) その頭が良く，勤勉なトノは，クラス長になった。
(2) 私は入口の横にある冷蔵庫を買いたい。
(3) —どれ？緑の？
(4) 彼がもってきた新聞は「ジャワ・ポス」紙ではない。
(5) トゥティックさんが書いた手紙は，彼女の夫にすでに届けられた。
(6) この小説が，昨年私がもう読んだものです（この小説です，昨年私がもう読んだのは）。
(7) 彼は10年前に建てられた家を借りた。
(8) 誰がまだ送料を払っていないのですか。
(9) —アリさんがまだ払っていません。
(10) 何が解決していないのですか。
(11) —住む場所の問題です。
(12) 何をまだ彼はやっていないのですか。
(13) —フランス語の授業の宿題をまだ彼はやっていません。
(14) 日曜日にはたくさんの人がそのデパートで買い物をする。
(15) 先週出版されたばかりの辞書はアラビア語の辞書です。
(16) 私たちがあなたに伝えるべきことがあります。
(17) 私の妻はいつもとは違う歯の痛みに苦しんでいる。

2．
(1) komputer saya yang canggih
(2) orang tua yang miskin itu
(3) masakan Jepang yang sangat énak
(4) cerita yang kami dengar dari meréka
(5) yang belum dilihatnya / dilihat (oléh) dia / dilihat oléhnya
(6) orang muda yang séhat dan kaya
(7) sepatu saya yang masih baru
(8) wanita yang berdiri di sini tadi
(9) Pria yang menyetir mobil Jérman itu (adalah) sopir Pak Budi.
(10) Kalung emas yang saya beli tadi terlalu murah.
(11) Pembantu yang mencuci baju di situ berasal dari Solo.
(12) Anda mau memilih mangga yang mana? / Mangga yang mana (yang) Anda pilih?
(13) –Yang besar itu.
(14) Mobil yang dipinjamkan (oléh) Wati kepada saudara sepupunya adalah yang baru.
(15) Siapa yang menaikkan bendéra Mérah Putih?

第20課

1．
(1) インドネシアのダンドゥット歌手の中で，誰がいちばん人気がありますか。
(2) その新しいホテルはヤシの木と同じくらいの高さである。
(3) この美術館は1日に平均80人訪れる。
(4) その社員は一日中接客するのに忙しい。
(5) その金持ちは環境組織に10万米ドルの資金を寄付した。
(6) その国の経済は以前ほど強くはない。
(7) 彼は可能な限り懸命にプレーしたが，敵に負かされた。
(8) もっとも少なくて何人がデモに参加したのか。
(9) これはブロモ山の頂上から撮った写真です。素晴らしいでしょう？
(10) 彼は，空芯菜は他の野菜よりもおいしいと言った。
(11) これは今学期の英語のテストの最高点と最低点です。

2.
(1) Gedung ini paling terkenal di seluruh Jepang.
(2) Menurut dia, mahasiswi itu paling cantik di antara mahasiswi-mahasiswi univérsitas ini.
(3) Pelajaran hari ini jauh lebih sulit daripada pelajaran kemarin.
(4) Jumlah mobil yang dibutuhkan lebih dari seratus buah.
(5) Koper saya lima kilogram lebih ringan daripada koper Anda.
(6) Dia sekurus kakaknya.
Dia kurusnya sama dengan kakaknya. / Dia sama kurusnya dengan kakaknya.
(7) Soal ini tidak semudah soal itu.
(8) Saya memesan kopi seberat satu kilogram.
(9) Warga itu meninggalkan keluarganya selama tiga tahun.
(10) Sekurang-kurangnya lima puluh orang téwas akibat tanah longsor tadi malam.
(11) Di Indonésia padi bisa hidup sepanjang tahun.

第21課

1.
(1) Anak itu selalu bangun kesiangan.
その子供はいつも寝坊する。
(2) Tadi pagi saya kecurian sepéda motor di tempat parkir.
今朝，私は駐車場でバイクを盗まれた。
(3) Menteri itu kedatangan wartawan tadi malam.
その大臣は，昨晩予期せず記者に来られた。
(4) Saya kehilangan kunci di tengah jalan ke kantor.
私はオフィスに行く途中で鍵をなくした。
(5) Rumah tetangga saya kemasukan maling.
私の隣人の家は泥棒に入られた。
(6) Saya kecopétan télépon pintar di dalam bis.
私はバスの中でスマートフォンをすられた。
(7) Saya keracunan jamur.
私はキノコの毒にあたった。

2.
(1) そのイレブンの勝利によって，民衆は大変喜んだ。
(2) その白人は汽車の中で居眠りしてしまい，パスポートを盗まれた。
(3) 昼寝の習慣はスペインやイタリアなど様々な国々で知られている。
(4) そのTOEFLの試験は英語を用いる能力を測ることを目的としている。
(5) 私たちが直面している現実はとても厳しい。

3.
(1) Ia sudah ketinggalan zaman.
(2) Tanggal tujuh belas (bulan) Agustus adalah Hari Peringatan Kemerdékaan Républik Indonésia.
(3) Kami menunggu kedatangannya / kedatangan dia.
(4) Meréka kekurangan dana untuk menjalankan proyék itu.
(5) Kami tidak boléh melupakan kesalahan masa lalu.
(6) Jam / Waktu keberangkatan pesawat terbang sudah mendekat.
(7) Ia bertugas di bagian kebudayaan.
(8) Di bawah kabupatén itu ada tujuh kecamatan.
(9) Kementerian Keuangan menjelaskan ketentuan itu.
(10) Mohon maaf mengganggu kesibukan Anda.
(11) Paméran kerajinan tangan diadakan di Kedutaan Besar Indonésia.
(12) Tingkah laku menteri itu kebarat-baratan.
(13) Pak Joko kelihatan sakit / tidak énak badan.
(14) Bunyi mobil kedengaran dari jauh.
(15) Rok ini kekecilan dan juga kepéndékan bagi saya / Rok ini terlalu kecil dan juga terlalu péndék bagi saya.

第22課

1.
(1) 私たちは東京を去り，京都に行かざるを得なかった。仕方がなかった。
(2) 私たちを含めて何人がそのパーティーに出席しましたか。

(3) 生魚を彼はうっかり食べてしまった。
(4) この番組は2つの部分からなっている。
(5) 富士山は日本で最も高い山としてとても有名である。
(6) その問題は村の会議においてまだ話し合われている。
(7) その衛生問題は政府にかかっている。
(8) インドネシアではバナナは広範に広がっており，どの敷地にも見られると言うことができる。
(9) 私はオフィスの損壊についてエカさんに連絡しなければならないことをふと思い出した。
(10) 地球の天然資源はとても豊かであるが，限りがある。

2.
(1) Di mana kita makan?
 –Terserah pada Anda.
(2) Saya tertarik pada kebudayaan daérah yang belum cukup diteliti itu.
(3) Daging babi termakan oléh Pak Ali.
(4) Dia terlihat tidak séhat.
(5) Tujuan mengenai keadilan ini belum tercapai.
(6) Masalah lalu lintas di ibu kota belum terselesaikan.
(7) Kami sangat terkejut mendengar berita kebanjiran di kabupatén itu.
(8) Piring yang baru dibeli terjatuh.
(9) Tergugat tersebut melakukan kejahatan besar.
(10) Korban kebakaran itu tidak tertolong lagi.

第23課

1.
(1) pengemudi
(2) penumpang
(3) perawat
(4) sabuk pengaman
(5) peternak
(6) pelaku
(7) pencopét
(8) penjual
(9) peneliti
(10) pencuci mulut
(11) penari

2.
(1) Orang yang bermain disebut apa?
 –Orang yang bermain disebut pemain.
(2) Orang yang bekerja disebut apa?
 –Orang yang bekerja disebut pekerja.
(3) Orang yang berlari disebut apa?
 –Orang yang berlari disebut pelari.
(4) Orang yang berdagang disebut apa?
 –Orang yang berdagang disebut pedagang.
(5) Orang yang memakai disebut apa?
 –Orang yang memakai disebut pemakai.
(6) Orang yang membeli disebut apa?
 –Orang yang membeli disebut pembeli.
(7) Orang yang bermain golf disebut apa?
 –Orang yang bermain golf disebut pegolf.
(8) Orang yang menulis disebut apa?
 –Orang yang menulis disebut penulis.
(9) Orang yang menjaga disebut apa?
 –Orang yang menjaga disebut penjaga.
(10) Orang yang membaca disebut apa?
 –Orang yang membaca disebut pembaca.
(11) Orang yang melaksanakan disebut apa?
 –Orang yang melaksanakan disebut pelaksana.
(12) Orang yang mencuri disebut apa?
 –Orang yang mencuri disebut pencuri.
(13) Orang yang berbicara / membicarakan disebut apa?
 –Orang yang berbicara / membicarakan disebut pembicara.

3.
(1) Pemuda itu tidak begitu pemalu.
(2) Ia menderita penyakit jantung.
(3) Pemain gitar itu bukan / tidak pemalas.
(4) Kebanyakan dari penduduk di désa ini petani atau peternak.
(5) Boléh saya meminjam karét penghapus dan penggaris?
(6) Alamat pengirim belum diisi.
(7) Program radio ini masih tetap disukai (oléh) banyak pendengar.
(8) Pelatih bulu tangkis baru mempunyai kepemimpinan yang tinggi.
(9) Jumlah pengunjung paméran itu sudah mencapai seribu orang.
(10) AC di Indonésia tidak mempunyai fungsi pemanas.

第24課

1.

(1) Keberangkatan itu belum cepat. その出発はまだ早くない。
Keberangkatan itu perlu dipercepat. その出発は早める必要がある。
(2) Penduduk / Warga itu belum bekerja. その住民はまだ働いていない。
Penduduk / Warga itu perlu dipekerjakan. その住民は働かせる必要がある。
(3) Dana itu belum berguna. その資金はまだ役立っていない。
Dana itu perlu dipergunakan. その資金は役立たせる必要がある。
(4) Gambar itu belum besar. その絵はまだ大きくない。
Gambar itu perlu diperbesar. その絵は大きくする必要がある。
(5) Foto itu belum banyak. その写真はまだ多くない。
Foto itu perlu diperbanyak. その写真は多く（焼き増し）する必要がある。
(6) Meréka belum bertemu. 彼らはまだ会っていない。
Meréka perlu dipertemukan. 彼らは会わせる必要がある。

2.

(1) 彼はよく子供たちにバイクに乗るときは気をつけるように注意している。
(2) 政府は人口数が来年2%増加すると予測している。
(3) その国の森林の政策は，森林破壊を考慮し，刷新される予定である。
(4) 喫煙の習慣は健康面だけでなく，衛生面からも問題にされているところである。
(5) その医師は患者に許可なく他の薬を使うことを許していない。
(6) 公務員の労働時間は，断食月の間は短縮されるのですか。

3.

(1) Dia memperkenalkan diri kepada teman kelas.
(2) Keselamatan meréka perlu dipertanyakan / ditanyakan secepat mungkin.
(3) Masyarakat / Rakyat Indonésia memperjuangkan kemerdékaan tanah air.
(4) Masyarakat / Rakyat Indonésia memperingati kemerdékaan pada tanggal tujuh belas Agustus setiap tahun.
(5) Yang akan dipertunjukkan di hotél ini pada hari Sabtu mendatang adalah tarian Bali.

第25課

1.

(1) Meréka menanam padi.
Meréka melakukan penanaman padi.
(2) Meréka menerbitkan majalah.
Meréka melakukan penerbitan majalah.
(3) Meréka membersihkan kamar.
Meréka melakukan pembersihan kamar.
(4) Meréka memeriksa keamanan kota.
Meréka melakukan pemeriksaan keamanan kota.
(5) Meréka mengirim pakaian.
Meréka melakukan pengiriman pakaian.
(6) Meréka mendirikan sekolah.
Meréka melakukan pendirian sekolah.
(7) Meréka menjelaskan kehidupan dan kebiasaan Jepang.
Meréka melakukan penjelasan kehidupan dan kebiasaan Jepang.
(8) Meréka membuat (barang) kerajinan.
Meréka melakukan pembuatan (barang) kerajinan.

2.

(1) Dia melakukan persiapan pésta ulang tahunnya.
彼は誕生日パーティーの準備を行った。
(2) Penduduk itu melakukan pertanyaan tentang kebijakan pemerintah daérah kepada gubernur.
その住民は州知事に地方政府の政策についての質問を行った。

(3) Guru SD itu melakukan pengajaran bahasa daérah kepada anak-anak.
その小学校の教師は子供たちに地方語の教育を行っている。

(4) Mengapa pembantu itu tidak melakukan permohonan kenaikan gaji kepada tuan rumah?
なぜそのお手伝いさんは家主に給料値上げの要求をしないのか。

(5) Indonésia melakukan perjuangan keras untuk memperoléh kemerdékaan.
インドネシアは独立を獲得するために懸命な闘争を行った。

(6) Penyanyi lagu pop itu melakukan perkenalan diri kepada penonton.
そのポップソング歌手は観客に自己紹介を行った。

(7) Dinas Perikanan melakukan perbaikan kapal patroli.
漁業局はパトロール船の修理を行った。

3.

(1) Perjalanan antara Jakarta dan Osaka memakan waktu sekitar tujuh jam.
(2) Pemandangan dari puncak sangat mengesankan.
(3) Ia mempunyai banyak pengalaman di berbagai perusahaan.
(4) Pembangunan bandara internasional di provinsi itu akan dimulai pada bulan Méi tahun depan.
(5) Pengetahuan dia mengenai pertanian dan peternakan sangat luas.
(6) Anak itu masih memerlukan perhatian orang tuanya.
(7) Pernikahan meréka akan diadakan pada pertengahan bulan ini.
(8) Menteri Perdagangan menandatangani persetujuan itu.
(9) Perubahan iklim sangat mempengaruhi perikanan.
(10) Mengapa pengarang itu sudah dua puluh tahun tinggal di pedalaman?
(11) Kapan persatuan bangsa Indonésia tercapai?
(12) Meréka belum melakukan pembicaraan tentang penyakit itu.

第26課

1.

(1) Majalah ékonomi itu terbit setiap minggu?
-Ya. Itu majalah mingguan.

(2) Laporan itu terbit setiap tahun?
-Ya. Itu laporan tahunan.

(3) Surat kabar itu terbit setiap hari?
-Ya. Itu surat kabar harian.

(4) Majalah wanita itu terbit setiap dua bulan?
-Ya. Itu majalah dua bulanan.

2.

(1) Ratusan orang pemain mengikuti pertandingan itu.
(2) PBB adalah singkatan dari Perserikatan Bangsa-Bangsa.
(3) Saya menerima surat undangan dari bibi.
(4) Apakah hubungan antara Koréa Utara dan Amérika Serikat akan membaik?
(5) Barang ini bukan buatan dalam negeri, tetapi buatan Viétnam.
(6) Pemimpin negara itu menyampaikan ucapan selamat tahun baru kepada rakyat melalui siaran radio.
(7) Bungkusan besar itu berisi mainan buatan luar negeri.
(8) Bawahan saya tidak mau menjawab panggilan dari saya.
(9) Atasan saya sudah pénsiun karena alasan keséhatan.
(10) Tujuan kedatangan saya ke Jepang adalah untuk meneliti rumah tradisional Jepang.
(11) Tolong tukar sepuluh ribuan (10.000-an) dengan lima ribuan (5.000-an).
(12) Kebanyakan dari anggota tim ini berumur dua puluhan.
(13) Anak itu pandai menangkap pikiran orang lain.
(14) Hari ini juga tekanan darah ayah saya sangat tinggi.
(15) Éjaan kata ini tidak benar.

第27課

1.

(1) その観光客は木製の工芸品をあれこれ見ていた。
(2) その家々はすべてどれも素晴らしい。
(3) もし何かあったら，いつでも私に連絡してください。
(4) 私はできるだけ多くお金を得るために必死に働いた。
(5) 名前を母親に何度も呼ばれたのに，ジョコには聞こえなかった。
(6) 学校から帰ったとき，家には誰もいなかった。
(7) 私の妹はコメディ映画を見てゲラゲラ笑った。
(8) 彼は大学で植物学を学びたい。
(9) 色とりどりの布が市場で売られている。
(10) 子供たちは海岸で凧あげをしている。

2.

(1) Kami sudah menunggu dia berjam-jam, tetapi tidak datang-datang.
(2) Kura-kura itu disépak-sépak oléh anak-anak yang nakal.
(3) Kami membayar di réstoran masing-masing.
(4) Pada hari Sabtu lalu kamu ke mana saja?
(5) –Saya tidak keluar ke mana-mana, paling-paling berjalan-jalan.
(6) Saya berjalan menuju pusat kota, tahu-tahu sudah sampai di pinggir kota.

第28課

1.

(1) オフィスから帰ると，彼はすぐ水浴びをした。
(2) 毎年，全アジア太平洋青年会議が開催される。
(3) そのチームのコーチと選手たちの関係はとても良いと思われたが，本当はまさに逆であった。
(4) その植物には水やりをしたことがないため，しまいには枯れた。
(5) 以前の会長は大変有能であった。
(6) 値段の違いは大したものではない。
(7) このホテルの近くには手工芸品店がある。そのほかに，バリの伝統料理を出す食堂もある。
(8) 彼は私の甥（姪）と同い年である。
(9) 私たちはどこにいても，現地の習慣と文化を尊重し，従わなければならない。

2.

(1) Saya belajar sekeras mungkin selama satu bulan ini.
(2) Rombongan perjalanan ke Bali sekurang-kurangnya harus terdiri dari lima orang.
(3) Sebenarnya jawaban itu salah.
(4) Seharusnya dia yang disalahkan.
(5) Kami sekeluarga semuanya tetap séhat.
(6) Sebelum pertemuan itu dimulai, saya mempersiapkan pertanyaan sebanyak-banyaknya.
(7) Sebaiknya kami kembali ke tempat semula.
(8) Seingat saya, tidak ada orang Jepang di perusahaan ini.
(9) Kami sekelas waktu SMA.

第29課

1.

(1) 明日雨だとしても，サッカーの試合は実施される予定である。
(2) 私はあなたの旅がスムーズに進むように祈っています。
(3) 彼は奨学金が得られたら，海外で学校を続けたいと思っている。
(4) その役人は資金の不正使用事件に関与していると疑われている。
(5) このオフィスは8時から16時まで開いている。
(6) 彼は腹痛であり，そのため家でまだ寝ている。
(7) 私は明日のための食べ物をスーパーで買った。
(8) その職員は家を建てるために貯金している。
(9) そのコンサートのチケットは私の名前で予約されている。

⑽ 貴重品はちゃんとしまっておきなさい！

2.

⑴「なぜ彼らはすぐに来ることができたのだろう」と私は考えた。
Saya berpikir mengapa meréka bisa datang dengan segera.

⑵「あなたは家に戻りたいのですか」とシティは私に尋ねた。
Siti bertanya kepada saya apakah saya mau kembali ke rumah.

⑶「たったの5人しか送別パーティーに出席しない」とアディさんは言った。
Pak Adi berkata / mengatakan bahwa hanya lima orang saja yang mau menghadiri pésta perpisahan.

3.

⑴ 彼はいつコンピューターの修理が行われる予定なのかと尋ねた。
"Kapan perbaikan komputer saya akan dilaksanakan?" tanya dia.

⑵ サンティは，自分は嘘をついたことがないと答えた。
"Saya tidak pernah berbohong," jawab Santi.

⑶ 彼らは，ユディさんはまだその事例を調べているのかどうか尋ねた。
"Apakah Pak Yudi masih memeriksa kasus itu?" tanya meréka.

第30課

1.

⑴ そのアブラヤシのプランテーションは，広さは100ヘクタールである。
⑵ KBRIとは，インドネシア共和国大使館の略語である。
⑶ Déplu とは，外務省のアクロニムである。
⑷ ルディの父親は研究者としてインドネシア科学技術院で働いている。
⑸ 彼はしばしば妻と休日に博物館を訪れる。
⑹ 彼は総選挙の実施について友人たちと意見が異なっているようだ。
⑺ アグン山が噴火したため，その辺りの住民はそこに近づいてはいけない。
⑻ UI，すなわちインドネシア大学を卒業した後，彼はアメリカ合衆国で仕事を探し始めた。
⑼ インド映画は西部インドネシア時間18時30分に放映される予定である。
⑽ アミさんに会ったら，彼女によろしくお伝えください。

2.

⑴ Alangkah indahnya pemandangan ini!
⑵ Menurunnya harga BBM membuat masyarakat sangant gembira.
⑶ Lébarnya kain itu 1,5 méter.
⑷ Awalnya siswa itu nilainya bagus.
⑸ Umumnya orang Jepang makan nasi sebagai makanan utama.

Osaka University Press